NEUE HORIZONTE

BRETAGNE

von
Dr. Peter Lempert
mit Fotos von
Harald Lange

KARTOGRAPHISCHER VERLAG BUSCHE

In der Reihe NEUE HORIZONTE sind folgende Titel lieferbar:

MÜNSTERLAND
SCHLESWIG-HOLSTEIN
BRETAGNE
TOSKANA
FLORIDA
KALIFORNIEN

Weitere Bände sind in Vorbereitung

NEUE HORIZONTE - BRETAGNE

Konzept/Projektleitung: Jürgen R. Klaffka
Konzeptrealisation: Reinhold Lücke
Produktion: Günter Köhler/Reinhold Lücke
Lektorat: Heike Büscher
Gestaltung: IMPULS, Hattingen
Gesamtherstellung: Fritz Busche Druckereigesellschaft mbH

ISBN: 3 - 88584 - 512 - 1

Das Leitsystem der Reihe NEUE HORIZONTE

In jedem Band der Reihe NEUE HORIZONTE finden Sie alle notwendigen Informationen für Ihren Urlaub. Besonderes Merkmal dieser Reihe ist einerseits die sinnvolle Aufteilung des Landes in Regionen, andererseits die nahezu gleichwertige Behandlung der fünf wichtigsten Aspekte einer Reise.

REGIONEN

Die folgenden sechs Regionen werden jeweils ausführlich beschrieben:

Ille-et-Villaine
Côtes-d'Armor
Finistère
Morbihan
Loire-Atlantique

In der Kartenvignette, die sich in der Kopfleiste einer jeden rechten Seite findet, wird die jeweils behandelte Region farbig hervorgehoben

THEMEN

Unter dem Blick auf die fünf wichtigsten Aspekte einer Reise werden die Besonderheiten dargestellt

Land & Leute ———————————
Reisen & Erleben ———————————
Essen & Trinken ———————————
Rasten & Ruhen ———————————
Tips & Trends ———————————

Jedem Themenbereich ist eine Leitfarbe zugeordnet, die ebenfalls in der Kopfleiste hervorgehoben wird

LAND & LEUTE

Atmosphärische Einstimmung in die Region, Informationen zum geschichtlichen Hintergrund

REISEN & ERLEBEN

Beschreibung der Sehenswürdigkeiten, alphabetische Anordnung der Orte und der besonderen örtlichen Attraktionen

ESSEN & TRINKEN

Alphabetische Gliederung der Orte, Bewertung mittels der Kriterien Küchenleistung und Preisstufe

Küchenleistung		Preisstufe	
✕✕✕✕✕	eine der besten Küchen	①②③④	oberste Preisklasse
✕✕✕✕	hervorragende Küche	①②③	obere Preisklasse
✕✕✕	sehr gute Küche	①②	mittlere Preisklasse
✕✕	gute Küche	①	untere Preisklasse
✕	empfehlenswerte Küche		
℟	nennenswerte Küche		

RASTEN & RUHEN

Alphabetische Gliederung der Orte, Bewertung aller aufgeführten Hotels mittels der Kriterien Komfort und Preisstufe

Komfort		Preisstufe	
★★★★★	Luxushotel	①②③④	oberste Preisklasse
★★★★	erstklassiges Hotel	①②③	obere Preisklasse
★★★	sehr gutes Hotel	①②	mittlere Preisklasse
★★	gutes Hotel	①	untere Preisklasse
★	bürgerliches Hotel		

TIPS & TRENDS

Zusammenfassung und Beschreibung verschiedener Interessenschwerpunkte zur individuellen Gestaltung Ihres Urlaubs, z.B. Sport, Shopping, Kultur u.a.m.

SUCHEN & FINDEN

Für alle beschriebenen Orte und Sehenswürdigkeiten finden Sie im Text den Hinweis auf die entsprechenden Kartenteile mit Planquadrat (☐).

REGISTER

Über das Register finden Sie alle beschriebenen Orte sowohl im Textteil als auch im Kartenteil.

INHALT

DIE BRETAGNE -
EIN LAND DER KONTRASTE

Es muß einen besonderen Grund dafür geben, daß ausgerechnet das Land im Nordwesten der Grande Nation zum zweitbeliebtesten Feriengebiet Frankreichs direkt hinter der Côte d'Azur geworden ist und Jahr für Jahr von zwei bis drei Millionen Touristen besucht wird. Einen Grund? Nein, sicherlich viele Gründe, die sich aber allesamt aus der Vielseitigkeit der Region ableiten lassen, die ihre Ursprünglichkeit noch nicht auf dem Altar des Tourismus-Managements mit seinen Bettenburgen geopfert hat und dies wohl auch in absehbarer Zukunft nicht tun wird. Die Bretagne ist eben das klassische Land der Kontraste, hier feine Sandstrände, dort steile Felsen und schroffe Riffe, hier quirliges Küstenleben, dort einsam-beschauliches Hinterland, hier Kalkstein, dort Granit, hier mehr bretonisch, dort mehr französisch geprägt, hier morgens Regen, dort nachmittags Sonnenschein (bzw. alle erdenklichen Wetterveränderungen im Laufe eines Tages) etc.

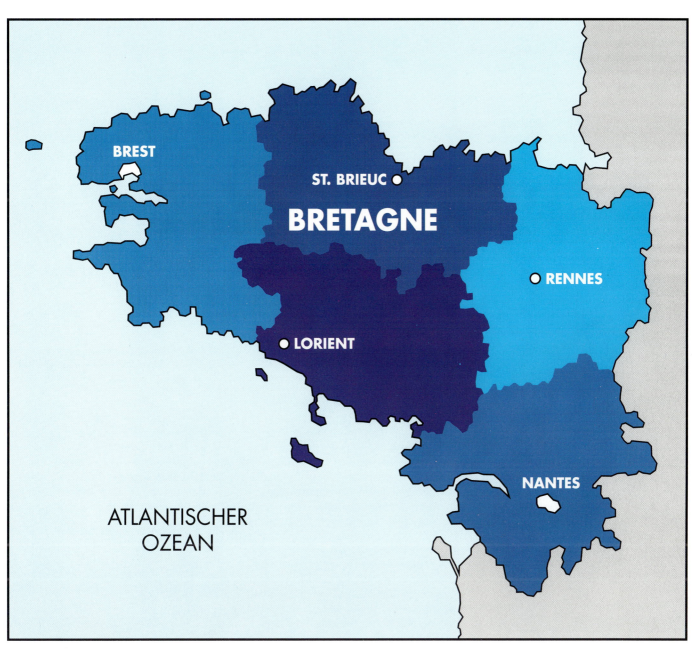

BREST

ST. BRIEUC ●

BRETAGNE

● RENNES

● LORIENT

NANTES

ATLANTISCHER
OZEAN

Links ein typisches bretonisches Haus,
eingefaßt von schroffen Felsen

Motive der Côtes d'Armor, die die Verbunden-
heit der Menschen mit dem Meer dokumentieren: Der alte Fischer bei Perros-Guirec, das

Schloß von Gosselin sowie die Menhire von
Carnac zählen zu den touristischen Hauptsehenswürdigkeiten

Die Bretagne ist aber auch ein Land, das sich dem Besucher nicht gleich auf den ersten Blick erschließt. Man muß sich Zeit nehmen, um Schritt für Schritt den aus den keltischen Ursprüngen gewachsenen Eigenheiten auf die Spur zu kommen. Der Drei-Tage- oder Wochenend-Tourismus hat hier keine Chance, auch, weil es mit Ausnahme von Rennes und Nantes, deren architektonisches Erscheinungsbild unterschiedlicher kaum sein könnte, kaum größere Städte gibt, von Metropolen ganz zu schweigen, die anderswo oft stellvertretend für eine gesamte Region "abgehakt" werden.

In diesem Buch wird auf die historische Bretagne Bezug genommen, also die Region um Nantes inbegriffen, das heutige Departement Loire-Atlantique, das allein aus verwaltungswirtschaftlichen Überlegungen von den restlichen vier bretonischen Departements Ille-et-Vilaine, Côtes d'Armor, Finistère und Morbihan abgetrennt wurde. Es handelt sich somit um ein Ge-

Meist nur noch an Festtagen zu bewundern: Bretonische Trachten

Rochers Scuptés an der Küste von Rothéneuf

biet von ca. 34 000 km^2 mit rund 3,85 Millionen Einwohnern, von denen jedoch nur noch geschätzte 500 000 Menschen die mit dem Gälischen verwandte bretonische Sprache beherrschen. Linguisten unterscheiden in diesem Zusammenhang die schon früh dem französischen Einflußbereich zugehörige Haute Bretagne von der Basse-Bretagne (im wesentlichen sind dies die westlichen Landesteile Finistère und Morbihan), was sich im letzteren Gebiet augenscheinlich schon in zweisprachigen Ortsschildern niederschlägt. Daß das Wörtchen Breizh für die Bretagne steht, dürfte in deutschen Landen späte-

stens seit den berühmten Autoaufklebern mit den Buchstaben Bzh bekannt sein, die manchen hiesigen Pkw schmücken. Auch eine bretonische Flagge gibt es natürlich, Gwenn Ha Du getauft, 1925 von dem militanten bretonischen Unabhängigkeitskämpfer Morvan Marchal geschaffen (die Bombenanschläge der früheren Separatisten sind längst zugunsten einer friedlichen, auf kulturelle Autonomie sowie Wiederbelebung und Erhaltung kultureller Traditionen ausgerichteten Bewegung gewichen). Die Flagge weist auf die (damalige) Sprachgrenze hin, denn von den neun Querstreifen sind vier in Weiß gehalten (für die bretonischsprachigen Gebiete) und fünf in Schwarz. Ein Rechteck in der linken Ecke zeigt auf weißem Grund das Hermelin-Symbol. Das Hermelin ziert übrigens schon seit dem 13. Jahrhundert bretonische Wappen. Der Legende nach soll ein bretonischer König mit seinem Heer ein sumpfiges Gelände durchzogen haben. Als die Männer ein Hermelin entdeckten, machten sie spaßeshalber Jagd auf das Tier, dem nur noch die Flucht in den Morast offenstand. Doch statt sich in Sicherheit zu bringen und sich dabei zu beschmutzen, habe es sich lieber töten las-sen. Der darob tief beeindruckte König habe das Hermelin sofort zu seinem Wappentier auserkoren.

Schlendern durch Quimpers Altstadtgassen

Lange Zeit galt die Bretagne innerhalb des französischen Staates als armes, intellektuell zurückgebliebenes Land. Noch Mitte des 19. Jahrhundert bestätigten berühmte Schriftsteller wie Balzac, Hugo oder Flaubert dieses Vorurteil. Doch die einsetzende Romantik mit ihrer Kelten-Verehrung und nicht zuletzt die Maler-Gruppe um

Paul Gauguin, die sich im idyllischen Städtchen Pont-Aven niedergelassen hatte, stellten das Land am Ende der Welt in einem neuen, viel positiveren Licht dar. Ganz wichtig für das bretonische Selbstverständnis sollte die Publikation des "Barzaz-Breizh" werden, einer Sammlung alter keltischer Volkslieder und Balladen,

die Bretagne inzwischen in den Bereichen Landwirtschaftsproduktion und Fischfang an die Spitze der französischen Rangliste katapultiert. Auch moderne High-Tech-Industrien wurden planmäßig angesiedelt und schufen zusammen mit der Tourismusbranche eine Vielzahl neuer Arbeitsplätze, wodurch die Abwanderung der bretoni-

sind zwar größtenteils verschwunden, aber es gibt ja gottlob noch Brocéliande, wo Artus mit seinen Rittern getafelt haben soll und Merlin auf Viviane traf. Die Naturparks, den Parc Régional d'Armorique und den Parc Naturel Régional de Brière (mit dem nach der Camarque zweitgrößten Sumpfgebiet Frankreichs), nicht zu ver-

Victor Hugos "Wunder des Abendlandes", der Mont St-Michel, genau an der Grenze zwischen Bretagne und Normandie gelegen

die der aus Quimperlé stammende Schriftsteller Hersart de la Villemarqué 1839 herausgab. Wurden sich die Bretonen aufgrund dieser und ähnlicher Publikationen, der Gründung bretonisch-keltischer Zirkel oder der Renaissance der heimischen Musik (hier sei stellvertretend der Name von Alan Stivell genannt) des hohen Wertes ihrer kulturellen Traditionen wieder bewußt, so sollte das Problem der wirtschaftlichen Rückständigkeit das Land von Asterix und Obelix noch sehr lange bedrükken. Der entscheidende wirtschaftliche Aufschwung setzte eigentlich erst in den 60er Jahren unseres Jahrhunderts ein - und hat

schen Jugendlichen in andere Regionen des noch immer nicht gerade geliebten "Mutterlandes" (zu dem die Bretagne seit 1532 gehört) gestoppt werden konnte.

Der Sprung in die Moderne hat der Bretagne allerdings nichts von ihrem Charme geraubt. Das wird jeder Reisende feststellen, sobald er die einstmaligen Grenzfesten Fougères, Vitré, Châteaubriant, Ancenis oder Clisson passiert hat. Die Mehrzahl der Touristen zieht es sogleich weiter zur Küste, doch auch und gerade das Argoat (bretonisch: Das Land des Waldes) hat viel Reizvolles zu bieten. Die Wälder

gessen. Es sind, behutsam eingebettet zwischen Heide- bzw. Ackerland, romantische Schlösser, einstige Gutshäuser, Herrensitze oder bezaubernd-altertümliche Dörfer und Städtchen wie Rochefort-en-Terre oder Pontivy zu entdecken, wobei sich diese Bretagne abseits der gängigen Pfade, die im Frühjahr in einem gelben Meer von blühendem Ginster erstrahlt und deren Hortensien- oder Rhododendren-Pracht einfach atemberaubend ist, auch vorzüglich mittels eines Hausboots erschließen läßt. Gerade in der Basse-Bretagne haben sich speziell auf dem Land die alten Sitten und Gebräuche viel besser erhalten, auch wenn man die berühmten Trachten praktisch nur noch anläßlich größerer Festivitäten zu sehen bekommt, z. B. bei den Pardons (den bekannten Wallfahrten) oder den Fest Noz (lokalen Volksfesten). Apropos Pardons, in ihnen findet die tiefe bretonische Frömmigkeit ebenso ihren Ausdruck wie in den einzigartigen Kalvarienbergen des Departements Finistère. Es ist die Rede von 7777 Heiligen, die in der Bretagne verehrt werden; die Zahl mag man allerdings nicht so genau nehmen, zumal die meisten niemals offiziell vom Vatikan kanonisiert wurden.

Argoat hier, Armor (bretonisch. Das Land am Meer) dort. Mit seinem 1700 Kilometer langen Küstenstreifen ist die Bretagne ein Paradies für Wassersportler: Segeln, Surfen, Tauchen, Schwimmen, die Möglichkeiten sind schier unbegrenzt, nicht nur in den mondänen Badeorten La Baule oder Dinard, versteht sich. Schon

laufen; aber dieses einmalige Naturschauspiel darf man sich natürlich nicht entgehen lassen. Für die Schiffahrt waren die bretonischen Gewässer mit ihren unter der Wasseroberfläche verborgenen Klippen und Riffe ohnehin in früheren Zeiten eine lebensgefährliche Fahrtrinne - trotz der vielen Leuchttürme. Die Kraft des Meeres läßt sich zudem am Gezeitenwechsel ablesen, die Nordküste der Bretagne ist dem stärksten Tidenhub der Welt ausgesetzt, der in der Bucht des Mont St-Michel bei 14 Metern liegt. Vor der Küste locken eine Vielzahl von Inseln und Inselchen, wobei insbesondere Bréhat, Batz, Ouessant, Molène, Sein, Glénan, Groix, Houat, Hoëdic, Belle-Ile, Arz oder Moines einen Ausflug mit dem Fährschiff lohnen.

Doch was wäre die Bretagne ohne ihre Monumente der Megalith-Kultur, für die der Name Carnac weltweit zu einem Synonym geworden ist. Geheimnisvolle Men-

Kalvarienberg von Notre-Dame de Tronoën (Finistère)

Erkundungsfahrt über die ruhigen Kanäle des Parc Régional de Brière

die Namen der Küsten klingen vielversprechend, z. B. Côte d'Emeraude (Smaragdküste), Côte de Granit Rose (Küste des rosafarbenen Granit) oder Côte des Légendes (Küste der Legenden). Doch das Meer zeigt hier auch seine todesbringenden Krallen, vor allem an der Küste des Departements Finistère. Beim Blick von den steilen Felsen der Pointe du Raz hinab in die aufgewühlten Fluten wird dem Touristen so mancher Schauer über den Rücken

hire und Steinreihen, deren Geheimnis noch immer nicht gelüftet ist. Die imposanten Grabanlagen nicht zu vergessen mit dem "Tisch der Kaufleute" (Table des Marchands) von Locmariaquer oder dem Cairn (Fürstenhügel) von Barnenez an der Spitze.

Natürlich wird sich der Bretagne-Reisende auch die historischen Städte mit ihren zahlreichen Sehenswürdigkeiten anschau-

en. Die alten Zentren von Auray, Dinan, Fougères, Quimper, Rennes, St-Malo, Vannes und Vitré wurden längst unter Denkmalschutz gestellt, so daß das architektonische Erbe erhalten bleibt. In der südlichsten Region, dem heutigen Departement Loire-Atlantique, herrscht der Kalkstein vor, während in den übrigen vier Departements der Granit das bevorzugte Baumaterial ist. In Rennes wurden die Häuser noch bis ins 18. Jahrhundert aus Fachwerk erbaut, während der brandgefährliche Baustoff in der übrigen Bretagne nach dem 16. Jahrhundert kaum mehr Verwendung fand.

Zum exquisiten Shopping laden vor allem Rennes, Nantes sowie La Baule ein.

Die erstklassige Küche der Bretagne kann der Tourist hingegen auch im Argoat kennenlernen. Crêpes, Cidre, Muscadet sind gut und schön, aber die großen bretonischen Herdzauberer mit Georges Paineau (Questembert) und Olivier Roellinger (Cancale) an der Spitze haben kulinarisch schon wesentlich mehr zu bieten; kein Wunder bei den taufrischen Grundprodukten aus der Region, egal ob es sich um Hummer, Langusten, Seespinnen, Austern oder Salzgras-Lämmer handelt. Der Vielfalt der Küche steht das Hotel-Angebot der Bretagne in nichts nach, wenn auch der anspruchsvolle Reisende, der unbedingt in einer Luxus-Herberge wohnen möchte, nur unter vergleichsweise wenigen Häusern wählen kann.

Berühmtes Segelsportparadies:
La Trinité-sur-Mer

ALTES UND MODERNES ZENTRUM DER BRETAGNE

Das östliche Departement der Bretagne ist nach den beiden Flüssen Ille und Vilaine benannt, die in Rennes, der bretonischen Hauptstadt, ein gemeinsames Bett beziehen. Mit diesem bretonischen Departement nimmt der aus Deutschland per Pkw anreisende Urlauber normalerweise zuerst Kontakt auf. Für die Strecke von Paris bis Rennes benötigt man über die Autobahn A 11 ("Océane") ca. drei Stunden (noch schneller geht's mit dem TGV, dem Hochgeschwindigkeitszug, der die Strecke in zwei Stunden zurücklegt). Darauf haben sich die Touristik-Macher eingestellt und damit begonnen, sogenannte Dialog-Säulen aufzustellen, mit deren Hilfe rund um die Uhr aktuelle Informationen über Veranstaltungen, freie Hotelzimmer etc. abgerufen werden können. Diese Säulen stehen z. B. in Erbrée (Maison d'Accueil Bretagne, Autobahnrastplatz), Dinard (Verkehrsamt, 2, Boulevard Féart), St-Malo (Verkehrsamt, Esplanade St-Vincent) oder in Rennes (Point 35, 1, Quai Chateaubriant).

Ille-et-Vilaine, 6 775 Quadratkilometer groß und mit einer Einwohnerzahl von knapp 800 000, ist das am ländlichsten geprägte Departement der Bretagne, dadurch bedingt, daß nur ein vergleichsweise kleiner Küstenstreifen, mal eben 60 Kilometer lang, zur Verfügung steht, und zwar von St-Briac-sur-Mer bis zum Mont St-Michel reichend, der Teil der berühmten Côte d'Emeraude (Smaragdküste) ist. An der Küste wechseln sich feine Sandstrände mit schroffen Felsen ab, und hier liegt auch mit Dinard eines der mondänsten Seebäder der Bretagne, das in seiner Selbsteinschätzung sogar das konkurriende La Baule (im Departement Loire-Atlantique) in den Schatten stellt (wenn wir dem auch nicht ganz folgen können). Auch St-Malo, die alte Korsarenstadt, lockt Jahr für Jahr eine riesige Zahl von Touristen in sein

wehrhaftes, mauerngeschütztes Zentrum. Cancale, die Austern-Metropole, und natürlich den Mont St-Michel nicht zu vergessen, das "Wunder des Abendlands", das sich aber leider heute schon durch die Flußbettverlegung des die natürliche Grenze bildenden Couesnon auf dem Gebiet der Normandie erhebt.

Doch damit hat sich die Küstenherrlichkeit auch schon erledigt; das Argoat, das Land des Waldes, dominiert. Obgleich natürlich auch in diesem Departement mit seinem milden, vom Meer geprägten Klima (Durchschnittstemperaturen im Juli und August bei 20° Grad) von der einstigen grünen Pracht nur noch Reste vorhanden sind, die sich mit Heideland und Ackerflächen abwechseln. Aber es kann immerhin mit dem Forêt de Paimpont, dem Zauberwald Brocéliande der keltisch-bretonischen Sage, das flächenmäßig größte, wenn auch mit gerade mal 7000 Hektar vergleichsweise bescheidene, Waldgebiet der Bretagne aufweisen - das zudem durch einen verheerenden Brand im Jahr 1990 stark geschädigt wurde (die Wiederaufforstung macht gottlob gute Fortschritte) und sich leider in großen Teilen in Privatbesitz befindet, d. h. nicht öffentlich zugänglich ist. Kalvarienberge oder Umfriedete Pfarrbezirke (enclos paroissiaux) wird man in diesem schon früh für französische Einflüssen offene Departement vergeblich suchen. Dafür wird der Tourist entschädigt mit einer Vielzahl von Kirchen, Kapellen, Wegkreuzen, Schlössern (Combourg oder "La Bourbonsais" in Pleuguéneuc!), Burgen (Grenzfestungen zur Behauptung der Unabhängigkeit gegen normannische, englische und vor allem französische Übergriffe, sehenswert z. B. die trutzigen Anlagen in Fougères oder Vitré), Bauernhäusern mit purpurfarbenem Schiefer aus Pont-Réan, aus Granit aus dem Coglais, aus Tremblais oder aus Louvigné-du-Désert, Museen

Zünftiges Picknick auf dem Mont Dol

Weiße Strände und schroffe Felsen: Das allgegenwärtige Meer verbindet Mensch und Landschaft

13

und auch megaltihischen Denkmalen (die Rede ist von deren 300, mit der Allée Couverte von La Roche-aux-Fées in Essé, dem Menhir von Le Champ Dolent in Dol-de-Bretagne oder der Allée Couverte von Tressé an der Spitze).

die man am Ufer in den Boden rammt, das Festland läßt sich sodann bequem mittels einer kleinen Holzbrücke erreichen.

Einer der sagenumwobenen Plätze im Wald von Paimpont

le Sehenswürdigkeiten, sondern auch zahlreiche gute Restaurants sowie interessante Läden zum Shopping. Für Familien mit Kindern wurden Freizeitparks eingerichtet, z. B. in Bruz (vogelkundlicher Park), Fougres (u. a. Wassersport-Zentrum), Iffendic (See, Tierpark, Minigolf, Kinderspielplatz etc.), Lanhélin (Ponyreiten, Vogelpark, Wasserrutschen), Marcille Robert (Haus der Natur), Martigné-Ferchaud (Teich, Vogelkunde, Wassersport), Pléchatel (Kanus, Tierpark), Plerguér (Tierpark), Pleuguéneuc (Zoologischer Garten), Québriac (Tierweltmuseum und Naturtierpark) oder Roz-sur-Couesnon (Rodelbahn, Kunststi-Park etc.).

Das Departement Ille-et-Vilaine ist das Herz der Bretagne, nicht nur ökonomisch, sondern vor allem auch intellektuell-geistig. Dafür stehen zwei Namen, Brocéliande und Rennes, wobei sich Legende und Historie, Tradition und Moderne verbinden und durchdringen. Sind es in den übrigen bretonischen Departements die zahllosen Heiligen, so bezieht in Ille-et-Vilaine das bretonische Selbstverständnis seine Nahrung vor allem aus der Artus-Sage. Möglicherweise brachten die keltischen Einwanderer die Legenden im 5./6. Jahrhundert mit von der britischen Insel, vielleicht hat auch der sagenhafte König (oder besser dux bellorum, Kriegs-Herzog, wie er in den Quellen bezeichnet wird, falls es sich denn tatsächlich um eine historische Persönlichkeit gehandelt haben sollte) tatsächlich über das große wie das kleine Britannien geherrscht. Jedenfalls fiel der Mythos auch in der Bretagne auf fruchtbaren Boden, und es schien keine Region besser als

Gerade dieser stille, beschauliche Teil der Bretagne eignet sich vorzüglich zur Erkundung mittels eines Hausbootes, das an zehn verschiedenen Stellen gemietet werden kann und das für Ausflüge oder zur Besorgung des nötigen Proviants in den umliegenden Dörfern mit Fahrrädern ausgestattet ist (am Ufer entlang läuft stets ein schöner Treidelpfad). Insgesamt 600 Kilometer schiffbare, reizvoll-romantische Routen auf Flüssen oder Kanälen stehen den Hobbykapitänen offen. Ein Führerschein wird nicht benötigt, eine kurze Einweisung genügt, und schon kann man mit den bis zu elf Meter langen Gefährten losschippern, bis zu 8 km/h schnell, vorbei an Wiesen und Weiden mit Kühen, Schafen oder Pferden, vorbei an einstigen Herrenhäusern oder Mühlen. Allerdings sollte man bei der Streckenplanung beachten, daß so manche Schleuse überwunden werden muß. Aber keine Angst, die Wärter sind gerne behilflich und versorgen die Crew auch häufig mit frischem Gemüse oder Obst aus dem eigenen Garten. Anlegen kann man überall, das Boot wird dazu einfach an Holzpflöcken festgemacht,

Wem das alles zu ruhig und ländlich ist, der findet in historischen Städten wie Béchérel, Châteaugiron, Combourg, Dol-de-Bretagne, Fougères, Redon, Rennes, St-Malo oder Vitré die gewünschte Abwechslung bzw. Alternative. Beim Bummel durch die Altstadt locken nicht nur reizvol-

Der Place du Parlement im Herzen der Hauptstadt Rennes

Schauplatz für die Abenteuer des wackeren Helden und seiner Ritter geeignet als eben der Wald Brocéliande, dessen Reste der heutige Besucher im Forêt de Paimpont entdecken kann. Es gibt sogar Wissenschaftler, die die Artus-Sage oder zumindest entscheidende Teile davon (vor allem die ritterlichen und romantischen Aspekte) bretonischen Ursprungs einstufen. Artus soll sich in der ersten Hälfte des 6. Jahrhunderts n. Chr. in verschiedenen Kämpfen erfolgreich gegen die auf die britische Insel eindringenden Sachsen behauptet haben. In seiner Abwesenheit von der heimischen Burg soll sich sein Neffe Modrod unrechtmäßig der Krone bemächtigt und Artus zudem noch mit seiner Gemahlin Guanhumara (Guinevere) betrogen haben. Artus soll den Gegenspieler bei der entscheidenden Schlacht getötet haben (um 542 v. Chr. bei Camlan), wurde selbst dabei jedoch so schwer verwundet, daß er auf mysteriöse Weise auf die Feen-Insel Avalon gebracht werden mußte, wo

er bis zur Wiederkehr eines fernen Tages seine letzte Ruhestätte gefunden haben soll. Um Artus scharen sich die Ritter der Tafelrunde (der runde Tisch sei gewählt worden, um Rangunterschiede zu vermeiden), zwölf an der Zahl, wobei in den bretonischen Sagen vor allem Lancelot eine entscheidende Rolle zukommt - sowie Merlin, Artus-Berater, Zauberer und Druide in einer Person. Wichtig ist auch noch die Sage um den Heiligen Gral, die der Artus-Sage später angegliedert wurde. Die bretonischen Legenden, die von den mittelalterlichen Dichtern übermittelt wurden, erzählen, daß Joseph von Arimathia vor seiner Abreise aus Palästina einige Blutstropfen Christi im Kelch des Abendmahls aufgefangen und per Schiff in die Bretagne transportiert habe, wo der Kelch dann im Wald Brocéliande verlorengegangen sei. Artus und seine Ritter hätten sich daher eben dort auf die Suche nach dem geheimnisvollen, heiligen Gefäß gemacht, das für sie der Heilige Gral war.

Der Zauberwald Brocéliande der Artus-Sage (oben) und die Wallfahrtskapelle auf dem Mont Dol

Soweit erst einmal die Sage. Fakt ist jedenfalls, daß der Wald Brocéliande die Heimat der Druiden war, der geistigen Elite der Kelten. Der berühmte Miraculix der Asterix-Episoden hat hier seine historischen Vorbilder. Die Druiden waren nicht nur Priester, sondern auch Rechtskundige, Mediziner, Wahrsager oder Magier, sie bewahrten die religiöse Geheimlehre und gaben sie mündlich weiter. Sie glaubten an die Unsterblichkeit der Seelen, lebten in

Die Rue d'Orléans in der Fußgängerzone von Rennes

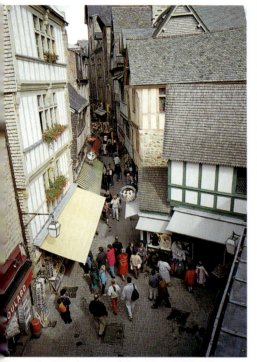

Die Grande Rue auf dem Mont St-Michel

der Gemeinschaft mit der Natur und waren sich des engen Kontakts von Erd- und Pflanzenkräften bewußt. Das Druidentum kann somit aus heutiger Sicht als spirituell-esoterische Philosophic betrachtet werden und leistete damit einen entscheidenden Beitrag zum Zusammenhalt der keltischen Gemeinschaft.

Vor diesem Hintergrund ist die Person Merlins zu sehen. Wie es sich für eine solch wichtige Gestalt gehört, mußte bei seiner Zeugung ein göttliches Wesen mit im Spiel gewesen sein. Die Mutter, eine Jungfrau, wurde von einem engelsgleichen Wesen, aus dem die katholische Kirche in Bekämpfung des heidnischen Kultes selbstverständlich den Teufel machte, besucht - auch Artus Vater Uther Pendragon war natürlich ein übermenschliches Wesen (die Übereinstimmungen mit Zeus & Co. sind

sicherlich nicht rein zufällig). Kurz nach seiner Geburt wurde Artus von Merlin zu dessen geheimnisvollen Schloß entführt, dort aufgezogen und unter Merlins Regie zum König gemacht. Schon daraus wird deutlich, welch zentrale Machtposition die Druiden innehatten. Merlin half Artus und seinen Rittern auf der Suche nach dem Heiligen Gral, war auch Mitglied der Tafelrunde, verabschiedete sich aber nach einer gewissen Zeit von seinen Freunden, um sich in die Einsamkeit des Waldes von Brocéliande zurückzuziehen. Doch das Schicksal wollte es anders und führte dem Druiden mit der Fee Viviane, die im Schloß Comper geboren war, die große Liebe zu, die seinem drängenden Werben an der Quelle von Barenton nachgab. Der zugleich von der Schönheit verblendete wie die weiteren Ereignisse vorausschauende Merlin weihte Viviane in all seine Geheimnisse ein. Und so flocht er sich selbst sein Gefängnis, als er der Geliebten verriet, welche Zauberformel vonnöten war, um jenen undurchdringlichen, neunfachen, magischen Kreis zu erschaffen, mit der Viviane Merlin für immer bei sich behalten konnte. Im 12. Jahrhundert hat dieser legendäre Merlin an gleicher Stätte, genauer gesagt in der Nähe der Fontaine de Barenton, einen realen Nachfolger namens Eon de l'Etoile gefunden, der sich nicht nur als Magier verstand und mittels

alter druidischer Rezepte halluzigene Erscheinungen hervorrufen konnte, sondern mit Hinweis auf die Ungerechtigkeit der ungleichen Besitzverhältnisse seine große Gefolgschaft zum Plündern der Schlösser und Klöster aufforderte. Klar, daß Kirche und Staat solchem Tun nicht lange untätig zusehen wollten und schließlich dafür sorgten, daß dem frühen kommunistischen Spuk ein unchristliches Ende bereitet wurde.

Auch mit der Legende um Ritter Lancelot und die zweite Feen-Gestalt des Waldes Brocéliande, Morgane, der Halbschwester

Größtes Waldgebiet: Forêt de Paimpont

von Artus, könnten historische Ereignisse in Verbindung gestanden haben. Denn im 6. Jahrhundert n. Chr. hatten die Kelten unter ihren Führern die schützenden Waldgebiete besiedelt, um von hier aus Beutezüge in die Gegend der heutigen Städte Rennes und Nantes, die von den Franken besetzt waren, zu unternehmen. Die Franken hatten gehörigen Respekt vor dem Forêt, um so mehr, als um 577 n. Chr. ein größeres fränkisches Heer unweit von Brocéliande von den Bretonen vernichtet wurde. Die Kämpfe mit den Franken könnten der Hintergrund für das Auftauchen des Ritters Lancelot in der bretonischen Sage sein, der auf der Halbinsel Guérande geboren sein soll und gemeinsam mit seinen Eltern vor eben jenem germanischen Volk flüchten mußte. Er wurde von Viviane, der Merlin auf dem Grunde des Sees bei Comper ein Schloß erbaut hatte, geraubt und im Wald von Brocéliande erzogen, wobei die Fee großen Wert auf die Einweisung in alle ritterlichen Tugenden legte. Da war es kein Wunder, daß nur Lancelot den Zauber der Fee Morgane bannen konnte, die sich aus enttäuschter Liebe ins heute so benannte Val sans Retour zurückgezogen hatte und jeden untreuen Ritter, der sich in dieses verwunschene Tal hineingetraut hatte, für immer dort festhielt. Denn Lancelot, reinen Herzens in Liebe entflammt für Artus' Frau, widerstand dem Werben der schönen Fee und konnte dadurch die gefangenen Ritter befreien. Der Besucher, der heute den Wald Brocéliande durchstreift und an den legendenumwobenen (inzwischen auch gut ausgeschilderten) Orten Station macht, wird sich dem Zauber der keltischen Sagen kaum entziehen können.

Auf den ersten Blick scheint das moderne Rennes mit seinen ca. 200 000 Einwohnern nichts mit diesen Sagen gemein zu haben. Doch gerade in der bretonischen Hauptstadt mit seiner bedeutenden Universität wird in Zirkeln und intellektuellen Kreisen dieses kulturelle Erbe in jüngster Zeit wieder verstärkt gepflegt und damit ins Bewußtsein der Öffentlichkeit gerückt. Und Rennes war natürlich auch Schauplatz zahlreicher zentraler Ereignisse der bretonischen Geschichte. Ab dem 5. Jahrhundert v. Chr. ließen sich die namensgebenden Redonen hier nieder, danach wurde es ruhig um die Stadt, die im Römischen Reich Condate getauft war. Erst im Jahr 851 rückte sie wieder ins Licht der

Historie, als Herzog Nominoë in ihrer Nähe, genauer gesagt bei Redon, Karl den Kahlen vernichtend schlug. Ab dem 10. Jahrhundert ließen sich die bretonischen Herzöge in Rennes krönen, im 11. Jahrhundert tat sich die Stadt in der Abwehr der Normanneneinfälle hervor. Im Jahr 1337 trat der später hochgerühmte Heerführer Duguesclin in Rennes erstmals auf die historische Bühne, als er an einem Turnier teilnehmen wollte, zu dem sich die

Einsetzende Flut mit großem Tidenhub an der Küste von Cancale

besten Ritter des gesamten Landes angemeldet hatten. Der 17jährige Duguesclin wurde jedoch wegen seiner bäuerlichen Kleidung und seines lahmen Ackergauls

Austernernte in den Becken Cancale

ausgeschlossen, konnte dann aber doch noch teilnehmen, weil ihm ein wohlhabender Verwandter, der mit dem enttäuschten jungen Mann Mitleid hatte, Rüstung und Pferd besorgte. Und siehe da, der Kämpe besiegte so manchen gestandenen Rittersmann und konnte dadurch erste Ruhmeslor-beeren ernten. Obwohl der Vorrang vor der ewigen Konkurrentin Nantes noch nicht eindeutig geklärt war, erwartete Anne de Bretagne den Angriff der franzö-

sischen Truppen im Jahr 1491 sicher verschanzt hinter den mächtigen Mauern Rennes'; und auf Bitten der Stadtältesten, die die Not der Bevölkerung hinter dem eingeschlossenen Schutzwall beklagten, entschloß sie sich hier zur Kapitulation, was die Heirat des französischen Königs Charles VIII. mit einschloß. Nach dem Anschluß der Bretagne an Frankreich wurde Rennes offiziell die Nr. 1 unter den bretonischen Städten, da hier ab 1561 die bretonischen Stände zusammentraten. Auch an der "Stempelpapier"-Revolte des Jahres 1675 hatte sich Rennes aktiv beteiligt und wurde dafür von der Pariser Zentralgewalt blutig bestraft, ganze Stadtviertel wurden als Vergeltungsmaßnahme niedergebrannt. Und im Jahr 1762 kam es zu einer neuerlichen Machtprobe mit dem französischen Königshaus, der sogenannten Affäre La Chalotais. Der Konflikt entbrannte aus dem vom bretonischen Stände-Parlament gefaßten Beschluß der Ausweisung des Jesuiten-Ordens aus dem Land. Das Parlamentsmitglied La Chalotais hatte zuvor in einem Bericht die schädlichen Folgen dargelegt, die die Einmischung des mächtigen Ordens auch in politische Fragen hatte; selbst Voltaire klatschte den Parlamentariern darob Beifall. Die Parlamentarier probten den offenen Aufstand, denn die Jesuiten genossen die Unterstützung des Vertreters des Königs und bretonischen Gouverneurs, des Herzogs d'Aiguillon. Der verlangte ultimativ eine Revision des Beschlusses, und als sich das Parlament weigerte, wurden die Parlamentsmitglieder nach Versailles zitiert, erhielten einen gehörigen Rüffel - und blieben nach ihrer Rückkehr in die Heimat weiterhin standhaft. Louis XV. ließ daraufhin La Chalotais festnehmen, und einige andere Parlamentsmitglieder wurden ins Exil geschickt. Doch damit hatte der König den Bogen überspannt, denn das Pariser Parlament ergriff nun Partei zugunsten der Kollegen in Rennes. Louis XV. gab klein bei, d'Aiguillon mußte 1768 sein Amt niederlegen, die Französische Revolution war nicht mehr weit.

Neben Rennes wurde im Departement Ille-et-Vilaine vor allem auch in St-Malo Geschichte geschrieben. 1534 entdeckte der aus dem benachbarten Rothéneuf stammende Jacques Cartier, der in der Gegend von Neufundland und Labrador Gold suchen wollte, die Mündung des St-Lorenz-Stroms und nahm Kanada (die eingeborenen Huronen hatten das Wort Kanada, das in ihrer Sprache Dorf bedeutete, häufig in Anwesenheit des Seefahrers benutzt) für die französische Krone in Besitz. Der Hafen verhalf der Stadt hinter ihren sicheren Mauern zu immer größerem Reichtum, im 16. Jahrhundert hatte sie sich sogar einmal kurze Zeit für unabhängig erklärt, worauf der stolze Ausspruch "Ni Francais, ni Breton, Malouin suis" ("Weder Franzose noch Bretone, Bürger von St-Malo bin ich") zurückgeführt werden kann.

Mit der Seefahrt sind auch die Namen dreier weiterer Herren bekannt geworden, deren Job heute nicht mehr ganz so hoch auf der Berufe-Skala eingestuft wird. St-Malo war im 17./18. Jahrhundert die Hauptstadt der Piraten, pardon der Korsaren, einer Edelausführung der Seeräuber, die Schiffe mit Wissen und Erlaubnis der französischen Krone, ausgestattet mit einem Freibrief, kaperten. Wobei sie hauptsächlich auf englische Handelsschiffe Jagd machten, jedoch nicht etwa mit der berüchtigten Totenkopf-Fahne am Mast; ihre Fahne zierte ein weißes Kreuz auf blauem Grund. Es war ein überaus angesehenes und vor allem einträgliches Handwerk, von dem anfangs nur die französische Krone und die jeweiligen Korsaren profitierten (letztere erhielten so etwas wie ein Festgehalt und eine Art Tantiemen, eine prozentuale Beteiligung an der Beute). Doch bald

Weithin sichtbar: Der Mont St-Michel

schon stiegen wohlhabende Privatmänner oder Aristokraten in das lukrative Geschäft ein, gründeten frühe Formen von Aktiengesellschaften, die die Gewinne der Kaperei als Rendite ausschütteten, und rüsteten die Piraten mit schlagkräftigen Schiffen aus.

Wer hat ihn nicht vor Augen, Burt Lancaster, den Hollywood-Prototypen des gefürchteten Korsaren, der im Auftrag Baron Grudas Galeone Angst und Schrecken auf den Weltmeeren verbreitete ("Der Rote Korsar" aus dem Jahr 1952). Die historischen Vorbilder waren Männer wie Porcon de la Bardinais (1639-1655), René Dugay-Trouin (1673-1736) oder Robert Surcouf (1773-1827), allesamt der St-Malo-Schule entstammend. Der Erstgenannte konnte seinen Wohlstand nicht lange genießen, wurde er doch bei einer Dienstfahrt, dem Geleit für französische Handelsschiffe (was zu den Pflichten der Korsaren gehörte), selbst gefangengenommen und nach Algier verschleppt. Er schlug dem Dey von Algerien vor, ihn mit einer Friedensmission an Louis XIV. zu betrauen und versprach, falls diese scheitern sollte, wieder freiwillig in die Gefangenschaft zurückzukehren. Der Sonnenkönig hatte wohl taube Ohren für die Worte eines Korsaren, der daraufhin tatsächlich nach Algier zurückfuhr und vor eine Kanone gespannt hingerichtet wurde.

Dieses traurige Los blieb Dugay-Trouin und Surcouf erspart, beide verdienten soviel Geld, daß sie sich frühzeitig in den Rentenstand verabschieden konnten. Dugay-Trouin sollte dem Wunsche seines Vaters, einem wohlhabenden Reeder, zufolge, eigentlich Priester werden. Doch der ausschweifende Lebenswandel des jungen Mannes stand dem im Wege, so daß ihn die Familie mit 16 Jahren bereits auf einem Korsarenschiff in See stechen ließ. 1694 wurde er von den Engländern gefangengenommen, konnte aber in der Verkleidung eines schwedischen Kapitäns entkommen. Seine seeräuberische Begabung war so offenkundig, daß man ihn schon mit 24 Jahren zum Kommandanten eines eigenen Schiffes ernannte und acht Jahre später sogar in den Adelsstand erhob. Bei seinem Tod bekleidete René Dugay-Trouin, der 1711 Rio de Janeiro einnahm, den Rang eines Generalleutnants und war Kommandeur des hochangesehenen Ordens St-Louis.

Das Leben des Robert Surcouf war nicht weniger aufregend, seine Laufbahn nicht weniger glänzend. Eine Parallele zum Schmunzeln, denn auch er sollte eigentlich Priester werden. Doch nachdem er bereits im zarten Alter von zehn Jahren von der Ordensschule geflogen war, blieb auch ihm als Ausweg nur der Gang zur See. Mit 20 begründete er seinen frühen Ruhm, als er als Kommandant eines mit gerade mal 18 Mann besetzten Korsarenschiffs ein englisches Schlachtschiff mit 26 Kanonen und 150 Mann Besatzung kaperte. Einen noch größeren Coup landete er im Jahr 1800, als er in der Bucht von Bengalen ein mit 38 Kanonen und 437 Soldaten geschütztes Handelsschiff der East Indian Company enterte. Mit 38 Jahren hatte der Baron des französischen Kaiserreichs sein Scherflein im Trockenen, zog sich von der aktiven Seeräuberei in ein chices Häuschen zurück und vermehrte sein beträchtliches Vermögen, indem er als Reeder und Schiffseigner seine einstigen Kollegen die überaus lukrative Piraten-Arbeit verrichten ließ.

Doch St-Malos Ruhm beruhte nicht nur auf seinen Seefahrern, vielmehr hat keine andere bretonische Stadt so viele bedeutende Männer hervorgebracht wie die Korsaren-Metropole. Francois-René de Chateaubriand (1768-1848), der Dichter, Romantiker und Staatsmann (Legationssekretär Napoleons) wurde hier als zehntes und jüngstes Kind einer verarmten Adelsfamilie geboren und verbrachte seine Kindheit im Hafenviertel. Hughes-Félicité-Robert Lamennais stammte aus einer Reederfamilie und bekleidete vor seiner Hinwendung zum Priesteramt den Job eines Mathematiklehrers in St-Malo. Seine streitbaren Schriften, in denen er die kirchliche Freiheit gegen das herrschende Staatskirchentum verteidigte, brachten ihn jedoch bald in Konflikt mit seinen Oberen, seine Kritik an der kirchlichen Zensierung brachte das Faß zum Überlaufen. Lamennais wandte sich vom katholischen Glauben ab und zum Deismus hin, verbunden mit steigendem Interesse für sozialistische Ideen, die ihn 1840 ins Gefängnis, 1848 in die französische Nationalversammlung führten. Weiter wären z. B. zu nennen: Mahé de La Bourdonnais (1699-1753), der für Frankreich Kolonien in Indien erwarb, Broussais (1772-1838), ein bedeutender Mediziner oder Gournay (1712-1759), ein liberaler Volkswirtschaftler, von dem das berühmte "laissez faire, laissez passer" stammen soll.

Vitré, die alte, sehenswerte Festungsstadt, kann sich mit einer berühmten Briefeschreiberin brüsten, der Marquise de Sévigné (1626-1696, bürgerlicher Name: Marie de Rabutin-Chantal), die sich im nahen Schloß Les Rochers-Sévigné niederließ - zunächst aus reinen Sparsamkeitsüberlegungen, denn ihr aus Vitré stammender Mann, Henri de Sévigné, hatte einen Großteil des Vermögens durchgebracht, starb aber bereits im Alter von 26 Jahren. Der Briefwechsel (der über 20 Jahre lang geführt wurde) wurde aufgenommen, als sich ihre Tochter im Jahr 1671 in der Provence niederließ; die galt es auf dem laufenden zu halten über die wichtigsten Ereignisse, und auch alltägliche Dinge fanden in den Briefen ihren Niederschlag, wodurch diese zu einem wichtigen Kultur- und Sittenzeugnis der damaligen Epoche wurden.

Last but not least kann auch die zweite bedeutende bretonische Grenzfestung,

Fougères, mit einer für die Geschichte wichtigen Persönlichkeit aufwarten, Armand Tuffin, Marquis de la Rouerie (1756-1793), der Begründer der Chouans-Bewegung (des Widerstandes gegen die mit der Französischen Revolution einhergehenden Zentralisierungsabsichten), der dem späteren Führer, Georges Cadoudal, den Weg bereitete. Sein Leben war ein einziges Abenteuer. Bereits als junger Mann sollte er wegen einer Strafsache Bekanntschaft mit der Bastille machen, zog es aber vor, in die Schweiz zu flüchten. Seine Berufung zum Priesterleben war offenbar nicht nachdrücklich genug, also kehrte er der Kutte den Rücken und zog das Soldatenkleid über. Im amerikanischen Unabhängigkeitskrieg brachte er es immerhin bis zum General; zurück in der Heimat, wollte er sein strategisches Wissen zur Organisierung eines Partisanenkrieges gegen die Revolutionstruppen einsetzen. Er gründete den Geheimbund Association Bretonne, stellte ein kleines Heer zusammen, dessen Waffen samt Nahrungsmitteln in Verstecken bis zur offenen Erhebung bereitgehalten werden sollten, und riet dem Bruder des Königs im Jahr 1791, die Gegenrevolution durch einen Aufstand der Bretagne einzuleiten - doch der Komplott wurde im Mai 1792 aufgedeckt, La Rouerie mußte fliehen und starb im Januar 1793 infolge völliger Erschöpfung und des Schocks, den die Hinrichtung des Königs verursacht hatte.

Unter den fünf bretonischen Departements zeichnet sich Ille-et-Vilaine durch den größten Wohlstand seiner Bevölkerung, die höchste Export- und die niedrigste Arbeitslosen-Quote aus und ist die am stärksten industrialisierte Region (z. B. Auto-Industrie in Rennes mit Citroën an der Spitze). Dazu trägt natürlich die Hauptstadt Rennes einen gehörigen Teil bei, die sich in den letzten 20 Jahren zu einem Zentrum der Hoch-Technologie gemausert hat (Elektronik, Datentechnik etc.). Von den traditionellen Erwerbszweigen hat die Landwirtschaft (Mais, Getreide, Kohl sowie Milch-Produktion, Rinder-, Geflügel- und Schweinezucht; in Fougères wurde der größte Rindermarkt Europas etabliert) und die Landwirtschaftsprodukte verarbeitende Industrie ihre Spitzenposition behaupten können, wohingegen der Fischfang mit St-Malo als einzigem wesentlichen Hafen (hier konzentriert man sich auf die Hochseefischerei von Stockfisch, Merlan und Seelachs, dazu ist St-Malo aber auch ein wichtiger Handelshafen) immer stärker auf dem Rückzug ist und die Aquakultur mit der Aufzucht von Schalen- oder Krustentieren im Vergleich zu den übrigen bretonischen Departements auch keine so bedeutende Rolle spielt (wichtig nur Cancale mit seinen Austern und Le Vivier-sur-Mer mit seiner großen Muschelproduktion).

Das alte Kloster mit Abteikirche am See von Paimpont

DIE STEINERNEN ZEUGEN DES VERTEIDIGUNGSBOLLWERKS

Im vollen Glanz: Das Rathaus in Pleugueneu

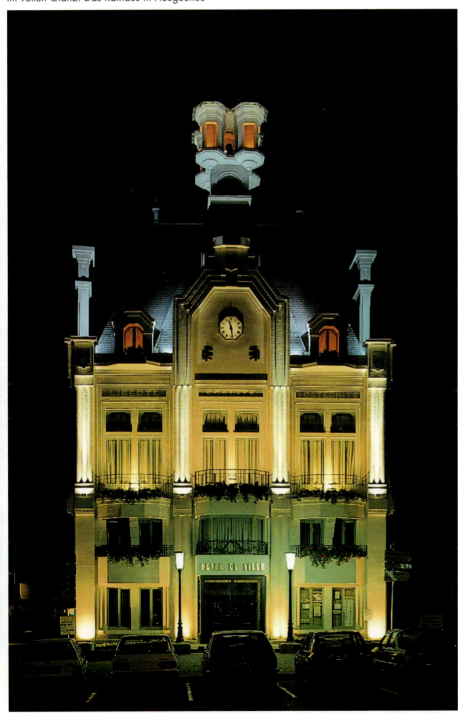

Der Ostteil der Bretagne, das heutige Departement Ille-et-Vilaine, hatte im Verlauf der Geschichte am stärksten unter den immerwährenden Bestrebungen der französischen Krone zu leiden, das Land seiner Oberhoheit zu unterstellen und die Unabhängigkeit der Bretonen zu brechen. Kein Wunder also, daß entlang der einstigen Grenzlinie eine Kette von Verteidigungsanlagen errichtet wurde, die auch heute noch die Besucher mit ihrer Wehrhaftigkeit beeindrucken und Zeugnis ablegen von mittelalterlicher Militärarchitektur. Die beiden exponiertesten Festungen waren dabei Fougéres und Vitré, doch auch die übrigen Burganlagen lohnen heute einen Besuch, man begebe sich einfach auf die Route der Marken der Bretagne ("Marches de Bretagne") vom Mont St-Michel im Norden bis nach Clisson (im heutigen Departement Loire-Atlantique) im Süden (ein entsprechender Führer kann bei den Fremdenbüros nachgefragt werden). Oder man durchstreife das Land auf den

Am Strand von St-Malo

Spuren von Francois-René de Chateaubriand; ein kleiner Guide (ebenfalls bei den Offices de Tourisme erhältlich) weist 15 Sehenswürdigkeiten aus, die alle mit dem berühmten Dichter in Verbindung stehen. Überhaupt ist in diesem Teil der Bretagne viel zu entdecken. Das Comité Départe-mental du Tourisme in Rennes spricht von über 1000 Denkmälern und Schlössern, letztere sind jedoch nur zu einem Teil öffentlich zugänglich. Eine Reihe von Schlössern kann der Tourist übrigens auch auf einer nächtlichen Rundfahrt kennenlernen; Treffpunkt ist der Mont Dol über der Bucht des Mont St-Michel, Etappenziele sind Dol-de-Bretagne, Combourg, Pleuguéneuc sowie St-Malo, die einstige Korsarenstadt im Norden, die ebenso wie das benachbarte Dinard an der Côte d'Emeraude (Smaragdküste) einfach ein Muß für jeden Besucher des Departements ist. Was natürlich auch für Rennes, die bretonische Hauptstadt, gilt, in der mittelalterliche und moderne Architektur eine gelungene Symbiose eingegangen sind.

BAZOUGES-LA-PEROUSE   172 ☐ C2

Das Dörfchen mit seinen historischen Spuren bis zurück in die gallo-romanische Zeit, sehenswerten alten Häusern und der Kirche **St-Pierre-et-Paul** mit neogotischem Interieur war im 19. Jahrhundert so etwas wie eine Pilgerstätte für romantische Schriftsteller. Genauer gesagt gaben sie sich ein Stelldichein im **Château de la Ballue**. Denn VIP's wie Alfred Musset, Honoré de Balzac oder Victor Hugo sahen in dem Schloß so etwas wie ein steinernes Symbol für den "Chouans"-Aufstand und ließen sich vor Ort für ihre diesbezüglichen Werke inspirieren - möglicherweise sogar bei einem Spaziergang zum fünf Meter hohen Menhir **Pierre-Longue**. Mit dem **Château du Rocher-Portail** und dem **Château de Bonne-Fontaine** hatten die Herren Schriftsteller zudem zwei weitere Schlößchen quasi vor der Haustüre, letzteres direkt neben dem Dörfchen Antrain gelegen, das - neben einigen schönen alten Fachwerkhäusern - eine der seltenen romanischen Kirchen der Bretagne, die **Eglise André**, sein eigen nennen kann.

CANCALE   172 ☐ B2

Im 17. und 18. Jahrhundert eilte zweimal pro Woche ein Kurier aus Paris gen Norden in diese Stadt, die dank fehlender Betonhochburgen bis heute ihren Charme bewahren konnte. Der Auftrag lautete, frische Austern in die französische Capitale zu transportieren, wo der französische König, dessen Vorgänger dem Ort 1545 als offiziellem Tafellieferanten das Stadtrecht zuerkannt hatte, und sein adliges Gefolge nach der Cancaler Spezialität lechzten. Schon die Römer hatten die Huîtres aus Cancale zu schätzen gewußt. Auch heute

noch kann man die Austern natürlich in einem Pariser Bistro ordern, doch noch besser munden sie halt vor Ort in einem der zahlreichen Restaurants entlang des Hafens, wo man den selbstherrlichen Patron vielleicht mal vorsichtig daran erinnern könnte, daß in früheren Zeiten Cancale für sein Matriarchat bekannt war; begründet aus dem Sachverhalt, daß die Männer den Großteil des Jahres auf See verbrachten und die Frauen sich in dieser Zeit allein um das Wohlergehen der Familie zu kümmern hatten. Die starke Position der Frauen kam auch darin zum Ausdruck, daß verheiratete Damen ihren Mädchennamen beibehielten. Wer die Theorie vor

Das Hafenviertel von Cancale mit einigen alten Fischerhäusern

die Praxis stellen möchte, kann, von Süden kommend, rechterhand vor der Stadteinfahrt von der D 76 in eine schmale Uferstraße abzweigen, die zum **Musée de l'Huître et du Coquillage** führt. Von hier aus hat man einen traumhaften Blick auf die Bucht des Mont St-Michel und auf die entlang der Küste angelegten Austernbänke. Das Museum vermittelt einen guten Überblick über die Austernzucht; doch auch über andere Muschelarten, Perlen (-Schmuck) oder Plankton wird viel Wissenswertes mitgeteilt. Natürlich können die Austern vor Ort auch gleich degustiert werden. Nur wenige Schritte sind es von hier bis zum Hafenviertel mit seinen alten Fischerhäusern und zur Kirche **St-Méen** (Place de l'église), die heute das **Musée des Arts et Traditions populaires** (Kunst- und Heimatmuseum) beherbergt. Von ihrem Aussichtsturm aus kann man bei schönem Wetter bis zu den Chausey-Inseln schauen. Gleich nebenan (Rue de Bellevue) zeigt das **Musée des Bois Sculptés** (Museum der geschnitzten Hölzer) eine Sammlung von Skulpturen des aus Cancale stammenden Abbé Quémerais.

COMBOURG   172 ☐ B2

Das kleine Dorf mit seinen pittoresken, mittelalterlichen Häusern (sehenswert vor allem **La Maison de la Lanterne**, Place Albert-

Strandpromenade von Cancale

Parent, und **Le Relais des Princes**, 11, Rue des Princes) zehrt noch immer vom Ruhm seines berühmtesten Bürgers, dem Dichter, Romantiker und Staatsmann Francois-René de Chateaubriand (1768-1848), der im **Château** mit seinen vier mächtigen, spitzen Türmen und dem zinnenbekrönten Wehrgang zwei Jugendjahre und einige Ferien verbracht hatte und seine damaligen Eindrücke in seinen "Erinnerungen" ("Mémoires d'outretombe") später festhielt. Das Schloß, das im 11. Jahrhundert erbaut, später verändert und im 19. Jahrhundert im neogotischen Stil restauriert wurde, gefiel dem Jüngling ganz und gar nicht. Er fühlte sich verlassen und eingesperrt in seinem (heute noch zu besichtigenden) Zimmer im Katzenturm (Tour du chat). Gespenster und andere Spukgestalten beherrschten seine Träume, genährt durch den nächtlichen Ruf der Käuzchen oder den durch die Gänge heulenden Wind. Er fühlte sich zudem von seinem herrisch-schweigsamen Vater unterdrückt und fand allein Trost in Gesprächen mit seiner Schwester Lucile, die an einem (noch erhaltenen) kleinen, steinernen Kreuz in Sichtweite des Schlosses stattfanden. Das alles war wenig imageträchtig für die heutigen Stadtväter, aber sie fanden in dem angesprochenen Werk einen Satz, der sich PR-mäßig vermarkten läßt: "C'est dans les bois de Combourg que je suis devenu ce que je suis". Übersetzt: "In den Wäldern von Combourg bin ich zu dem geworden, der ich bin." Nur leider, und das wird bewußt verschwiegen, geht der Satz weiter und Chateaubriand führte seine sein Leben bestimmende Traurigkeit und sein zur Schwermut neigendes Gemüt auf die schweren Jugendjahre in Combourg zurück.

DINARD 172 □ A2

Nizza des Nordens, so wurde Dinard einst getauft. Für den heutigen Besucher, der beide Städte kennt, nicht mehr ganz nachvollziehbar. Allerdings lassen die prächtigen Villen schon noch den Glanz erahnen, in dem sich der damals vornehmlich von vermögenden Engländern aufgesuchte und seiner Mondänität wegen hochgerühmte Badeort spiegeln konnte. So war es denn auch eine Engländerin, eine gewisse Mrs. Faber, die sich in das kleine Fischerdörfchen, nicht zuletzt wegen des milden Klimas, verliebte und sich ab dem Jahr 1852 hier niederließ. Sie scheint einen interessanten Freundeskreis gehabt zu

haben, denn schon bald folgte ihr ein reicher Amerikaner namens Coppinger. Als schließlich noch der Präfekt Paul Féart einen wunderschönen Urlaub 1860 in Dinard verbracht und daraufhin beschlossen hatte, die Entwicklung als Seebad voranzutreiben, war der Erfolg nicht mehr zu stoppen - obwohl die Konkurrenz des benachbarten St-Lunaire, in dem sich die drittreichste Familie Frankreichs besonders engagierte, anfangs recht groß war. Selbst die Kaiserin Eugénie wollte nun ihr Eigenheim in Dinard besitzen. Ihr Wunsch war Napoléon III. Befehl, er ließ 1867 die **Villa Eugénie** erbauen (in der heute das **Musée Cantonal du Pays de Dinard** untergebracht ist mit Wechselausstellungen zur Badegeschichte des Ortes, 12, Rue des Français-Libres); die Kaiserin sollte jedoch

niemals ihren Fuß über die Schwelle setzen. Kein Problem, denn Madame wurde fürstlich vertreten von Persönlichkeiten wie Kaiser Wilhelm oder dem francophilen Edward VII. von England. Die Briten machten die Einheimischen zudem mit ihren sportlichen Vorlieben vertraut, gründeten 1879 beispielsweise den ersten französischen Tennis-Club oder eröffneten 1888 in Dinard den zweiten Golfplatz (nach Pau) auf französischem Boden. Den Touch von Exotik und Mondänität, den früher illustre Gäste wie Sir Lawrence von Arabien vermittelten, wird man heute schwerlich mehr entdecken können, aber noch immer zählt

(sich) Dinard zu den vornehmsten Seebädern der Grande Nation, nicht zuletzt dank vielbesuchter Strände wie **Grande Plage, Plage du Prieuré** oder auch **Plage de St-Enogat**. Schier endlos ersteckt sich die Promenade, man kann drei Stunden flanieren, beginnend im Süden an der **Promenade du Clair-de-Lune**, vorbei an Villen, die in allen nur erdenklichen Stilrichtungen, kitschig oder auch architektonisch gelungen, erstrahlen; denn bei ihrer Errichtung wurde Wert auf Originalität gelegt, gemäß dem Motto "Sehen und Gesehenwerden". Neben der "Villa Eugénie" ist in Dinard ein zweites Museum dem nassen Element gewidmet, das **Musée de la Mer et l'Aquarium** (17, Avenue Georges V); in den Becken sind die Fische, Krusten- und Schalentiere der bretonischen Küsten zu

Der bekannte Jachthafen des in die Stadt St-Malo eingemeindeten St-Servan

bestaunen, im Museum wird der Taten des Polarforschers Jean-Baptiste Charcot (1867-1936) gedacht. Verläßt man die Stadt in südlicher Richtung entlang der romantischen Rance, so kann man im Vorort La Vicomté nicht nur wunderschöne Villen bestaunen, die vornehmlich Ende der 20er Jahre errichtet wurden, sondern man stößt auch auf ein technisches Wunderwerk, die **Usine Marémotrice**, ein 1966 noch von General de Gaulle eingeweihtes Gezeitenkraftwerk, das sich an dieser Stelle einen mit 13,5 Metern ungewöhnlich großen Tidenhub zur Energiegewinnung zunutze macht. Ein 750 Meter langer Damm, in dessen Innerem das (zu besichtigende) Kraftwerk eingerichtet wurde, das bis zu 550 Millionen kWh Strom erzeugen kann, schließt die Rance-Mündung ab und bildet ein Staubecken von 22 Quadratkilometern Fläche.

DOL-DE-BRETAGNE   172 □ B2

Victor Hugo sagte einmal über diese alte Bischofsstadt, die bis zum 12. Jahrhundert religiöses Zentrum der Bretagne war, daß es sich bei ihr keineswegs um eine Stadt, sondern lediglich um eine einzige, von gotischen Häusern eingerahmte Straße handelte, in die die umliegenden Gassen wie Rinnsale in einen Fluß einmündeten. Dieser Beschreibung des Schriftstellers wird auch der heutige Besucher Dols, das sich seinen mittelalterlichen Charme weitgehend bewahrt hat, noch beipflichten können, denn die **Grande Rue des Stuarts** ist nach wie vor neben der **Cathédrale** (mit angrenzendem **Musée Historique**, stadtgeschichtliche und prähistorische Sammlung) aus dem 12./13. Jahrhundert der Mittelpunkt des 5000-Seelen-Örtchens, das 1793 Schauplatz einer der blutigsten Schlachten des Chouans-Aufstandes (5000 Tote) war. Vor den Toren der Stadt, an der D 4 gelegen, zieht der **Menhir du Champ-Dolent** die Blicke auf sich, er ist neun Meter hoch, aus grauem Granit gearbeitet und gilt als der schönste noch aufrecht stehende Menhir der Bretagne. Ganz in der Nähe können im **Musée de la Paysannerie** des Weilers **Baguer-Morvan** Exponate aus dem bäuerlichen Leben seit dem 19. Jahrhundert besichtigt werden; die Ruinen der **Abbaye** (Abtei) von **Le Tronchet** und das für die Region seltene megalithische Langgrab, **Allée couverte** von **Tressé** (ca. elf Meter lang), in dem der Sage nach einst Feen wohnten, nicht zu vergessen. Noch interessanter ist aber der **Mont Dol**, ein 65 Meter hoher Granitfelsen, den man von Dol aus per pedes, durch einstmaliges Sumpfgelände schreitend, in einer halben Stunde erreichen kann. Hier soll der Legende nach dereinst der Kampf zwischen dem Erzengel Michael und dem Teufel stattgefunden haben.

FOUGERES   172 □ D3

Der Name der Stadt lautet in deutscher Übersetzung "Farnkraut". Treffend, denn diese Pflanze verleiht der bretonischen Landschaft neben Ginster, Heidekraut,

Paradebeispiel mittelalterlicher Verteidigungsarchitektur: Château Fourgeres

Brombeere und der Stechpalme (Ilex) ihren unverwechselbaren Charakter. Fougères, dessen Reichtum viele Jahrhunderte lang durch die Segeltuch-Herstellung genährt wurde, das eine traditionsreiche Glasindustrie sein eigen nennt und das seit dem 19. Jahrhundert für seine Schuh-Produktion bekannt ist, kann eine ganze Reihe von

Das "Kraftwerk" des Château Fougeres

berühmten Schriftstellern zu seinen Bewunderern zählen, z. B. Flaubert, Chateaubriand, Alfred de Musset, Victor Hugo oder Balzac. Die beiden letzteren trieben hier vor Ort sogar Quellenstudien für zwei bekannte Meisterwerke, die den von Fougères aus entfachten Flächenbrand der Chouannerie (des bäuerlichen Guerilla-Kampfes gegen die Französische Revolution) unter anfänglicher Leitung des aus dieser Stadt stammenden Armand Tuffin, Marquis de la Rouërie, zum Gegenstand hatten. Bei Victor Hugo spielten auch amouröse Leidenschaften eine Rolle, hatte er sich 1836 doch auf die Fährte der schönen Stadt-Tochter Juliette Drouet gesetzt und mit ihr in Fougères einige heiße Liebeswochen verbracht; das dürfte die Recherchen für das Opus "1793" noch mal so angenehm gestaltet haben. Balzac hatte sich schon einige Jahre früher in der Stadt einquartiert, um Hintergrundmaterial für seinen Roman "Die Chouans" zu sammeln, in dem sich eine von Polizeiminister Fouché ausgesandte Spionin und einer der Anführer der Chouans ineinander verlieben. Das Stadtbild von Fougères, das eingebettet in eine schöne Waldlandschaft liegt, wird noch heute von seiner mittelalterlichen Festung geprägt, die vom 10. bis 15. Jahrhundert als Bollwerk gegen französische Angriffe errichtet wurde und mit ihren 13 Türmen zugleich ein Paradebei-

Nettes Straßencafé in Fougères

spiel mittelalterlicher Verteidigungsarchitektur darstellt. Ungewöhnlich die Lage, denn statt auf der Anhöhe, auf der sich heute das Zentrum der Oberstadt befindet, wurde die Burg im Tal errichtet, denn die Erbauer wollten sich den Flußlauf des Nançon zunutze machen, der um die Anlage herumgeleitet wurde. Für die Besichtigung des **Château** mit seinen imposanten Türmen sollte man schon eine Stunde vorsehen. Gleich neben dem Schloß ist die **Eglise St-Sulpice** zu sehen, ein spätgotisches Gotteshaus, das über das pittoreske **Quartier St-Sulpice** (Place du Marchix oder Rue de la pinterie mit schönen alten Häusern) hinwegragt. Gleich neben dem Stadtpark mit dem angrenzenden, prächtigen Rathaus (**Hôtel de Ville**) und der spätgotischen **Eglise St-Leonard** öffnet das **Musée Emmanuel-de-la-Villéon** seine Pforten (Rue nationale), ein hübsches Haus mit Portalvorbau aus dem 17. Jahrhundert, in dem ca. 60 Werke des aus dieser Stadt stammenden impressionistischen Malers besichtigt werden können.

Historischer Bauaufzug auf dem Mont St-Michel

MONTAUTOUR 172 ☐ D3

Das Dorf Montautour ist 194 m über dem Meeresspiegel gelegen und erlaubt damit einen weiten Blick auf die umliegende Region. Dank seiner Kirche **Notre-Dame-du-Roc** war es seit dem 11. Jahrhundert ein vielbesuchtes Pilgerziel. Denn ein Privileg versprach nach dreimaligem Besuch der Kirche den gleichen Sündennachlaß wie eine einmalige Pilgerschaft ins entfernte Rom. Von diesem Privileg konnte allerdings nur profitieren, wer im Gebiet zwischen der Loire und dem Ärmelkanal lebte und einen triftigen Grund hatte, sich nicht auf die Reise nach St. Peter begeben zu können. An die früheren Pilgerzüge wird jährlich am 15. August mit einer Prozession gedacht.

MONT ST-MICHEL 172 ☐ C2

Einer "Laune" des Flüßchens Couesnon verdankt es die Normandie, daß das vielgepriesene "Wunder des Abendlands" heute streng genommen gar nicht mehr zur Bretagne gehört. Denn der Grenzfluß verlegte sein Bett gen Westen und beraubte damit das Departement Ille-et-Vilaine seiner größten Sehenswürdigkeit. Angesichts der langen historischen Zugehörigkeit zur Bretagne soll der Mont St-Michel aber an dieser Stelle doch kurz behandelt werden. Bis zum Beginn des 8. Jahrhunderts lag der Mont St-Michel in einem Waldgebiet;

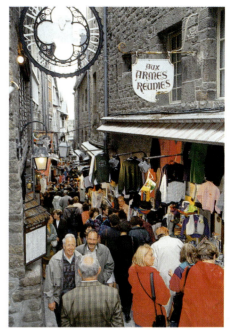

Besucherandrang auf dem Mont St-Michel

erst eine Sturmflut, die weite Landesteile überschwemmte und verschlang, machte den 78 Meter hohen Granitfelsen zu einer Insel. Im Jahr 709 ließ der Bischof Aubert von Avranches, der Legende nach auf Geheiß des Erzengels Michael, auf dem Felsen eine Kapelle errichten, und Aubert ließ dort kostbare Reliquien von Mönchen behüten. Der Mont St-Michel entwickelte sich daraufhin zu einem der meistbesuchten Wallfahrtsorte Frankreichs. Die Mönche versammelten sich zunächst in der Kirche **Notre-Dame-sur-Terre**, die heute das Untergeschoß der auf drei Ebenen errichteten Anlage (seit 966 Kloster) bildet. Die Arbeiten an der romanisch-gotischen Abteikirche (**Eglise Abbatiale**) zogen sich vom 11. bis zum 16. Jahrhundert hin. An die nördlichen Bauteile der Abteikirche schließen sich zwei doppelgeschossige Bauten, **La Merveille** genannt, aus dem 13. Jahrhundert an: Der Rittersaal mit dem darüberliegenden Kreuzgang einerseits sowie der Gästesaal mit dem darüberliegenden Speisesaal andererseits. Die Befestigungsanlagen um Kloster und Vorstadt (Gesamtfläche nur drei Hektar) wurden vom 13. bis 15. Jahrhundert erbaut. Die einzige Öffnung ist das Tor des Vorwerks (**Porte de l'Avancé**), nach dessen Durchschreiten man bald zur **Grande Rue** gelangt, die sich steil, eingefaßt von alten Häusern, den Felsen hochschlängelt (und in der Sommer-Saison hoffnungslos von den Touristenströmen verstopft wird). Sehenswert sind auch das **Musée historique** (Historisches Museum) und das **Musée Grevin**, in dem anhand von Wachsfiguren und mittels einer Mediaschau die Geschichte des Mont St-Michel veranschaulicht wird.

PAIMPONT   172 □ A4

Der Wald von Paimpont ist der kleine Rest des mit der Artus-Sage verbundenen Waldgebietes **Brocéliande**, in dem die Geschichten von der Fee Viviane und dem Zauberer Merlin sowie die Episode von Ritter Lancelot und der Fee Morgane spielen (siehe Kapitel LAND & LEUTE). Zur Einstimmung empfiehlt sich vielleicht ein Besuch in der Kirche von **Tréhorenteuc**, wo zwei deutsche Kriegsgefangene, der Malermeister Karl Rezabeck und der Tischler Peter Wisdorf, in den Jahren 1945/46 die Kirchenfenster mit Motiven aus der keltischen Mythologie schmückten. Unglaublich, aber wahr, die Fee Morgane und die Tafelrunde des Königs Artus sind neben Jesus Christus dargestellt, wobei als verbindendes Glied der Heilige Gral steht. Die Umgebung des kleinen Ortes Paimpont, der einst für seine Eisenhütten bekannt war und in dem heute in der früheren Abteikirche ein Kirchenschatz zu bewundern ist, birgt eine ganze Reihe von Reminiszenzen an Artus und seine Getreuen, z. B. das **Grab Merlins** (bestehend aus zwei Schieferplatten und einer Stechpalme), die Quelle **Fontaine de Barenton**, wo Merlin einst seine Geliebte Viviane verführt haben soll, und deren Wasser, auf einen in der Nähe liegenden großen Stein getropft, einen Sturm entfesseln konnte, das **Château Comper**, wo die Fee Viviane aufwuchs und wo sie den jungen Lancelot erzog, der angrenzende See, auf dessen Grund Merlin seiner Geliebten ein Schloß gezaubert haben soll oder **Le Val sans Retour** (Das Tal ohne Wiederkehr), ein gigantisches Felsenmeer, in dem die Fee Morgane untreue Ritter so lange gefangenhielt, bis der herzensreine Lancelot den Zauber lösen konnte.

REDON   175 □ A1

Redon liegt am Schnittpunkt des Flüßchens Vilaine und dem Nantes-Brest-Kanal, die hier durch einen kleinen Jachthafen miteinander verbunden sind (Quai Jean-Bart). Hier ist auch das **Musée de la Batellerie** zu finden, in dem der Zeit gedacht wird, da Redon ein wichtiger Schiffahrtsknoten-

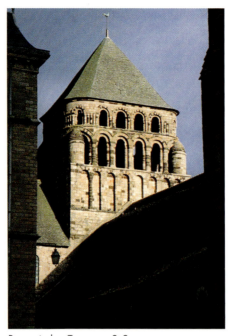

Romanischer Turm von St-Sauveur

punkt war. In der Altstadt (z. B. in der Grande rue, Fußgängerzone) sind noch eine ganze Reihe von historischen Häusern aus dem 15.-18. Jahrhundert anzutreffen. Doch die Hauptsehenswürdigkeit der Stadt ist die einstmalige Abtei-Kirche **St-Sauveur** mit ihrem **Tour Romane** (Romanischer Turm); der gotische Turm ist seit einem Brand im Jahr 1780 von der Kirche

abgetrennt (da diese nicht mehr in voller Länge wiederhergestellt wurde). In diesem Bau spiegelt sich bretonische Geschichte wider, wurde die Abtei doch bereits im Jahr 832 mit Unterstützung Nominoës, des ersten bretonischen Königs, gegründet, der wenig später das Heer des Franken Karl des Kahlen bei Redon vernichtend schlug.

RENNES   172 □ C4

Rennes, die zehntgrößte Stadt Frankreichs, mag den Touristen auf den ersten Blick etwas enttäuschen. Nachdem er die Vororte mit den Hochhaus-Silos und den Gewerbegebieten durchquert hat, befindet er sich in einem Zentrum, das durch breite Autoschneisen und eine Mischung von modernen Gebäuden und Bauwerken aus dem 18. Jahrhundert gekennzeichnet ist. Das alles ist letztendlich das "Werk" eines Tischlers namens Henry Bourouel, der am 22. Dezember 1720 im Vollrausch sein Haus in Flammen aufgehen ließ und damit, bei der in Rennes bis dahin gepflegten Holzbauweise, einen sieben Tage wütenden Flächenbrand auslöste, der fast die gesamte mittelalterliche Altstadt vernichtete. Den Stadtvätern war dies eine Lehre: Nur noch Stein war künftig als Baumaterial erlaubt. Mit dem Wiederaufbau der Stadt wurde der Pariser Architekt Jean Gabriel betraut, der sich mit seinem Place de

Erinnerung an das einstige Parlamentsgebäude am schönen Place du Palais

la Concorde einen Namen gemacht hatte. Er entschied sich für klassisch-funktionale Formen, was eine gewisse Uniformität in der Optik der Häuserzeilen entlang der Boulevard-Achsen und der repräsentativen Monumentalbauten zur Folge hatte - die Häuser wurden übrigens, man höre und staune, in Appartements aufgeteilt, um möglichst schnell eine genügende Zahl von Bewohnern finden zu können. Schließ-

die Eglise **St-Sauveur** (17./18. Jahrhundert) und die benachbarte **Cathédrale St-Pierre** (1844 fertiggestellt), sehr sehenswert sind z. B. die Gebäude in der **Rue St-Sauveur** oder in der **Rue de la Psalette**. Auch der **Place des Lices** ist nicht weit, wo samstags einer der größten Märkte Frankreichs stattfindet und an dem zwei wunderschöne Jugendstil-Markthallen (**Halles de Martenot**) aus Glas und Metall zu besich-

gemütliche Kneipe in Rennes

Moderne Architektur in Rennes' Cité budiciaire

Arts im ersten Stock ist berühmt vor allem für seine exquisite Sammlung von Zeichnungen und seinen reichhaltigen Fundus an Gemälden aus dem 17. Jahrhundert. Auch die Impressionisten und die Mitglieder der Schule von Pont-Aven sind zahlreich mit wichtigen Werken vertreten. Im Erdgeschoß residiert das **Musée de Bretagne**, das einen ausführlichen Einblick in die bretonische Historie vermittelt. Das **Ecomusée de la Bintinais** vor den Toren der Stadt (Route de Châtillon), ein Heimatmuseum, dokumentiert die Geschichte des Hofs La Bintinais, einst einer der größten landwirtschaftlichen Betriebe des Umlandes von Rennes, vom 16. Jahrhundert bis in unsere Tage. Auto-Liebhaber werden sich hingegen sicherlich mehr für das im östlichen Vorort **Cesson-Sévigné** eröff-

Entspannen bei einer Tasse Kaffee

lich sollte das Zentrum von Rennes 1940 in einen Bombenhagel geraten, Betonneubauten mußten die Lücken schließen. Das mag bislang alles wenig attraktiv und einladend klingen, doch ein Besuch der bretonischen Hauptstadt lohnt sich allemal - nicht nur wegen der vom Feuer verschonten alten Quartiers, die man am besten per pedes erkundet, nachdem man den Wagen an den im 19. Jahrhundert angelegten Vilaine-Quais geparkt hat. Vom dort eingerichteten Touristenbüro schlägt man den Weg in nordwestliche Richtung ein und gelangt sogleich ins **Vieux Rennes**. Alte Fachwerkhäuser in schmalen Gassen finden sich dabei vor allem im Viertel um

tigen sind. Kehrt man zur Kirche St-Sauveur zurück, so führt die Rue Duguesclin vorbei am klassizistischen Rathaus (**Hotel de Ville**). Nach einer Kurzvisite in der nahen spätgotischen **Eglise St-Germain** und einem Bummel durch die mit zahlreichen Fachwerkhäusern gesäumte **Rue St-Georges** lädt der **Jardin du Thabor** mit seinen im 19. Jahrhundert angelegten Parkanlagen zum Entspannen ein. Danach gelangt man über die Rue du Géneral M. Guillaudot, in südlicher Richtung voranschreitend, zu den beiden wichtigsten Museen der Stadt, die im ehemaligen Universitätsgelände direkt am **Quaie Emile Zola** (Nr. 20) untergebracht sind. Das **Musée des Beaux-**

nete **Musée Automobile de Bretagne** (40, Route de Fougères) interessieren, in dem zahlreiche Oldtimer wie auch Motorräder zu bestaunen sind.

RETIERS   172 □ C4

Im 9. Jahrhundert hatten die bretonischen Könige in diesem Örtchen eine ihrer Residenzen errichtet. Heute erlangt Retiers

überregionale Bedeutung durch das **Musée Edouard-Mahé** (Rue Georges Clemenceau), in dem 50 Werke des postfauvisti-
schen Malers ausgestellt sind. Ganz in der
Nähe trifft der Besucher auf eines der
wichtigsten Megalith-Denkmäler des Departements, den **Dolmen La Roche-aux-
Fées**. Es ist fast ein Wunder, daß die 19
Meter lange, aus 42 mächtigen Steinblök-
ken zusammengesetzte Grabkammer erhalten blieb, denn Anfang des 19. Jahrhunderts wollte man die Granitblöcke als
billiges Baumaterial wegtransportieren. Im
benachbarten **Moulins** schließlich sind
zwar die zahlreichen Windmühlen verschwunden, doch das barocke **Château de
Monbouan** lockt mit einer Eingangshalle,
die mit Gemälden nach Entwürfen von
François Boucher geschmückt ist.

ST-MALO 172 □ B2

Im 6. Jahrhundert ließ sich der Mönch
Maclou von Britannien her auf der ins
Meer hinausragenden Inselspitze nieder

Die Stadtmauern von St-Malo

Der 1382 erbaute Tour Solidor mit Kap-Horn-Museum in St-Malo

und hatte es sich zum Ziel gesetzt, die Bevölkerung der umliegenden Region zu mis-
sionieren. Das war der Anfang der ruhmreichen Geschichte St-Malos, das dem
christlichen Einwanderer auch seinen Namen verdankt. In der Zeit der Normannen-
überfälle im 9. Jahrhundert erkannten die
Bretonen die schützende Macht der Insel
und begannen, diese zu befestigen; das
waren die Vorläufer der heutigen mächtigen Mauerzier der Stadt, die bis zum
Zweiten Weltkrieg von keinem Feind überwunden werden konnte. Dem Meer zugewandt, wurde sie danach sehr bald zur
Stadt der Seefahrer, Entdecker, Kaufleute
und Korsaren (siehe Kapitel LAND & LEU-
TE), was ihr einen beträchtlichen Wohl-

stand bescherte. Schon allein die einzigartige Lage der Stadt zwischen der Rance-
Mündung und der Bucht des Mont St-Michel hebt St-Malo aus der Vielzahl der anderen bretonischen Villes et Villages hervor, wobei sich die geschichtsträchtige
Stadt längst die einstmals selbständigen
Gemeinden St-Servan, Paramé und Rothéneuf eingegliedert hat. Um St-Malo - intra
muros - kennenzulernen, empfiehlt es sich,
nach Durchschreiten des Haupttores, der
Porte St-Vincent, die Treppe zum Wehrgang hinaufzusteigen und eine Wanderung entlang der im 12. Jahrhundert be-
gonnenen und bis zum 18. Jahrhundert
ständig verstärkten Stadtmauer (**Remparts**)
zu unternehmen, die von der weitgehen-
den Zerstörung der Stadt im Jahr 1944
gottlob verschont blieb (beim Wiederaufbau bemühte man sich erfolgreich um eine

Wiederherstellung des früheren Charakters
des Stadtbilds). Beim anschließenden Flanieren durch die engen Gassen wird man
schließlich auch zum **Place Chateaubriand**
gelangen, dem Zentrum der Stadt, und
gleich daneben auf das **Château** stoßen, in
dessen großen **Donjon** (Turm) das **Musée
d'Histoire de la Ville** eingerichtet wurde
(Stadtgeschichte; mit einem wunderschönen Blick auf die Stadt und das Meer).
Auch die **Galérie Quic-en-Groigne** (mit einem sehenswerten Wachsfigurenkabinett)
und das **Musée d'Ethnographie du Pays
Malouin** (u. a. Geschichte des Fischfangs)
sind im Château beheimatet. Über die Rue
St-Vincent gelangt der Besucher zur **Cathédrale St-Vincent** mit ihrem romanischen
Längshaus und dem gotischen Chor. Lohnenswert ist sicher auch eine Eintrittskarte
für das **Musée de la Poupée** (13, Rue de

Toulouse) mit mehr als 300 ausgestellten Puppen oder das **Aquarium et Exotérium** (Place Vauban) mit den verschiedensten Meerestieren und Echsen. Im Stadtteil St-Servan kann man von der **Corniche d'Aleth** einen trefflichen Panoramaausblick genießen oder ein Billet für das **Musée International du Long Cours Cap-Hornier** (Internationales Museum der Kap-Horn-Fahrer) lösen, das im **Tour Solidor** (erbaut 1382) eingerichtet wurde. Im Stadtteil

Glanz vergangener Epochen erahnen, als die Stadt mit ihrem Stoffhandel zu großem Reichtum gelangte. Einen exzellenten Einblick in Sitten und Gebräuche der damaligen Zeit vermittelt die Lektüre der Briefe der Marquise de Sévigné, die im sechs Kilometer von Vitré entfernten **Château des Rochers-Sévigné** lebte und häufig Ausflüge in die Stadt zur Zerstreuung oder zur Teilnahme an den Sitzungen der Landstände unternahm. Dabei beobachtete sie mit oft

Toren der Stadt ein sehenswertes Schlößchen, das **Château de Bois-Cornillé** errichten ließ, im Zusammenhang mit einer Verschwörung am Galgen sein Leben gelassen hatte. Nähert sich der Reisende Vitré, so wird er sogleich der alten Wehrmauer gewahr, die die Stadt zusammen mit dem 1060 erbauten und im 13. Jahrhundert vergrößerten **Château** (dreieckiger Grundriß, auch ein Museum ist heute darin integriert) vor so manch einer feindlichen Eroberung bewahrte (und hinter der während der Religionskriege die Hugenotten vor ihren katholischen Verfolgern Schutz fanden). Schließlich war Vitré Teil des Festungsbollwerks gegen Frankreich, und sein Schloß ist damit, ähnlich wie dasjenige in Fougères, ein Paradebeispiel mittelalterlicher Verteidigungsarchitektur. Einen Besuch lohnt auch die spätgotische, mit einigen Renaissance-Accessoires verzierte **Eglise Notre-Dame**, die **Chapelle St-Nicolas** (aus dem 15. Jahrhundert, im Vorort Faubourg du Rachapt gelegen) oder das **Musée de l'Abeille vivante** (Rue de la briqueterie), eine Kuriosität, wird dort doch auf 200 Quadratmetern ein Einblick in die Bienenzucht vermittelt. Vor den Toren der Stadt ist für Kunstliebhaber die **Collégiale de Champeaux** (zu erreichen über die D 29) ein absolutes Muß. Die Kapelle wurde von der Familie d'Espinay 1430 als Grablegestätte errichtet und kann mit einem prächtigen Renaissance-Interieur aufwarten. Ein gleich hoher Stellenwert ist dem **Château de Bois-Bide** einzuräumen, das idyllisch inmitten einer hügeligen Landschaft im Stil Louis XIII. erbaut wurde und von einem weitläufigen Park umgeben ist.

![Die Altstadt von Vitré im Schatten der wehrhaften Burganlage]

Die Altstadt von Vitré im Schatten der wehrhaften Burganlage

Rothéneuf wird im **Manoir de Jacques Cartier** des gleichnamigen Entdeckers von Kanada gedacht (Rue David Macdonald Stewart). Kurios und sehenswert zugleich sind hier auch die **Rochers Sculptés** entlang der Küste, 300 in den Küstengranit gehauene Skulpturen des Abbé Fouré (1839-1910), von römischen Kriegern bis hin zu Luzifer. Einen Abstecher Richtung **Saint-Jouan-des-Guérets** wert ist das **Malouinière du Bos**, ein prächtiges Landhaus aus dem 18. Jahrhundert mit aufwendigem Interieur.

VITRE 172 □ D4

"Wäre ich nicht König von Frankreich, so würde ich Bürger von Vitré werden" - dieser Ausspruch von Heinrich IV. verdeutlicht die Hochachtung, die das gesamtarchitektonische Ensemble der Stadt seinerzeit genoß. Und auch heute wird der Besucher beim Schlendern durch die engen Gassen (z. B. **Rue d'Embas, Rue de la Poterie** oder **Rue de la Baudrairie**) mit ihren pittoresken Fachwerkhäusern aus dem 15.-17. Jahrhundert noch etwas vom

boshafter Genauigkeit den versammelten Landadel und prangerte dessen Fehler und Dünkel schonungslos an. Die Verschwendungssucht bei offiziellen Banketten raubte ihr fast die Worte: "Es fließt so viel Wein durch die Kehle eines Bretonen, wie Wasser unter den Brücken hindurch." Madame führte allerdings auch nicht gerade ein darbendes Leben. Sie stand normalerweise morgens gegen 8 Uhr auf, ging anschließend in die Messe und unternahm dann bis zum Mittagessen einen Spaziergang. Der Nachmittag war Handarbeiten, Briefeschreiben, Plaudereien mit adligen Damen oder Lesungen vorbehalten. Gegen 20 Uhr wurde das Abendessen serviert, gefolgt von Rezitationen aus heiteren Werken ("um nicht einzuschlafen"). Auch ein Tapferes Schneiderlein hatte die Stadt in ihrer Geschichte vorzuweisen namens Pierre Landais, der im 15. Jahrhundert eine unglaubliche Karriere machte von der Nadel bis zum Schatzmeister und engsten Berater des bretonischen Herzogs; klar, daß die adligen Herren vor Neid erblaßten und erst Ruhe gaben, als der Emporkömmling, der sich zudem noch vor den

Das sehenswerte Château in Vitré

DIE BRETONISCHE KÜCHE AUF DEM WEG ZUR SPITZE

Das Restaurant "Ti-Koz" in einem Fachwerkhaus in Rennes' Altstadt

Sie haben es nicht leicht, die großen Chefs der bretonischen Küche. Denn noch immer ist es ihnen nicht voll und ganz gelungen, ihre französischen Landsleute davon zu überzeugen, daß man in den verschiedenen Departements nicht nur schönen Urlaub an der Küste machen, sondern auch vorzüglich speisen kann. Die diesbezügliche Klage eines Herdzauberers wie Olivier Roellinger ("Maison de Bricourt" in Cancale) stimmt doch ziemlich nachdenklich. Auch die deutschen Urlauber werden leider in der Mehrzahl der Bretagne-Führer und -Kochbücher aufs Glatteis geführt mit recht unqualifizierten Äußerungen über die (vermeintlich) bescheidene Qualität der bretonischen Küche. Vor Ort hat man daher zur Selbsthilfe gegriffen und eine Vereinigung "Tables et Saveurs de Bretagne" gegründet, der derzeit 38 Top-Häuser angehören. Aufnahme-Kriterium sind Hochbewertungen in den beiden berühmtesten französischen Restaurantführern. Die Vereinigung, der Olivier Roellinger vorsteht, gibt eine informative Hochglanzbroschüre heraus, in der jedes Mitgliedshaus ausführlich vorgestellt wird und die in jedem der angeschlossenen Restaurants kostenlos ausgegeben wird. Auch im Verein der "Jeunes Restaurateurs d'Europe" zählen die bretonischen Herdkünstler zu den rührigsten Mitgliedern. Besuchen Sie, verehrte Leser, eines der Top-Restaurants der Bretagne, und Sie werden garantiert mit der Zunge schnalzend applaudieren - im Departement Ille-et-Vilaine vielleicht nach einem köstlichen Salzgras-Lamm von den Weiden rund um die Bucht des Mont St-Michel.

BRUZ   172 □ B4

PLAY OFF ✗
Golf de Cicé-Blossac
Tel. 99 52 98 98
Golf und Dinieren, das läßt sich auf diesem gepflegten Club-Gelände trefflich miteinander kombinieren. Den Aperitif kann

man im Sommer auf der schönen Terrasse einnehmen, um sich anschließend ins hübsche Restaurant zu Speisen wie diesen geleiten zu lassen: Gazpacho vom Hummer mit Koriander, Steinbutt und Bigorneaux in Safran-Nage oder Suppe von roten Früchten mit Minze. ①②

CANCALE   172 □ B2

LE COQUILLAGE ✕✕
Baie du Mont St-Michel
Tel. 99 89 64 76

In seinem Märchenschloß (siehe RASTEN & RUHEN), das fünf Kilometer vom Stammhaus, dem "Maison de Bricourt", entfernt liegt, hat Olivier Roellinger ein Zweit-Restaurant eröffnet, in dem fast ausschließlich Meerestiere auf die strahlend weiß eingedeckten Tische aufgetragen werden. Das Ambiente ist recht schlicht, fast nüchtern-funktional gehalten, aber der Blick auf die Bucht des Mont St-Michel ist dafür wahrlich zauberhaft. Wer sich hier zum Tafeln niederläßt, darf sich freuen auf Offerten wie: Muschelsuppe mit Madras-Curry, Plateau de fruits de mer, Cotriade (die berühmte bretonische Fischsuppe) oder Gegrillten Hummer. ①②

MAISON DE BRICOURT ✕✕✕✕✕
1, Rue Duguesclin
Tel. 99 89 64 76   Fax 99 89 88 47

Ein schwerer Schicksalsschlag war der Auslöser einer kulinarischen Karriere, wie es in der gesamten Bretagne keine zweite gibt. Denn Olivier Roellinger wurde bei

einem Stadtbummel durch St-Malo von Gangstern überfallen und so schwer verletzt, daß er zwei Jahre lang den Rollstuhl hüten mußte. Eine lange Zeit, in der er sich viele Gedanken über seine Zukunft machen konnte. Dabei gelangte er zu der Gewißheit, daß das Studium der Chemie keinesfalls seine Bestimmung sein konnte, daß er sich vielmehr zu den mit der Gastronomie verhafteten Wurzeln seiner Familie hingezogen fühlte. Nach seiner Genesung absolvierte er die Küchenmeister-Prüfung und eröffnete 1982 mittels eines erheblichen Bankkredits sein Restaurant. Ein Wagnis zweifelsohne, konnte der junge Mann doch keine großen Lehrmeister vorweisen, er war - und ist - vielmehr ein Autodidakt, immer auf der Suche nach dem Neuen, ein rastloser Bummler durch die kulinarischen Welten am heimischen Herd. Roellinger ist so etwas wie der König des Meeres; seine Zubereitungen von Fischen, Krusten- und Schalentieren sind ein deliziöser Traum, parfümiert mit einer Vielzahl von Gewürzen, deren Namen die meisten Feinschmecker noch niemals gehört haben dürften. Und Roellinger ist fraglos der kreativste Koch der Bretagne, was uns dazu veranlaßt, ihn gemeinsam mit Georges Paineau, dem Klassiker aus Questembert, auf den bretonischen Küchen-Thron zu erheben. Doch nun zum Restaurant selber, das in einem alten Stadt-Palais aus dem Jahr 1760, abseits des Touristen-

Erlesener rahmen für feinste Gaumenfreuden: "Maison de Bricourt"

rummels, ca. zehn Fußminuten vom Hafen entfernt, eingerichtet wurde, das in der Belle Epoque exquisit verfeinert und um einen prächtigen Garten erweitert wurde. Zwei Räumlichkeiten stehen den Gästen zur Wahl, wir nahmen in dem wintergartenähnlichen Speisezimmer samt Mittelrotunde Platz und waren angetan vom lichten Weiß der Wände und der feinen Tafelkultur. Vorab kredenzte uns der perfekte Service unter Leitung von Jane Roellinger neben zweierlei Brot einen Muschelteller mit taufrischen Austern und Bouchots, begleitet von Mini-Crêpes, die mit Salami gefüllt waren, und als zweites Amuse Bouche delikat gewürzte Tintenfisch-Streifen. Ein toller Auftakt, der noch gesteigert wurde von Gourmandisen wie den folgenden: Ausgelöstes Fleisch von der Seespinne und Kammuschel, Steinbutt gegrillt auf Holzkohlenfeuer mit kleinen Muscheln und den Gewürzen der Region, Salzgras-Lamm von den Weiden um die Mont St-Michel-Bucht, Rinderfilet mit Austern und jungen Schalotten oder eine köstliche Schokoladen-Variation. Top-Weinkarte mit allen Grand Crus, die Frankreich zu bieten hat (Hotels siehe RASTEN & RUHEN). ①②③④

TY BREIZ ✕
Port de la Houle, 13, Quai Gambetta
Tel. 99 89 60 26

Ein typisch bretonisch eingerichtetes Restaurant mit einer Terrasse über dem Hafen, das ist das "Ty Breiz", in dem eine empfehlenswerte Küche bei Speisen wie Muscheln à la crème oder Gegrillter Hummer geboten wird. Weinkarte mit ca. 70 Positionen. ①②

CHATEAUBOURG 172 □ C4

AR MILIN ✗✗
30, Rue de Paris
Tel. 99 00 30 91

In dieser ehemaligen Mühle (siehe RASTEN & RUHEN) wird in behaglich-rustikalem Rahmen eine Klassische Küche geboten, die sich ausschließlich auf heimische Produkte stützt. Man probiere z. B. die Enten-Terrine mit Backpflaumen und Zwiebel-Kompott, den Räucherlachs mit Blinis aus Buchweizenmehl oder das Gegrillte Lamm mit milder Knoblauch-Creme. ①②

PEN'ROC ✗✗
La Peinière-en-St-Didier
Tel. 99 00 33 02

Im Sommer bittet Joseph Froc seine Gäste zum Dinieren auf die gepflegte Terrasse. In der übrigen Jahreszeit sind die Tische

Die charmanten Gastgeber des Restaurants "Pen'Roc"

festlich in den eleganten Restaurant-Räumlichkeiten gedeckt. Die Küche des Patrons variiert zwischen regional und nouvelle und überzeugte uns bei Speisen wie: Gebratene Gänseleber mit Rhabarber-Kom-

pott, Gebratener Seeteufel mit Apfel-Püree und Kaldaunen-Wurst oder Ente mit roten Linsen und Stern-Anis. Tolle Weinkarte mit ca. 200 Kreszenzen. ①②

CHATEAUGIRON 172 □ C3

L'AUBERGADE ✗✗
2, Rue Gourdel
Tel. 99 37 41 35

In dieser gepflegten Auberge bietet der Patron Jean-Claude Barre eine empfehlenswerte Küche mit Gerichten wie Doraden-Tarte oder Millefeuille von Wolfsbarsch und Kartoffeln. ①②

CHEVAIGNE 172 □ C3

LA MARINIERE ✗✗
Route du Mont St-Michel
Tel. 99 55 74 64

Einen ehemaligen Bauernhof, umgeben von Wiesen und Feldern, hat Yves Lejeune zu einem Treffpunkt für Feinschmecker gemacht. Die Tische sind roséfarben eingedeckt, man sitzt bequem auf Stühlen im Stil Louis XIII. und kann sich für Spezialitäten wie diese entscheiden: Gebratener Stockfisch mit Schalotten, lecker-deftigen Schweinsfuß in Cidre oder Apfelmus mit Calvados. Sehr gute Weinkarte mit 120 Gewächsen. ①②③

DOL-DE-BRETAGNE 172 □ B2

LA BRESCHE ARTHUR ✗✗
36, Boulevard Deminiac
Tel. 99 48 01 44   Fax 99 48 16 32

Philippe Martell plante umfangreiche Renovierungsarbeiten an seinem Haus, den Hotel-Bereich betreffend. Damit möchte er die wohnlichen Räumlichkeiten dem chicen Outfit seines Restaurants anpassen, in dem eine gute Küche geboten wird bei Offerten wie Hummer-Ravioli oder Filet von junger Ente an Holunderbeer-Jus. ①②

FOUGERES 172 □ D3

LA PETITE AUBERGE ✗
La Templerie, route d'Ernée
Tel. 99 95 27 03

Eine gehörige Portion Understatement hat bei der Namensgebung Pate gestanden. Denn das Interieur der "Auberge" ist überaus beschwingt-elegant gehalten. Wer bei Didier Godineau einkehrt, darf sich freuen auf Offerten wie Tatar von Austern und Jakobsmuscheln, Kalbsbries mit Pampelmusenscheiben oder Apfeltarte mit Cidresauce. 78 Weine à la carte. ①②

LE HAUTE-SEVE ✗✗
37, Boulevard Jean-Jaurés
Tel. 99 94 23 39

Ein kleines Restaurant mit reichem Pflanzenschmuck, Mahagoni-Mobiliar und gepflegt eingedeckten Tischen führt Thierry Robert, der am Herd für Speisen wie die folgenden verantwortlich zeichnet: Kalbsnierchen mit Zwiebel-Confitüre, Gebratener St-Petersfisch mit Artischocken oder Glattbutt mit Chinakohl. Falls möglich, sollte man auch die Spezialität des Hausherrn, der bei seinen Offerten ausschließlich regionale Produkte von den heimischen Märkten verwendet, probieren. Weinkarte mit 140 Kreszenzen, wobei das Schwergewicht auf erlesene Gewächse von der Loire und aus dem Bordelais gelegt wird. ①②

LES VOYAGEURS ✗
10, Place Gambetta
Tel. 99 99 08 20   Fax 99 99 99 04

Es steht imposant mitten im Stadtzentrum an einer sehr belebten Straße, dieses Hotel mit seinen 37 Zimmern und seinem gepflegten Restaurant, in dem wir uns zu Speisen wie Warme Gänsestopfleber mit Früchten und Porto, Zander an Beurre blanc oder Tournedos Rossini an hübsch eingedeckten Tischen niederließen. ①②

HEDE   172 □ B3

LE GENTY-HOME ✗
La Vallée de Hédé
Tel. 99 45 46 07
Eine typisch bretonische Herberge mit hübschem Bruchsteinmauerwerk innen wie außen, dunklem Balkenschmuck und hübsch eingedeckten Tischen, das ist François Juhels "Le Genty-Home". Der Patron mag seinen Gästen empfehlen: Warme Austern mit Gänseleber, Gegrillte Langustinen oder Lamm-Nüßchen in Knoblauch-Creme. ①②

HOSTELLERIE DU VIEUX MOULIN ✗
Route de St-Malo
Tel. 99 45 45 70   Fax 99 45 44 86
13 komfortabel eingerichtete Zimmer und ein klassisch-zeitlos gehaltenes Restaurant erwarten den Gast in diesem hübsch begrünten, alten Backsteinhaus. Die Küche verarbeitet heimische Zutaten zu Speisen wie Steinbutt in Champagnersauce, Rinderfilet mit Steinpilzen oder Schokoladenkuchen mit englischer Creme. ①②

LA GOUESNIERE   172 □ B2

TIREL-GUERIN ✗✗✗
St-Méloir-des-Ondes, Gare
Tel. 99 89 10 46
Vis-à-vis des örtlichen Bahnhofs steht dieses gastliche Haus (siehe RASTEN & RUHEN), in dem Roger Tirel und Jean-Luc Guérin nun schon seit Jahren ein klassisch-elegant eingerichtetes Restaurant mit sehr guter Küche betreiben. Man sitzt vornehm auf hochlehnigen Stühlen mit floralem Polstermuster, blickt auf einen gepflegten Garten und kann sich mit Speisen wie den folgenden verwöhnen lassen: Spargelspitzen und Langustinen in Hummer-Bisque, Austern und Jakobsmuscheln in Champagner-Nage oder Feines Ragout von Nierchen und Kalbsbries in Balsamessig-Sauce. Exzellente Weinkarte mit Bordelaiser Spitzen. ①②③

NOYAL-SUR-VILAINE   172 □ C4

LES FORGES ✗✗
22, Avenue du Général de Gaulle
Tel. 99 00 51 08   Fax 99 00 62 02
Dieses Restaurant, das sich bei Einheimischen wie Touristen gleichermaßen großer Beliebtheit erfreut, führt André Picard in dem Vorort von Rennes. Seine Küche ist nicht ohne Raffinement, wie wir nach Verkosten von Speisen wie Salat von Hummer

und Langustinen mit Artischocken oder Gegrillte Jakobsmuscheln mit Paprika feststellen konnten. Elf Zimmer erlauben eine Übernachtung gleich vor Ort. ①②③

PACE   172 □ B3

LA GRIOTTE ✗✗
Pont de Pacé, 42, Rue du Docteur Léon
Tel. 99 60 62 48
Drei recht unterschiedlich eingerichtete Speiseräume stehen den Gästen in diesem Haus, einem ehemaligen Bauernhof, zur Verfügung. Wobei uns der sich zum Garten und einer gepflegten Terrasse hin öffnende Saal am besten gefällt. Der kochende Patron Michel Morand bewies sein Können bei Speisen wie: Lotte à l'orange auf einem Spinat-Bett, Rinderfilet mit Champignons oder Crème brûlée. Weinkarte mit 105 Positionen. ①②

REDON   175 □ A1

CHANDOUINEAU ✗✗
10, Avenue de la gare
Tel. 99 71 02 04   Fax 99 71 08 81
Eine gepflegte Hostellerie mit sieben Zimmern und ein elegantes Restaurant, in dem

LA BOGUE ✗
3, Rue des Etats
Tel. 99 71 12 95
Von außen wirkt es etwas unscheinbar, dieses von Bernard Chefdor geführte Restaurant, in dem wir uns Speisen wie Geflügel-Terrine mit Kastanien oder Lotte-Fricassé mit Äpfeln und Cidre munden ließen. ①②

LE MOULIN DE VIA ✗✗
Route de la Gacilly
Tel. 99 71 05 16
Im Sommer sitzt man in diesem Haus am schönsten im Garten, im Winter kann man

Gute Küche im eleganten Rahmen bei Jean-Marc Chandouineau

die Klassische Küche präferiert wird, das bietet Jean-Marc Chandouineau seinen Gästen, die aus einem gut bestückten Weinkeller ihre Wahl treffen können. ①②

es sich vor einem romantischen Kaminfeuer behaglich machen. Stets zeigt sich Patron Jean-Paul Chéneau in Hochform am Herd und bereitet Gaumenschmeichler wie diese zu: Kalbsbries in Tomaten-Coulis, Lotte mit dem Salz der Guérande parfümiert oder Entenfilet in Traubensauce. ①②

RENNES   172 □ C4

AUBERGE ST-SAUVEUR ✕
6, Rue St-Sauveur
Tel. 99 79 32 56

Hinter der schmucken Fachwerkfassade eines Hauses aus dem 16. Jahrhundert, etwas windschief schon und in einer schmalen Altstadtgasse gelegen, verbirgt sich ein behaglich-rustikal eingerichtetes Restaurant, dessen Küche wir bei Speisen wie Fischsuppe, Kalbsbries mit Morcheln oder Picatta von der Lotte in Safransauce auf die Probe stellten. ①②

CHOUIN ✕
12, Rue d'Isly
Tel. 99 30 87 86

In einem gepflegten Rahmen kann der Gast bei Philippe Chouin eine geradlinige Klassische Küche goutieren, für die Speisen wie Salat von lauwarmen Langustinen mit Rübchen (navets) oder Jakobsmuscheln mit Nudeln stehen sollen. Weinkarte mit 35 Positionen. ①②

LA COTRIADE ✕
40, Rue St-Georges
Tel. 99 63 34 76

Die typische bretonische Küche kann der reisende Gourmet bei Yveric Mony in einem alten Haus aus dem 18. Jahrhundert kennenlernen, dessen Interieur dank Bruchsteinmauerwerk und Kamin ein behagliches Flair ausstrahlt. Lecker z. B. die Cotriade (Fischsuppe) oder die Schokoladen-Terrine. 50 Weine. ①②

LA FONTAINE AUX PERLES ✕✕
96, Rue de la Poterie
Tel. 99 53 90 90

Cathy und Rachel Gesbert haben jüngst ihr kulinarisches Domizil nach Rennes verlegt, um nun in einem prächtig restaurierten, ehemaligen Gutshaus samt modernen, sich zu einem gepflegten Park hin öffnenden Anbauten die Feinschmecker zu empfangen; letztere kommen in Scharen, um die gute Küche des Patrons zu genießen, z. B.: Cremige Velouté vom Blumenkohl mit Austern, Buchweizen-Galette mit Taschenkrebsfleisch gefüllt oder Milchkalb mit Champignons. Tolle Weinkarte mit 450 Kreszenzen, da schlägt das Kennerherz höher. ①②

LA KORRIGANE ✕✕
26, Rue du Docteur Francis-Joly
Tel. 99 30 60 36

In einer ruhigen Straße trifft der Gourmet auf dieses von Yannick Ray geführte Restaurant mit seinem traditionellen Interieur. Man sitzt an hübsch eingedeckten Tischen und kann sich Gerichte wie Fischsuppe oder Gegrillter Hummer schmecken lassen. 80 Weine à la carte. ①②

werden kann. Wir verkosteten hier z. B.: Ormeaux (eine seltene Meeresschnecke) in Petersilien-Butter, gratinierte Austern mit Petersilienmousse, Tournedos von der Lotte mit Linsen und Speck oder St-Petersfisch auf der Haut gebraten mit mildem Pfeffer. Lecker auch das hausgebackene Brot. Gute Weinkarte. ①②③

Exquisite Küche in einem alten Stadtpalais:

LE CHAMBORD ✕
4, Avenue Janvier
Tel. 99 30 09 20

Blau und Gold sind die dominierenden Farben in diesem Restaurant, dessen Wände mit Tapisserien geschmückt sind und dessen Einrichtungsstil zwischen Renaissance und Barock hin und her springt. Wir kehrten bei Anne und Jean-Yves Launay ein und ließen uns von Madame Speisen wie Jakobsmuscheln mit kleinen Gemüsen oder Steinbutt im Algendampf gegart mit Safran zubereiten. 100 Weine. ①②

LE CORSAIRE ✕✕

52, Rue d'Antrain
Tel. 99 36 33 69

Die Wände lackiert, der Speiseraum in vornehmes Weiß und dezentes Blau getaucht, da macht das Tafeln bei Antoine Luce so richtig Spaß. Zumal der Maître mit einer Küche aufwarten kann, die fast schon mit dem dritten Kochlöffel bewertet

LE FLORIAN ✕✕
12, Rue de l'Arsenal
Tel. 99 67 25 35

Es liegt etwas versteckt in einem ruhigen Quartier, dieses kleine Restaurant mit seinen gerade mal fünf Tischen; diese sind fast täglich bis auf den letzten Platz besetzt, denn Patron Laurent Delimèle versteht sein kochendes Handwerk. Weinkarte mit 70 Positionen. ①②

LE FOUR A BAN ✕✕
4, Rue St-Mélaine
Tel. 99 38 72 85

In einem schönen Haus aus dem 18. Jahrhundert hat Francis Marx sein behaglich mit Kamin ausstaffiertes Restaurant zu einer bekannten Feinschmecker-Adresse der Stadt gemacht. Auf die Empfehlung des Patrons ist stets Verlaß, wir folgten seinen Weisungen und orderten z. B. Gebratenen St-Petersfisch mit Pfifferlingen oder Bries und Nierchen vom Kalb mit kleinen Gemüsen. 50 Weine. ①②

LE PALAIS ✕✕✕
6-7, Place du Parlement de Bretagne
Tel. 99 79 45 01

Gleich gegenüber dem Justiz-Palast wird den Gourmets Gerechtigkeit gewährt. Denn Marc Tizon bietet hier in seinem hocheleganten Restaurant mit die beste Küche der Stadt (auf dem gleichen Top-Niveau wie das "Piré"). Wunderschön das Interieur mit heller Eichenholz-Wandverkleidung, üppigem Blumenschmuck und erlesen eingedeckten Tischen. Der Service absolut tadellos, der vorab ein leckeres Amuse-bouche, z. B. Blutwurst oder Austern, kredenzt. Der Patron versteht es meisterhaft, die heimischen Produkte in Gourmandisen zu verwandeln, von denen hier nur der Kleine Steinbutt mit Porree, das Milchlamm mit Salbei oder der Kouign-aman mit Birnen und Pistazien genannt sein sollen. Top-Weinkarte mit 200 Kreszenzen. ①②③

LE PIRE ✕✕✕
23, Rue du Maréchal-Joffre
Tel. 99 79 31 41

Versteckt hinter einer hohen Mauer und einem mächtigen, zweiflügeligen Portal steht dieses kleine Stadt-Palais mitten in der City und beherbergt im Erdgeschoß drei Restaurant-Räumlichkeiten (für das angeschlossene Hotel siehe RASTEN & RUHEN). Das Ambiente ist klassisch-elegant gehalten mit wunderschönem Kamin, riesigen Stadtansichten oder Stilleben als Schmuck der goldfarbenen Wände, die im unteren Bereich mit weißen Holzpaneelen verkleidet sind, in hohen Regalen blinken kostbare Karaffen, die Tische sind edel eingedeckt. Perfekt und sachkundig zugleich der Service unter Leitung der Dame des Hauses, Agnès Angelle, die von freundlichen jungen Herren unterstützt wird. Die Küche des Patrons Marc Angelle, der Haute Cuisine verpflichtet, aber mit einem gehörigen Schuß Kreativität gemixt, gehört mit zum Besten, was das Departement kulinarisch zu bieten hat. Wir waren jedenfalls begeistert von Offerten wie: Ragout von Hummer und Artischocken, Langustinen-Schwänze in mit Anis parfümiertem Tomaten-Fond, Junges Freiland-Hühnchen mit Estragon und Rübchen (für zwei Personen, toll, aber eine kaum zu bewältigende Portion), Warmes Schokoladen-Soufflé oder Schokoladen-Ravioli in Mandelmilch. Superbe Weinkarte mit Trouvaillen vor allem bei den Gewächsen der Rhône. ①②③

L'ESCU DE RUNFAO ✕✕
11, Rue du Chapitre
Tel. 99 79 13 10

Alain Duhoux hat jüngst sein Restaurant aus dem Haus Nr. 5 in das Fachwerkhaus Nr. 11 verlegt. Beide stammen aus dem 17. Jahrhundert, von daher äußerlich wenig Neues, drinnen jedoch gefällt das neue Ambiente mit dunklen Holzbalken, rotfarbenen Wänden, einem Kamin und fein eingedeckten Tischen; die Terrasse nicht zu vergessen. Aus den Offerten des Patrons: Gebratene Rotbarbe mit Rhabarber, Rinderfilet mit Pfifferlingen oder Karamelisierte Erdbeeren. ①②③

L'OUVREE ✕✕
18, Place des Lices
Tel. 99 30 16 38

Die Art Deco-Lampen fallen sogleich in diesem Restaurant très en vogue angenehm ins Auge. Farbtupfer setzen aber auch die dunklen, floral gemusterten Vorhänge oder die geschmackvollen Wandbilder. Wer bei Joel Langlais kulinarisch Station macht, darf sich auf Leckereien wie Salat von rohem, mit Zitrone mariniertem Fisch, Filet von der Rotbarbe mit Gemüsen der Provence und Anis-Butter oder Geflügel aus dem Argoat mit Champignon-Fricassé. Top-Weinkarte mit 500 erlesenen Gewächsen, die die Kennerzunge schnalzen lassen. ①②

TI-KOZ ✕✕
3, Rue St-Guillaume
Tel. 99 79 33 89

Schon allein die prächtige Fachwerkfassade des Hauses aus dem 16. Jahrhundert mit ihrem Wappen- und Figuren-Schmuck lohnt bereits einen Ausflug in diese ruhige Altstadtgasse. Und öffnet man die Pforte, steht man sogleich in einem typisch bretonischen Restaurant, dessen dunkles Holz ein behagliches Flair verströmt. Uns hat es hier gefallen bei Gerichten wie Wachtel mit Gehacktem von Andouille (der berühmten Wurst) oder Lachs mit feiner Safransauce. ①②③

ST-MALO   172 □ B2

A LA DUCHESSE ANNE ✕✕
5, Place Guy-La-Chambre
Tel. 99 40 85 33

Direkt neben der Porte St-Vincent, dem

Gute Adresse in der Altstadt von St-Malo: "A la Duchesse Anne"

Haupteingang der Altstadt, liegt dieses Haus, dessen Restaurant original im Stil der zwanziger Jahre eingerichtet ist. Die Küche von Serge Thirouard ist klassisch ausgerichtet und legt das Schwergewicht auf Hummer- und Fisch-Gerichte. Man probiere zum Beispiel: Makrelenfilets in Weißwein, Filet vom Steinbutt in Beurre blanc oder Gegrilltes Entrecote mit aromatischer Sauce Bearnaise. Gute Weinkarte. ①②

Die beste kulinarische Adresse St-Malos: Robert Abrahams "Le Franklin"

DELAUNAY ✕
6, Rue Ste-Barbe
Tel. 99 40 92 46
Ein kleines, hübsch eingerichtetes Restaurant, in dem die Gäste überaus freundlich von Brigitte und Didier Delaunay begrüßt werden. Die Küche ist klassisch ausgerichtet bei Speisen wie Tatar von Jakobsmuscheln mit Austern oder Salzgras-Lamm von den Weiden der Bucht des Mont St-Michel. 120 Weine. ①②

LA METAIRIE DE BEAUREGARD ✕✕
St-Etienne, Direction Château-Malo
Tel. 99 81 37 06
In einem früheren gutsherrlichen Bauernhaus aus dem 17. Jahrhundert haben Marie-Claire und Jacques Gonthier ihr Domizil für Feinschmecker etabliert, das künftig dank dreier Zimmer auch die Möglichkeit zum Übernachten bieten wird. Das Restaurant ist im Stil Louis XIII. eingerichtet; mit Blick auf den gepflegten Garten kann man sich hier für Gegrillten Wolfsbarsch mit Fenchel oder Lotte mit Knoblauch-Creme entscheiden. ①②③

L'ATRE ✕
St-Servan-sur-Mer
7, Esplanade Cdt Menguy
Tel. 99 81 68 99
In diesem hübschen, direkt am Ozean gelegenen Restaurant von Jacques Pontille wird eine empfehlenswerte Küche mit Meeresspezialitäten geboten. ①②

LE CHALUT ✕✕
8, Rue Corne-du-Cerf
Tel. 99 56 71 58
Diese hübsche Brasserie erstrahlt in den Farben des Ozeans, und es gibt auch allerlei nautische Utensilien zu bewundern. Klar, daß bei Jean-Philippe Foucat Meeres-Spezialitäten das Gesicht der Speisenkarte bestimmen, z. B.: Gegrillter bretonischer Hummer, St- Petersfisch in Champagner-Creme oder Lachs in Beurre blanc. Weinkarte mit 70 Positionen. ①②

LE FRANKLIN ✕✕
4, Chaussée du Sillon
Tel. 99 40 50 93
Ein elegantes Restaurant, das einen schö-

nen Blick auf das Fort und die wehrhaften Mauern der Stadt erlaubt. Am Herd steht mit Robert Abraham einer der am höchsten einzuschätzenden Kochkünstler St-Malos. ①②③

ST-PLACIDE ✕✕
St-Servan-sur-Mer, 6, Place du Poncel
Tel. 99 81 70 73
Der Speisesaal in diesem von Odile und Didier Lempérière geführten Restaurant erstrahlt in lichtem Beige, die Tische sind festlich eingedeckt, mithin genau der rechte Rahmen für eine gute Küche. Man probiere z. B. Hummer-Terrine mit einer Corail-Bisque, St-Petersfisch mit Kardamon parfümiert oder Créme brûlée mit Pistazien. 60 Weine. ①②

VITRE   172 ☐ D4

LE PICHET ✕
17, Boulevard de Laval
Tel. 99 75 24 09
Mit Blick auf einen gepflegten Garten kann sich der Gast im "Le Pichet" Gerichte wie Kalbsbries mit Morcheln oder Lamm-Carré in der Salzkruste schmecken lassen. Auf der Weinkarte werden ca. 70 ausgewählte Tropfen gelistet. ①②

PETIT-BILLOT ✕
5, Place Maréchal Leclerc
Tel. 99 74 68 88
Mitten im Ort steht dieses Haus, das ein Hotel mit 22 Zimmern und ein unabhängig davon geführtes, modern eingerichtetes Restaurant mit empfehlenswerter Küche birgt. ①②

LA TAVERNE DE L'ECU ✕✕
12, Rue Beaudrairie
Tel. 99 75 11 09
In einer der schönsten, mittelalterlich geprägten Gassen der Stadt entdeckt man dieses prächtige Fachwerkhaus aus dem 16. Jahrhundert, das ein behagliches Innenleben birgt mit großen Kaminen, einer 400 Jahre alten Holztreppe und nostalgischem Mobiliar. Bruno Quentin heißt der Patron, aus dessen kulinarischen Offerten man z. B. Hausgeräucherten Lachs, Seezungenfilets mit Gemüsen oder Marquise au chocolat mit Kaffeesauce auswählen kann. Interessant sind aber auch so Spezialitäten wie: Zander mit Schalotten und Tomaten, Steinbutt mit Austern aus Cancale, Entrecote auf dem Holzkohlenfeuer gegrillt. ①②

HOTEL-PALÄSTE ENTLANG DER KÜSTE

Oliviers Roellingers kleines Hotel "Les Rivains" in Cancale unweit des Gourmet-Tempels "Maison de Bricourt"

Es ist vielleicht nicht weiter verwunderlich, daß sich die Mehrzahl der besseren Herbergen in diesem Departement entlang der Côte d'Emeraude gruppiert - mit dem traumhaft über der Bucht des Mont St-Michel gelegenen Schlößchen von Olivier Roellinger bei Cancale an der Spitze. Aber das gänzliche Fehlen eines absoluten Top-Hotels in der Hauptstadt der Bretagne ist doch einigermaßen überraschend. St-Malo, das vom einfachen Haus bis zum Nobel-Palast die größte Hotellerie-Spannbreite des Departements aufweisen kann, schlägt daher Rennes um Längen. Und selbst in vielbesuchten Touristenzentren im Landesinnern wie Fougères oder Vitré ist es mehr als beschwerlich, wenigstens eine bessere Mittelklasse-Bleibe zu finden - von den anderen ländlichen Regionen gar nicht zu reden.

CANCALE   172 □ B1

DE BRICOURT-RICHEUX ★★★★
Baie du Mont St-Michel, ✉ **35260**
Tel. 99 89 64 76   Fax 99 89 88 47
Jeder Stein, jeder Grashalm des Felsenmassivs, auf dem das Hotel "De Bricourt-Richeux" errichtet wurde, atmet Geschichte. Den Kelten und ihren Druiden war diese Örtlichkeit über der Bucht des Mont St-Michel heilig. Das erste Schloß wurde hier im Jahr 1030 erbaut, ihm folgte im 17. Jahrhundert ein Fort zum Schutz vor englischen Angriffen. Dann wurde es lange Zeit ruhig, erst im 20. Jahrhundert wurde das historische Terrain wieder aus seinem Schlaf geweckt, als sich eine vornehme Dame, Madame Shaki, dazu entschloß, ein romantisch-historisches Schlößchen auf den Felsen zu setzen und einen drei

Hektar großen Garten anzulegen. Das war im Jahr 1925, dann kam bald der Krieg, und die deutschen Besatzungstruppen zogen in das Château ein, dessen Wiederinstandsetzung in den 70er Jahren begann, aber erst unter der Ägide von Jane und Olivier Roellinger, den heutigen Inhabern, 1992 vollends und wunderschön abgeschlossen werden konnte. Vom Restaurant "Maison de Bricourt" sind es fünf Kilometer bis zu diesem Märchenschloß, dessen Äußeres aufwendig restauriert wurde, aber ansonsten unverändert geblieben ist. Drinnen wurde allerdings alles entkernt, wobei die neuen Räumlichkeiten stilistisch dem Originalzustand nachempfunden wurden. Öffnet man die Pforte, so steht man gleich vor einer kleinen Rezeption, hinter der sich ein Kamin-Raum anschließt, der besonders an kalten Wintertagen zum romantischen Träumen mit Blick auf das Meer einlädt. Ein Lift führt zu den 19 Zimmern und Suiten, die allesamt überaus großzügig geschnitten sind, in lichtem Weiß erstrahlen, mit erlesenem Mobiliar ausgestattet sind und über exquisit gestylte Badezimmer verfügen. In diesem Relais & Châteaux-Haus werden Urlaubsträume wahr. ①②③④

LE CHATELLIER ✶
Route de St-Malo, ✉ 35260
Tel. 99 89 81 84   Fax 99 89 61 69
Am Ausgang der Stadt, umgeben von einem großen Park, hält dieses rote, Anfang des Jahrhunderts errichtete Backsteinhaus 13 klassisch eingerichtete Zimmer bereit. ①②

LES RIMAINS ✶✶
Baie du Mont St-Michel, ✉ 35260
Tel. 99 89 64 76   Fax 99 89 88 47
500 Meter von seinem Restaurant "Maison de Bricourt" entfernt, hat Olivier Roellinger im Jahr 1988 sechs geschmackvoll eingerichtete Zimmer in einem ruhig über dem berühmten Felsen von Cancale gelegenen Haus eingerichtet. Wunderschön der Blick auf das Meer, vor allem vom gepflegten Garten aus. Rechtzeitige Reservierung ist angeraten, denn die schöne Bleibe ist bei Besuchern des nahen Feinschmecker-Restaurants natürlich sehr gefragt. ①②③

NUIT ET JOUR ✶
Rue d'Arnstein, ✉ 35260
Tel. 99 89 75 59   Fax 99 89 77 13
Als ideales Feriendomizil gerade für Familien mit Kindern bietet das moderne Haus in ländlicher Umgebung neben 20 gepflegt eingerichteten Zimmern auch Studios, die mit einer Küche ausstaffiert sind. ①②③

CHATEAUBOURG   172 ☐ C4

AR MILIN ✶✶✶
30. Rue de Paris, ✉ 35220
Tel. 99 00 30 91   Fax 99 00 37 56
Sie steht mitten in einem weitläufigen, von einem Flüßchen durchzogenen Park, die einstige Mühle, die in eine anspruchsvolle Herberge mit 31 geschmackvoll mit englischem Mobiliar eingerichteten Zimmern verwandelt wurde. Die Sonne kann man auf der gepflegten Terrasse genießen, um anschließend vielleicht ein Match auf dem Tennisplatz zu absolvieren (siehe ESSEN & TRINKEN). ①②③

PEN'ROC ✶✶
La Peinière-en-St-Didier, ✉ 35220
Tel. 99 00 33 02   Fax 99 62 30 89
Eine schöne ländliche Herberge, umgeben von Wiesen und Wäldern, das ist das Hotel "Pen'Roc" (mit angeschlossenem Re-

staurant, siehe ESSEN & TRINKEN). Die 33 Zimmer sind modern eingerichtet und öffnen sich zu einem gepflegten Garten hin. Schwimmbad und Sauna sind Standard, Spezial-Offerte ist ein Golf-Wochenende (der Platz ist 15 Autominuten entfernt). ①②③

COMBOURG   172 ☐ B2

DU CHATEAU ✶✶
1, Place Chateaubriand, ✉ 35270
Tel. 99 73 00 38   Fax 99 73 25 79
Es liegt in einem kleinen Dorf zwischen Schloß und See, dieses Hotel mit seinen 33 geschmackvoll eingerichteten Zimmern; was einen ruhigen Aufenthalt garantiert. Im Restaurant bietet Monsieur Christian Pelé eine Küche, die wir durchaus mit einem Kochlöffel auszeichnen konnten. Den Aperitif kann der Gast in der chicen Bar einnehmen und zuvor - vielleicht nach einer Partie Boule - ein Nickerchen im gepflegten Garten machen. ①②③

DINARD   172 ☐ A2

DES DUNES ✶✶
5, Boulevard Georges-Clémenceau
✉ 35800
Tel. 99 46 12 72   Fax 99 88 14 90
Ein schön restauriertes Haus der Belle Epoque ist das 75 Meter vom Strand entfernt gelegene Hotel "Des Dunes" mit seinen 38 komfortabel eingerichteten Zimmern, einem gemütlichen Foyer samt Kaminecke, einer großen Terrasse, einem gepflegten Garten sowie einem Restaurant mit ansprechender Küche. ①②

LE GRAND HOTEL ✶✶✶✶
46, Avenue George V, ✉ 35800
Tel. 99 88 26 26   Fax 99 88 26 27
Wie in La Baule, so gehört auch das Top-Hotel in Dinard zur exquisiten Lucien Barrière-Gruppe. Dabei handelt es sich um einen imposanten Baukomplex aus dem Zweiten Kaiserreich, der natürlich aufwen-

dig renoviert und mit allem zeitgemäßen Komfort ausgestattet wurde. 66 Zimmer und Suiten stehen zur Verfügung, ebenso Hotelbar, Restaurant "Le George V", Freibad, Tennisplätze oder Veranstaltungs-Räumlichkeiten. Auf Wunsch werden auch Kreuzfahrten zur Entdeckung der Côte d'Emeraude organisiert oder der freie Zugang zum Thalasso-Therapie-Zentrum ermöglicht. ①②③④

MARC'OTEL ★★
St-Briac-sur-Mer
Boulevard de la Houle, ✉ **35800**
Tel. 99 88 00 63   Fax 99 88 08 27
Ein modernes Haus vor den Toren von
Dinard (sieben Kilometer) und St-Malo
(15 Kilometer), das in seinen 40 Zimmern
allen zeitgemäßen Komfort bereithält. Für
die Fitness kann man auf Tennisplätzen etwas tun, auch ein Restaurant, "Les Balan-
dres", ist angeschlossen. ①②③

NOVOTEL THALASSA ★★★
Avenue Château Hébert, ✉ **35800**
Tel. 99 82 78 10   Fax 99 88 26 27
Eine neue Top-Hotel-Adresse mit 104 geschmackvoll eingerichteten und großzügig
geschnittenen Zimmern, die sich allesamt
zum Meer hin öffnen, das ist das "Novotel", dem auch noch das Thalasso-Therapie-Zentrum angeschlossen ist. ①②③

REINE HORTENSE ★★★
19, Rue de la Malouine, ✉ **35800**
Tel. 99 46 54 31   Fax 99 88 15 88
Das 19. Jahrhundert wird in dieser Villa
lebendig gehalten, nicht nur mittels des
entsprechenden Mobiliars, sondern auch

dank einiger Erinnerungsstücke an Madame Hortense. Die zehn Zimmer sind
exquisit eingerichtet, von der Terrasse hat
man einen freien Blick auf das Meer, das
direkt vom Hotel aus zugänglich ist.
①②③④

ROCHE CORNEILLE ★★★
4, Rue Georges-Clémenceau, ✉ **35800**
Tel. 99 46 14 47   Fax 99 46 40 80
Das Haus wurde 1880 im historistischen
Stil erbaut, jüngst aufwendig restauriert
und dabei mit allem zeitgemäßen Komfort
ausgestattet. Jedes der 28 Zimmer ist individuell eingerichtet, mal klassisch, mal modern, mal rustikal, mal fein. ①②③

FOUGERES   172 ☐ D3

MAINOTEL ★★
Beaucé, Avenue Beauve, ✉ **35300**
Tel. 99 99 81 55   Fax 99 99 98 45
Ein modernes, auf zwei Etagen angelegtes
Hotel vor den Toren der Stadt, mitten im
Grünen gelegen, das ist das "Mainotel",
das neben 100 komfortabel eingerichteten
Zimmern noch über ein Restaurant, Tennis-
plätze, einem weitläufigen Garten und
eine gepflegte Terrasse verfügt. ①②

LA GOUESNIERE   172 ☐ B2

TIREL-GUERIN ★★★
St-Méloir-des-Ondes, Gare, ✉ **35350**
Tel. 99 89 10 46   Fax 99 89 12 62
Roger Tirel und Jean-Luc Guérin haben es
verstanden, neben ihrem Gourmet-Tempel
(siehe ESSEN & TRINKEN) auch ein Hotel
für anspruchsvolle Gäste in diesem gegenüber dem Bahnhof gelegenen Haus zu etablieren. Die 58 Zimmer und Suiten sind
zeitlos-klassisch eingerichtet und bieten allen zeitgemäßen Komfort. Zur sportlichen
Betätigung stehen Schwimmbad und Tennisplatz zur Verfügung. ①②③

LE TRONCHET   172 ☐ B2

HOSTELLERIE ABBATIALE ★★
L'abbaye, ✉ **35540**
Tel. 99 58 93 21   Fax 99 58 12 16
Hinter den Mauern eines einstmaligen Klosters hält dieses Best Western-Hotel 71 geschmackvoll eingerichtete Zimmer bereit.
①②③

LE VIVIER-SUR-MER   172 ☐ B2

DE BRETAGNE ★★
Rond-Point du Centre, ✉ **35960**
Tel. 99 48 91 74   Fax 99 48 81 10
28 modern und komfortabel eingerichtete
Zimmer erwarten den Gast in diesem
Hotel, dem auch ein gutes Restaurant mit
durchaus ansprechender Küche ange-
schlossen ist. ①②

LIFFRE   172 ☐ C3

LA REPOSEE ★★
La Quinte, Route de Rennes, ✉ **35340**
Tel. 99 68 31 51   Fax 99 68 44 79
Es wurde jüngst in einer weitläufigen Gar-
tenanlage errichtet, dieses schöne Hotel
mit seinen 25 Zimmern, seiner gepflegten
Terrasse und seinen Tennisplätzen. ①②

PAIMPONT   172 ☐ A4

RELAIS DE BROCELIANDE ★★
Plélan-Le-Grand, ✉ **35380**
Tel. 99 07 81 07   Fax 99 07 80 60
Das "Relais" ist natürlich ein idealer Aus-
gangspunkt zur Erkundung des sagenumwobenen Waldes von Brocéliande. Es
wurde aus dekorativem Bruchstein erbaut
und bietet 25 geschmackvoll eingerichtete
Zimmer sowie ein Restaurant mit ansprechender Küche. Gepflegte Terrasse oder
schöner Garten verstehen sich von selbst.
Petrijünger finden in der Nähe ideale
Voraussetzungen zum Angeln. Sportlichere
Zeitgenossen können sich zur Erkundung
der Region ein Fahrrad mieten. ①②

PLEURTUIT   172 ☐ A2

MANOIR DE LA RANCE ★★
Château de Jouvente, ✉ **35730**
Tel. 99 88 53 76   Fax 99 88 63 03
Das einstige Gutshaus aus dem 19. Jahrhundert, am Ufer der Rance in einem großen Park, wurde Mitte der 80er Jahre in
ein kleines Hotel mit acht zeitlosklassisch
eingerichteten Zimmern verwandelt. ①②③

QUEDILLAC   172 ☐ A3

RELAIS DE LA RANCE ★★
6, Rue de Rennes, ✉ **35290**
Tel. 99 06 20 20   Fax 99 06 24 01
In diesem kleinen bretonischen Dorf steht
mit dem "Relais de la Rance" eine komfortable Herberge samt 14 Zimmern zur
Verfügung. Schön, daß man vor Ort auch
noch eine empfehlenswerte Küche geboten
bekommt. ①②

RENNES   172 ☐ C4

ANNE DE BRETAGNE ★★★
12, Rue Tronjolly, ✉ **35000**
Tel. 99 31 49 49   Fax 99 30 53 48
42 licht und geschmackvoll eingerichtete
Zimmer sind das Kennzeichen dieses
Stadt-Hotels. ①②③

GARDEN ★★
3, Rue Duhamel, ✉ **35000**
Tel. 99 65 45 06   Fax 99 65 02 62
Mitten im Stadtzentrum gelegen und doch ganz ruhig, das ist einer der Vorzüge des "Garden"-Hotels, dessen 24 modern eingerichtete Zimmer sich zudem größtenteils zu einem blumengeschmückten Patio öffnen, wo auf Wunsch auch das Frühstück serviert werden kann. ①②

LE PIRE ★★★
23, Rue du Maréchal-Joffre, ✉ **35000**
Tel. 99 79 31 41   Fax 99 79 04 18
Welch ein Glück, eines von insgesamt nur vier Zimmern "ergattern" zu können in diesem Haus, in dem Marc Angelle hohe Kochkunst bietet (siehe ESSEN & TRINKEN). Es gilt allerdings, vor Betreten der heeren Räumlichkeiten ein kleines Problem zu lösen. Denn das "Le Piré" liegt an einer belebten Einbahnstraße ohne jegliche Parkmöglichkeiten, im Hof stehen hingegen einige Stellplätze zur Verfügung; es fordert allerdings erhebliche Fahrkünste und ein nicht zu breites Auto, um die Durchfahrt durch das vergleichsweise schmale Portal zu bewältigen (Achtung: Auf jeden Fall die Spiegel einklappen!). Geschafft, die klassizistische Stadt-Villa mit einem idyllischen Garten hinter dem Haus öffnet ihre Pforten, der Verkehrslärm bleibt draußen. Im Zimmer lachte uns eine Schale frisches Obst an, die Minibar war mit Champagner und eisgekühlten Gläsern präpariert. Ein Empfang comme il faut, die Wände unseres großzügig geschnittenen Wohnraums erstrahlten in dezentem Grün, der untere Bereich mit weißem Holz verkleidet. In einer Glasvitrine vergnügte sich eine Entenfamilie; ein großer Spiegel, Bilder mit Enten-Motiven sowie ein Farb-TV mit 19 Programmen vervollständigten das Einrichtungsensemble. Das Bad aufwendig in Marmor gestaltet samt riesiger Wanne, zahlreichen Spiegeln und all jener Utensilien, die man schon mal zu Hause vergessen haben könnte. Morgens wurde uns ein Frühstück der Spitzenklasse serviert (im Sommer auch im Garten möglich) mit hausgemachten Croissants, Brioches, Petits Fours, Kuchen, Marmelade, frischgepreßtem Orangensaft etc. - ein wirklich besuchenswertes Haus, das zudem den Vorteil hat, daß alle wichtigen Sehenswürdigkeiten der Stadt praktisch vor der Türe liegen und auch das Shopping in den umliegenden exquisiten Läden leicht gemacht wird. ①②③

MERCURE ★★★
Rue Paul-Louis Courier, ✉ **35000**
Tel. 99 78 32 32   Fax 99 78 33 44
Eine ehemalige Druckerei wurde in ein vornehmes Stadt-Hotel verwandelt mit 104 komfortabel eingerichteten Zimmern. ①②③

MERCURE COLOMBIER ★★★
1, Rue Capitaine Maignan, ✉ **35000**
Tel. 99 29 73 73   Fax 99 30 06 30
In einem Neubau-Viertel, nahe der Innenstadt, steht dieses Hotel der Mercure-Kette, das 140 in lichten Farben gehaltene Zimmer bereithält. Zudem wird im Restaurant "Le Goelo" eine gute Küche geboten. ①②③

NOVOTEL ★★
Avenue du Canada, ✉ **35000**
Tel. 99 50 61 32   Fax 99 32 39 62
Mitten in einem Grüngürtel bietet dieses moderne Hotel 99 großzügig geschnittene und geschmackvoll eingerichtete Zimmer sowie ein angeschlossenes Restaurant. Zur sportlichen Betätigung steht im Novotel ein großes Schwimmbad zur Verfügung. Danach mag sich der Gast im gepflegten Garten entspannen oder einen Drink in der Bar des Hauses nehmen. ①②③

PRESIDENT ★★★
27, Avenue Janvier, ✉ **35000**
Tel. 99 65 42 22   Fax 99 65 49 77
Ruhige Zimmer, 34 an der Zahl, jedes individuell eingerichtet, hält dieses unweit des Bahnhofs gelegene Hotel für den anspruchsvollen Gast bereit. ①②③

URBIS ★★
1-3, Boulevard Solférino, ✉ **35000**
Tel. 99 67 31 12   Fax 99 30 41 24
Gegenüber dem Bahnhof hat der Gast die Wahl zwischen 60 modern eingerichteten Zimmern. ①②

ST-MALO   172 □ B2

ALEXANDRA ★★
138, Boulevard Hébert, ✉ **35400**
Tel. 99 56 11 12   Fax 99 56 30 03
Direkt am Strand lockt dieses schöne Haus mit 43 modern eingerichteten Zimmern, einer gepflegten Sonnenterrasse und einem

integrierten Restaurant. Terrasse und direkter Zugang zum Meer. ①②③

BROCELIANDE ★★
43, Chaussée du Sillon, ✉ **35400**
Tel. 99 56 86 60   Fax 99 40 42 47
Ein typisches bretonisches Haus, mit Bruchsteinen errichtet, direkter Zugang zum Strand, das ist das "Brocéliande" mit zwölf geschmackvoll ausgestatteten Zimmern. ①②③

CENTRAL ★★★
6, Grande-Rue, ✉ **35400**
Tel. 99 40 87 70   Fax 99 40 47 57
Mitten in der Altstadt steht dieses traditionsreiche, heute der Best Western-Gruppe angeschlossene Haus mit seinen 47 überaus komfortabel eingerichteten Zimmern. ①②③

DE LA DIGUE ★★
49, Chaussée du Sillon, ✉ **35400**
Tel. 99 56 09 26   Fax 99 56 41 65
Den Strand direkt vor der Haustüre bzw. der gepflegten Terrasse, 54 charmant eingerichtete Zimmer, das hat das Hotel "De la Digue" zu bieten. ①②③

ELIZABETH ★★
2, Rue des Cordiers, ✉ **35400**
Tel. 99 55 24 98   Fax 99 55 39 24
Innerhalb der Stadtmauern der alten Korsarenstadt steht dieses Haus mit seiner aus dem 16. Jahrhundert stammenden Fassade, hinter der sich 17 komfortabel im Stil Louis XIV. und Louis XV. eingerichtete Zimmer und Appartements verbergen. ①②③

GRAND HOTEL THERMES ★★★★
Paramé, 100, Boulevard Hébert, ✉ **35400**
Tel. 99 40 75 75   Fax 99 40 76 00
Dieses berühmte Haus aus den 20er Jahren, aufwendig restauriert, empfängt eine Gäste-Klientel, die nicht nur großen Wert

auf luxuriöses Wohnen in sieben Appartements und 182 exquisiten Zimmern legt, sondern darüber hinaus auch etwas für die Gesundheit im Zentrum für Thalasso-Therapie oder in den Thermen tun will und zudem gutes Essen gleich vor Ort zu schätzen weiß. ①②③④

LA KORRIGANE ★★★
39, Rue Le Pomellec, ✉ **35400**
Tel. 99 81 65 85   Fax 99 82 23 89
Ein hochherrschaftliches Haus aus dem vorigen Jahrhundert samt gepflegtem Garten und zehn mit Stilmöbeln eingerichteten Zimmern, das ist das "La Korrigane" unweit der Landungsbrücke. ①②③

LA RANCE ★★
15, Quai Sébastopol, ✉ **35400**
Tel. 99 81 78 63   Fax 99 81 44 80
Beim "La Rance" handelt es sich um ein kleines Hotel mit elf hübsch eingerichteten Zimmern, ganz in der Nähe des Tour Solidor gelegen. ①②③

LA VILLEFROMOY ★★★
Paramé, 7, Boulevard Hébert, ✉ **35400**
Tel. 99 40 92 20   Fax 99 56 79 49
Das Hotel, ein ehemaliges Bürgerhaus aus dem 19. Jahrhundert, liegt in einem ruhigen Wohngebiet am berühmten Sandstrand der Stadt. Stilmöbel aus der Zeit Viktorias, neapolitanische Gouachen oder Segelschiff-Modelle schmücken den Salon und einige der insgesamt 22 Zimmer, deren Fenster sich zum Meer hin öffnen.
①②③④

MANOIR DE LA GRASSINAIS ★★
12, Rue de la Grassinais, ✉ **35400**
Tel 99 81 33 00   Fax 99 81 60 90
Die Zimmer - 29 an der Zahl - sind in diesem einstigen Gutsherrenhaus um einen ruhigen Innenhof angeordnet. Zeitgemäßer Komfort versteht sich ebenso wie eine gute Küche, die im eleganten Restaurant geboten wird. ①②

MERCURE ★★★
2, Rue Joseph-Loth
Chaussée du Sillon, ✉ **35400**
Tel. 99 56 84 84   Fax 99 56 45 73
Ein moderner Hotel-Komplex, am Meer gelegen, mit 70 geschmackvoll eingerichte-

ten Zimmern, das ist dieses Haus der bekannten Mercure-Kette, das zwar nicht über ein Restaurant, wohl aber über eine gemütliche Bar verfügt, in man von freundlichem Personal betreut wird. ①②③

PORTE ST-PIERRE ★★
1-2, Place du Guet, ✉ **35400**
Tel. 99 40 91 27   Fax 99 56 06 94
Am schnellsten gelangt der Gast zu diesem familiär geführten Haus durch die Porte St-Louis. 27 Zimmer stehen zur Verfügung, die komfortabel-modern eingerichtet sind. Wer mag, kann seine Mahlzeiten im angeschlossenen Restaurant einnehmen. Nur wenige Schritte sind es bis zum Meer, aber der Gast kann natürlich auch im benachbarten Schwimmbad seinen Bahnen ziehen. ①②

SURCOUF ★★
15, Rue de la plage, ✉ **35400**
Tel. 99 40 20 08   Fax 99 40 57 03
Es liegt so nah am Meer, daß der Gast die Beine sprichwörtlich im Wasser baumeln lassen kann, wenn er die wenigen Treppenstufen zum Ozean hinabgestiegen ist, dieses nach dem bekannten Seeräuber getauften Hotel mit seinen 17 komfortabel eingerichteten Zimmern. ①②

VALMARIN ★★★
St-Servan-sur-Mer
7, Rue Jean XX III, ✉ **35400**
Tel. 99 81 94 76   Fax 99 81 30 03
Ein schöner Park rahmt dieses schmucke Haus aus dem 18. Jahrhundert ein, in dem eine Hostellerie für anspruchsvolle Gäste mit zwölf exquisit eingerichteten Zimmern etabliert wurde. ①②③

TINTENIAC   172 ☐ B3

AUX VOYAGEURS ★★
39, Rue Nationale, ✉ **35190**
Tel. 99 68 02 21   Fax 99 68 19 58
15 komfortabel eingerichtete Zimmer und ein Restaurant mit einer Küche, dessen Leistung wir mit einem Kochlöffel bewerten konnten, das ist das "Aux Voyageurs", das ehemals als Relais de la Poste diente. ①②

TREMBLAY   172 ☐ C2

ROC-LAND ★★
La Lande, Route de Rennes, ✉ **35460**
Tel. 99 98 20 46   Fax 99 98 29 00
Umgeben von einem sechs Hektar großen Park steht dieses moderne Haus mit seinen 25 Zimmern, die mit Stilmöbeln in lichten Farbtönen eingerichtet sind. Im Restaurant wird eine empfehlenswerte Küche geboten. Tennisplätze und Angelrevier vor der Haustür. ①②

BADEFREUDEN UND HIGHLIFE

Ein zentrales Urlaubsvergnügen entlang der bretonischen Küste: Hier die Segelschule von St-Malo

Sicher, Rennes kann Paris - wie selbstverständlich auch keine andere französische Stadt - nicht das Wasser reichen, aber den direkten Vergleich mit Nantes, der ewigen historischen Konkurrentin, braucht die bretonische Hauptstadt in Sachen Highlife oder Shopping nicht zu scheuen. In Rennes kann der Tourist die Nacht problemlos zum Tage machen und sich bis frühmorgens in einer der zahlreichen Diskotheken oder Kneipen amüsieren. Wer das nötige und passende Kleingeld hat, wird beim Einkaufen garantiert fündig werden, egal ob es sich dabei um chice Klamotten oder feinsten Whisky handelt. Mit der touristischen Attraktion St-Malo besitzt das Departement Ille-et-Vilaine überdies eine zweite Stadt, die diesbezüglich einiges zu bieten hat und zudem für Freunde des Wassersports - wie die Nachbargemeinden an der Smaragdküste - alle nur erdenklichen Offerten bereithält. Auf dem Land geht es auch in diesem bretonischen Departement wieder ruhig zu. Da ist der Urlauber schon auf einige hilfreiche und detaillierte Informationen und Tips angewiesen.

FESTE & VERANSTALTUNGEN

DINARD

Festival du film britannique: Ende September - Festival des britischen Films.
Pardon: August - de la mer.

REDON

Le mois du marron: Oktober - Kastanien-Markt und bretonische Musik.
Les Nocturiales/Festival de l'Abbaye: Ende Juli/Anfang August - Veranstaltung um die Geschichte der Abtei mit Kirchenmusik und bretonischer Musik.

RENNES

Festival de la création bretonne/Les tombées de la nuit: Anfang Juli - Festival der Kreativität, Musik, Theater, Tanz, Literatur mit zahlreichen Veranstaltungen auf den Straßen.
Transmusicales Festival Rock: Anfang Dezember - Festival der Rock-Musik.

ST-MALO

Festival de la chanson québécoise: Anfang September - Festival der Musik aus der französisch-sprechenden kanadischen Provinz Quebec.
Festival Etonnants Voyageurs: Ende Mai - Literatur-Feste mit internationalen Reise-Schriftstellern.
Festival international de musique sacrée: Mitte Juli bis Mitte August - Festival der Kirchenmusik.
Festival Rock: Februar/März - Rock-Festival.

NIGHTLIFE & TREFFPUNKTE

RENNES

CAFE CARMES
36, Rue St-Georges
Mehr Kneipe als Café, hält sich schon seit Jahren unter den In-Lokalen der Stadt, geöffnet bis 1 Uhr.

LE CHRISTIES
Mi-Forêt, Route de Fougères direction La Bouexière
Eine Disco in einem ehemaligen Gutshaus, umgeben von einem weiten Park, drinnen ein behagliches Ambiente, mal eine etwas andere Disco.

Jugendliche Fahrradartisten mitten in Rennes

LE PYM'S CLUB
27, Place du Colombier
Tanz in drei verschieden gestylten Räumlichkeiten, täglich von 22.30 bis 6 Uhr morgens geöffnet.

LE NABUCHODONOSOR
12, Rue Hoche
Die einzige richtige Wein-Bar der Stadt, glasweise werden leckere Tropfen zur Degustation ausgeschenkt, bei gemäßigten Preisen, geöffnet bis 1 Uhr.

SHOPPING & MÄRKTE

CANCALE

DANIEL EARL
37, Quai Kennedy
Austern aus Cancale, tiefe und flache, direkt vom Produzenten.

H. ET J. COTTEREAU
13, Rue du port
Erstklassige Boulangerie/Patisserie mit einer großen Auswahl bretonischer Spezialitäten.

Y. CHEVALIER
Place de la République
Patissier/Confiseur mit leckeren bretonischen Süßspeisen, von Kouing aman bis Far Breton.

PLERGUER

LA CHEVRERIE DU DESERT
Le Désert
Alles rund um die Ziege, alle Gourmandisen hausgemacht, auch ein Rundgang durch die Gehege möglich.

LA BONBONNIERE
26, Rue Notre-Dame
Bonbons, Bonbons über alles, die gleich in dekorativen Behältnissen aus Porzellan eingepackt werden können.

Herrlich gelegen: Das Opernhaus in Rennes

RENNES

ART ET TABLE
19, Quai Lamartine
Tafel-Kultur der allerfeinsten Art mit exquisitem Porzellan.

AU BOEUF CHAROLAIS
22, Rue Vasselot
Blitzsaubere Metzgerei, Frischfleisch und auch Konserven erster Qualität.

AUX FINS PALAIS
15, Rue St-Hélier
Feinkostladen mit hausgemachten Gourmandisen, von der Vorspeise bis zum Dessert.

AUX FRERES PROVENCAUX
Place de la Mairie
Auch wenn der Name etwas ganz anderes suggeriert, so werden in diesem Geschäft nur Whiskys in schier unvorstellbarer Bandbreite angeboten.

Markttag in Dol de Bretagne

CHRISTIAN ROBERT
Ancienne route de St-Malo
Wer das etwas andere, ausgefallene Möbel sucht, ist in diesem Laden an der rechten Adresse.

CULINARION
11, Rue de la Monnaie
Alles was in einer Super-Küche noch an Gerätschaften fehlen könnte, ist hier zu finden.

DE NEUVILLE
7, Rue Vasselot
Schokolade und Trüffel in bester Qualität und großer Auswahl.

FROMAGERIE ST-HELIER
19, rue St-Hélier
Käseladen mit mehr als 150 Sorten feinstem Fromage.

GASTINOIS
24, Rue de la Chatolais
20 Sorten Brot und feinste Petits Fours, das sind die Spezialitäten dieser Boulangerie.

Im Automobilmuseum von Rennes

LA BOUTIQUE DU PERIGORD
1, Place du Maréchal-Juin
Feinkost-Spezialitäten aus dem Perigord, von Gänsestopfleber bis Enten-Confit.

LA GIBELOTTE
13, Rue Vasselot
Das bestsortierte Käsegeschäft, das wir in der gesamten Bretagne angetroffen haben.

LA POSTE DU VILLAGE
6, Rue Edith Cavell
Alte Bücher mit den Spezialgebieten Reisen, Wissenschaft und Bretagne, das offeriert Alain Reboulot in seinem erlesenen Sortiment.

LE COMPTOIR
Halles Centrales
Ein Muß für jeden Feinschmecker, findet man hier doch nicht nur erlesenste Gewürze, sondern auch Gourmandisen aus Meisterhand, von Olivier Roellinger, dem Herdzauberer aus Cancale, geliefert, z. B. Räucherlachs, Confits, Gänsestopfleber-Terrinen etc.

LE RELAIS DU VIGNERON
167, Rue de Châteaugiron
Exquisites Weingeschäft mit bester Beratung des Kunden.

NUGGETS MULTITOP
9, Rue Châteaurenault
Erstklassig sortiertes Schallplattengeschäft in wunderschönem Haus mit Jugendstil-Dekor und prächtigen Holzarbeiten.

SCRIPTURA
11, Place Hoche
Hobby-Maler und Briefeschreiber, die auf besonderes Papier Wert legen, werden in diesem Geschäft gleichermaßen auf ihre Kosten kommen; auch Pinsel, Farbe etc. sind erhältlich.

TERRE DE BRUME
46, Rue d'Antrain
Klassiker der Weltliteratur in wohlfeilen, alten Ausgaben, das ist das Spezialgebiet dieser Buchhandlung.

VAISSELOR
10, Rue de Nemours
Das Non-Plus-Ultra der Tafel-Kultur, Pozellan zum Träumen und Genießen.

ST-MALO

CHEFTEL
10, Rue Porcon
Salon de Thé und einer der besten Chocolatier/Patissier der Stadt.

Die Cafés: Eine Institution für alle Franzosen

LE COMPTOIR
5, Rue des Merciers
Das Mutterhaus des gleichnamigen Geschäfts in Rennes, auch hier feinste Gewürze und Gourmandisen made by Olivier Roellinger.

LE MOULIN A VINS
80, Boulevard des Talards
Französische Top-Weine und -Champagner in großer Auswahl.

INFORMATIONEN & HINWEISE

COMITE DEPARTEMENTAL DU TOURISME
1, Rue Martenot, 35000 Rennes.

SMARAGD, GRANIT UND ARGOAT

Markttreiben in St-Brieuc - Die Landwirtschaft ist der wichtigste Wirtschaftszweig der Côtes d'Armor

30 Jahre lang wurde palavert und gestritten, bis endlich 1990 aus dem einstigen Departement Côtes du Nord das viel wohlklingendere und den Reiz der Region viel eher erschließende Côtes d'Armor wurde. Wer darob möglicherweise gleich Rückschlüsse über Rückständigkeit und traditionsbehaftetes Beharrungsvermögen des Landes zieht, liegt damit gar nicht so falsch. So wird beispielsweise im westlich-

sten Teil des Departements, dem Pays du Trégor, noch immer von vielen Bürgern Bretonisch gesprochen. Und in der Landwirtschaft hatten sich z. B. bis zum Beginn der 60er Jahre noch die überkommenen, veralteten Strukturen und Arbeitsmethoden erhalten. Heute allerdings sind die Côtes d'Armor längst ein Musterbeispiel für den rasanten Einzug der Moderne und den gezielten wirtschaftlichen Aufschwung der

Bretagne, wobei jedoch harmonisch Altes mit Neuem verbunden wurde; der Bogen spannt sich vom Zeitalter der Islandfischer bis zur High-Tech-Epoche, die augenscheinlich in diesem Departement am 11. Juli 1962 eingeleitet wurde, als das Raumfahrt-Telekommunikationszentrum (Radom) bei Pleumeur-Bodou die erste Sendung via Satellit empfing und ausstrahlte (ein Menhir-Denkmal erinnert daran).

Von der mächtigen, weißen Kuppel des Radoms ist es streckenmäßig nicht weit bis zur berühmten Côte de Granit rose, allerdings liegen zwischen diesen unterschiedlichen Schöpfungen der Erdgeschichte rund 600 Millionen Jahre. Das östliche Pendant zu dem nach dem rosafarbenen Granitgestein benannten westlichsten Küstenstreifen des Departements ist die bei den Touristen nicht minder beliebte Côte d'Emeraude, die ihren Namen vom Smaragdgrün des Meeres herleitet. Dazwischen sind, gleichsam als Vermittler und Bindeglieder, (von Ost nach West) die Côte de Penthièvre sowie die Côte du Goëlo eingeschoben. Denn je weiter westlich man sich entlang der 350 Kilometer langen Küstenzone begibt, desto felsiger

zwischen Trégastel und Trébeurden ausgeprägt ist und dort dann auch als Corniche Bretonne bezeichnet wird. Geradezu surreal muten die riesigen Felsbrocken an, die verstreut entlang der Küste liegen, wie von Riesenhand mutwillig und ohne Plan hingeworfen. Die Natur hat das ihre dazugetan und über die Jahrtausende den Granit so geschliffen, daß der heutige Betrachter Formen, Tiere, Figuren etc. darin zu entdecken vermeint; kein Wunder, daß die Einheimischen mit Phantasienamen wie Elefant, Regenschirm oder Napoleons Hut schnell zur Stelle waren. Und vor der Küste liegt mit den Sept Iles zudem das älteste, bereits 1912 gegründete Naturreservat Frankreichs, ein wahrlich sehenswertes Vogelparadies.

noch lange nicht, daß nicht auch das Landesinnere seine Reize hat mit seinen historischen Städten, den romantischen Flüssen und Tälern oder den ruhigen, friedvollen Landschaften mit Kapellen, Megalithen, Landschlössern oder winzigen Dörfern, die auch auf Schusters Rappen dank 1400 Kilometern gekennzeichneter Wanderwege erkundet werden können. Sicher, die Vegetation ist auch in diesem bretonischen Departement, in dem die Westwinde ein

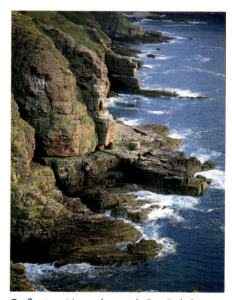

Großartiges Naturschauspiel: Cap Fréhel

warmes bzw. gemäßigtes und zugleich feuchtes Klima erzeugen, nicht sonderlich abwechslungsreich, wenn man mal von der im Ärmelkanal vorgelagerten Ile de Bréhat absieht, auf der des milden Klimas wegen Mimosen, Feigen oder Eukalyptus wachsen. Die Heidelandschaft wechselt sich ab mit Ackerflächen, auch Moore konnten sich wegen der nicht sonderlich guten Bodenqualität, die den Wasserabfluß erschwert, bilden, der Wald ist auch in diesem Departement bis auf rudimentäre Reste verschwunden. Alles ist überschaubar, die größte Stadt, St-Brieuc, hat mal gerade 47 000 Bürger, bei einer Gesamteinwohnerzahl des Departements von rund 540 000.

Weltgeschichte wurde in den Côtes d'Armor nicht geschrieben. Das wäre ja denn auch etwas hoch gegriffen. Aber selbst in der bretonisch-französischen Geschichtsschreibung taucht die Region vergleichsweise selten auf. Da ist es schon erfreulich, daß wenigstens die Artus-Sage eine Nebenrolle bereithält. Wenn es sich

Imposante Felsformationen an der Côte de Granit rose bei Ploumanac'h

und romantisch-unwirklicher wird die Gegend. Allerdings sind stets zwischen noch so gefährlichen Klippen, Riffen oder Felsen weitläufige, feinkörnige und oft noch verschwiegene Sandstrände eingestreut, die sich als schönste Badeparadiese entpuppen. Was eben auch und gerade für die Côte de Granit rose gilt, jenes Felsen-Chaos zwischen der Pointe de l'Arcouest und Trébeurden, das am imposantesten

Auch wenn die pittoreske Küste so etwas wie das Markenzeichen der Côtes d'Armor (= dem Land am Meer) darstellt, so bildet sie doch nur einen Teil des insgesamt 6 878 Quadratkilometer großen Departements. Und wenn sich die Mehrzahl der Touristen in den Sommermonaten an den Stränden zwischen Dinan und St-Brieuc sowie zwischen Paimpol und Perros-Guirec einfinden, so bedeutet dies

Dinan mit seiner pitoresken, mittelalterlich geprägten Altstadt

ne, zunächst nach Rennes, dann nach Tréguier, wurde er Priester und arbeitete zugleich als angesehener Richter, der sich bei seinen Urteilen des öfteren auf die Seite der Armen schlug. Eine Episode mag dies verdeutlichen: Ein reicher Bürger hatte sich über einen Bettler beklagt, weil dieser täglich vor seinem Haus herumlungerte, um sich an den feinen Küchendüften zu berauschen. Der geldgierige Kläger forderte deshalb eine Entschädigung: Der Bettler sollte gefälligst für den Genuß zahlen. Der clevere Yves gab ihm scheinbar recht, nahm eine Münze und ließ sie klingelnd fallen mit der Bemerkung, "Der Klang bezahlt den Duft". 1303 starb der redliche Richter und wurde 1347 heiliggesprochen.

Gleiche Zeit, aber ein weitaus kriegerischerer Schauplatz mit kleiner Vorgeschichte. Denn Anfang des 14. Jahrhunderts wurde mit Bertrand Duguesclin auf Schloß La Motte-Broons bei Dinan ein Mann geboren, an dem sich die Geister scheiden. Für die einen, mehrheitlich die Franzosen, war er einer der größten Feldherren der Historie, für die anderen, einen

dabei auch nur um einen Abgesang früheren Ruhms handelt. Der gedemütigte Artus, den die Mehrzahl seiner Ritter verlassen, der sein Volk und Königreich verloren hatte, der auf dem Schlachtfeld schwer verwundet worden war und nur aufgrund der magischen Heilkräfte der Fee Morgane, der Druidin der geheimnisvollen Insel Avalon und der Legendengestalt aus dem bretonischen Wald Brocéliande, seinen Verletzungen nicht erlegen war, zog sich mit wenigen Getreuen auf sein Schloß im Pays du Trégor zurück. Er hoffte, die Schmach bei ausgiebigem Jagen zu vergessen. Doch mit Waidmannsglück war es nicht gut bestellt, stattdessen kreuzte - zwischen St-Michel-en-Grève und St-Efflam - ein feuerspeiender Drachen seinen Weg. Artus wehrte sich tapfer, gestützt auf sein Zauberschwert, doch nach drei Tagen und Nächten schwanden seine Kräfte. Es schien kein Entrinnen zu geben, doch im letzten Augenblick nahte die Rettung in Gestalt des Heiligen Efflam, der dem Untier seinen Pilgerstab durchs Maul ins Herz hineinbohrte. Das Christentum hatte wieder einmal gesiegt, selbst die stärksten keltischen Heroen konnten da nicht mithalten.

Da es in der Bretagne ein Überangebot an Saints gibt, nimmt es kein Wunder, daß mit St-Yves ein weiterer Heiliger in der Geschichte des Departements Côtes d'Armor eine zentrale Rolle spielt. Zumal der Heilige Ivo der wohl populärste Heilige

der gesamten Bretagne ist und noch heute als Schutzpatron der Juristen und Armen verehrt wird. Yves Helori wurde 1253 in Minihy-Tréguier als Sohn eines Landedel-

Romantische Vieille Ville: Gotische Brücke über die Rance in Dinan

manns auf Schloß Kermartin geboren. Schon während seines Studiums der Rechtswissenschaften in Paris und Orléans soll er ein asketisches Leben geführt haben. Nach seiner Rückkehr in die Bretag-

Teil der Bretonen, wurde er wegen seiner Dienste für den französischen König als Verräter angesehen. Wie dem auch sei, bleiben wir bei den Fakten. 1356 trat Duguesclin in den Dienst der französischen

Krone und wurde noch im gleichen Jahr, nach der Einnahme von Rennes, zum Ritter geschlagen. Auch später sollte er noch verschiedene bretonische Städte für den fran-

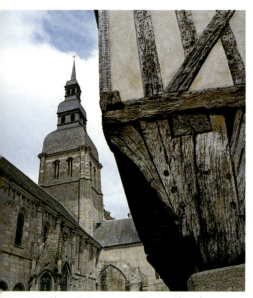

Die Place St-Sauvens in Dinans Altstadt

zösischen König erobern, 1359 konnte er sich allerdings mal auf die Seite seiner Landsleute schlagen. Denn er hatte den Auftrag erhalten, Dinan gegen die angreifenden Engländer zu verteidigen. Die Übermacht des Feindes war so erdrükkend, daß Duguesclin nach einigen Attakken um einen Waffenstillstand von 40 Tagen bat, der ihm unter der Bedingung gewährt wurde, daß sich die Stadt nach Ablauf der Frist kampflos ergeben würde, falls ihr in der Frist niemand von außen zu Hilfe kommen sollte. Trotz der Abmachung wurde Duguesclins Bruder Olivier, der die Stadt unbewaffnet verlassen hatte, vom englischen Ritter Canterbury gefangengenommen, der für die Freilassung ein hohes Lösegeld festsetzte. Duguesclin war natürlich nicht bereit zu zahlen, sondern forderte den Vertragsbrüchigen zum Zweikampf auf. Unter der Aufsicht des englischen Heerführers, dem Herzog von Lancaster, traten sich die beiden Ritter mitten in Dinan, auf dem heutigen Place du Champ, gegenüber. Der Sieg fiel Duguesclin zu, der Unterlegene wurde vom Herzog von Lancaster dazu verurteilt, Olivier als Entschädigung seinerseits das hohe Lösegeld zu erstatten. Danach wurde Canterbury aus der Armee ausgestoßen, und die englischen Truppen zogen sich von Dinan zurück. Welch ein Triumph für Duguesclin, der - wenigstens der Fama nach - mit dem

erfolgreichen Kampf auch noch das Herz der schönen Typhaine de Raguenel, einer aus dem niederen Adel stammenden Astrologin, gewonnen haben soll. Als der wakkere Streiter, der die Macht der französischen Krone gefestigt und ausgeweitet hatte (z. B. mit Feldzügen bis weit nach Spanien hinein), im Jahr 1380 starb, entbrannte ein Streit um seinen Leichnam. Duguesclin selbst hatte verfügt, daß er in Dinan beigesetzt werden wollte. Doch es war ein weiter Weg von seinem Todesort, dem südfranzösischen Châteauneuf-de-Randon, bis in die Bretagne. Schon in der Auvergne mußte die Leiche einbalsamiert werden, die Eingeweide (bis auf das

Eine touristische Sehenswürdigkeit ersten Ranges: Das alte Dinan

Herz) wurden in Le Puy bestattet. In Montferrand sah sich der Trauerzug gezwungen, die körperliche Hülle beizusetzen und nur das Skelett und das Herz weiterzutransportieren. Als man in Le Mans angekommen war, forderte der König seinen Teil und erhielt das Knochengerüst, so daß für Dinan nur das Herz des Feldherrn übrig blieb (heute im linken Querschiffsarm der Kirche St-Sauveur aufbewahrt). Auf diese - aus unserer Sicht wirklich überaus makabre - Weise kam Duguesclin (dessen Name übrigens auch in der Schreibweise Du Guesclin auftaucht) zu vier Grabmälern, während selbst die französischen Könige in der Regel nur drei erhielten (je eines für Herz, Eingeweide und Körper).

Nach dem Anschluß der Bretagne an Frankreich war es, historisch gesehen, noch ruhiger im Gebiet der heutigen Côtes d'Armor geworden. Erst mit dem beginnenden Tourismus rückte die Region langsam wieder in den Blickpunkt der überlokalen Öffentlichkeit. Die Vorreiter waren vermögende Familien aus Guingamp, die auf ärztliches Anraten zur Verbesserung und Erhaltung der Gesundheit ab Mitte des 19. Jahrhunderts ihre Sommerferien an der Küste verbrachten, wobei sie sich als Domizil das Örtchen St-Quay Portrieux auserkoren, in dem 1845 das erste Hotel erbaut wurde. Der Erfolg der mondänen Badeorte im benachbarten

(heutigen) Departement Ille-et-Vilaine mit Dinard an der Spitze ließ auch die Dörfer und Städte der heutigen Côtes d'Armor nicht ruhen. Sie wollten sich mit Hinweis auf ihre Strände, das gemäßigte Klima und die pittoreske Felsenlandschaft auch ein Stück vom lukrativen Tourismus-Kuchen abschneiden, wobei ihnen das Vorrücken der Eisenbahnlinien, zunächst nach St-Brieuc, dann auch nach Lannion, sehr behilflich war. Die kostenlose PR durch bekannte Schriftsteller und Künstler nicht zu vergessen, die besonders in Paris auf die Reize der Region aufmerksam machten.

Camille Corot, einer der Vorläufer der Impressionisten, war häufig bei Freunden in Mur-de-Bretagne zu Gast und berichtete seinem Zirkel von seinen einmaligen Eindrücken. Die Maler Emile Bernard und Maurice Denis ließen sich von der Landschaft inspirieren, ersterer in St-Briac, der zweite in Ploumanac'h, wo Denis ein Haus besaß. Anfang des 20. Jahrhunderts folgten ihnen Henri Le Fauconnier (in Ploumanac'h) und Yves Tanguy nach, wobei sich die Gegend um Plestin widerspiegelt in Tanguys berühmtem surrealistischen Gemälde "L'Inspiration" aus dem Jahr 1929. Aus der Reihe der Schriftsteller, die sich um die Region verdient gemacht haben, ragt Pierre Loti hervor. Mit seinem Bestseller "Islandfischer" hat er der Stadt Paimpol und ihren Seefahrern ein literarisches Denkmal ersten Ranges gesetzt (Théodore Botrel besang zudem in seiner "Paimpolaise" die Mädchen der Stadt), wobei er die großen Gefahren für die Besatzung der Kabeljau-Boote vor Island der staunenden Welt einfühlsam vor Augen führte. Ernest Renan nicht zu vergessen, der berühmte Religionswissenschaftler und frühe Kirchenkritiker aus Tréguier (mit seinem umstrittensten Werk, "Das Leben Jesu"), der sich seiner Heimat auch in der Fremde stets verbunden fühlte.

Ende des 19. Jahrhunderts hatte sich die Region als beliebtes Touristenziel etabliert, die ersten Wassersport-Clubs entstanden, z. B. in Perros-Guirec 1895; der Küstenstreifen bei Bréhat wurde seinerzeit besonders hoch geschätzt. Heute finden sich vor allem Familien aus dem Pariser Großraum zum Urlaub in den Côtes d'Armor ein - der TGV braucht weniger als drei Stunden von Paris bis St-Brieuc oder Lannion, mit dem Flugzeug geht es natürlich noch schneller -, bei den Ausländern rangieren die Engländer vor den Deutschen und Italienern. Das Straßennetz ist gut ausgebaut, vor allem die autobahnähnliche und mautfreie N 12. Es gibt eine Reihe von romantischen Städtchen zu besichtigen, mit Dinan, Lannion, Paimpol, Tréguier oder Guingamp an der Spitze, dort kann man flanieren oder auch in einem der zahlreichen Restaurants zum gepflegten Dinieren einkehren. An der Küste stehen den Freunden des Wassersports alle denkbaren Möglichkeiten offen.

Doch der Tourismus steht nur an zweiter Stelle der wichtigsten Wirtschaftszweige der Region - mit gehörigem Abstand zur Landwirtschaft und der Landwirtschaftspro-

dukte verarbeitenden Industrie (letztere konzentriert sich um die Städte St-Brieuc, Lamballe und Guingamp). Schließlich verdankt die Bretagne ihren Spitzenplatz in der entsprechenden französischen Statistik in nicht unerheblichem Maße gerade den Côtes d'Armor. Das Departement ist Frankreichs Schweinefleisch-Lieferant Nr. 1, auch die Geflügel-Produktion ist absolute Spitze, von der Milch gar nicht zu reden (wiewohl die EG-Quoten-Regelung zu einer Abnahme des Tierbestandes geführt

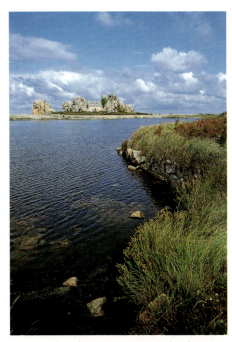

Die Küste bei Plougrescant: Pointe du Château

hat). Für den Gemüseanbau ist vor allem die Region um Paimpol bekannt, wo großflächig unter Plastikfolien oder auch in Gewächshäusern Bohnen, Blumenkohl, Artischocken, Zwiebeln oder Schalotten angebaut werden. Auch Futtermais und Getreide spielen eine wichtige Rolle im gesamten Departement.

Noch vor der Fischerei behauptet die elektrische bzw. elektronische Industrie den dritten Platz, die seit der Ansiedlung des Centre national d'études des télécommunications (CNET) in Lannion im Jahr 1960 eine immer wichtigere Stelle im Wirtschaftsleben des Landes einnimmt, dessen Haupthandelszentren die Städte Dinan, Lannion, Guingamp und Perros-Guirec sind.

Die Zeit der Islandfischer und des Kabeljaus ist in den Côtes d'Armor längst vor-

bei. Das Departement ist vom allgemeinen Trend betroffen, wonach sämtliche wichtigen Fischereihäfen inzwischen an der bretonischen West- bzw. Südküste angesiedelt sind (mit Ausnahme von St-Malo). Was natürlich nicht bedeutet, daß in diesem Departement der Fischfang keine Rolle mehr spielt. Täglich fahren die Boote hinaus aufs Meer und kehren mit einer ungewöhnlichen Fischsortenvielfalt wieder zurück an Land. Klar, daß dabei Fische wie Wolfsbarsch oder Pollack-Seelachs (lieu jaune), die einen felsigen Untergrund bevorzugen, besonders häufig ins Netz gehen. Aber auch Rochen oder Seezunge werden in großen Mengen gefangen. Was die Krustentiere angeht, so ist es vor allem die Seespinne (araignée), der die Seeleute nachjagen, auch Hummer und Taschenkrebs tragen zu einem interessanten Fangergebnis bei, während Langusten oder Langustinen mehr als rar sind.

Sehr begehrt ist auch die Jakobsmuschel, die gerade in der Bucht von St-Brieuc ideale Lebensbedingungen vorfindet. Erst Anfang der 60er Jahre wurde intensiv mit ihrem Fang begonnen, die Feinschmecker-Gemeinde lernte sie zu schätzen und forderte immer größere Mengen. Was zwangsläufig schon in den 70er Jahren zu einer Überfischung führte. Heute ist der Fang daher streng reglementiert und auf die Monate November bis März beschränkt, wobei jedes Boot nur ein bis zwei Stunden pro Tag ausfahren darf, und das auch nur zwei- bis dreimal pro Woche. Das Fangergebnis liegt jährlich zwischen 2000 und 4000 Tonnen. Auch Bouchot-Muscheln und Austern werden in beachtlichen Mengen geerntet, letztere vor allem im Küstengebiet um Paimpol, allerdings müssen die Austernlarven aus klimatischen Gründen importiert werden.

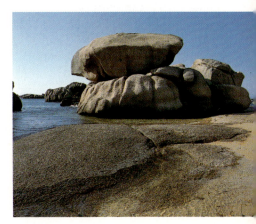

DIE BRETAGNE EN MINIATURE

Der Hafen von Perros-Guirec,
einem Ferienort mit leicht mondänem Touch

Er sagt nur die halbe Wahrheit, der Name für das Departement. Denn "Côtes d'Armor" bedeutet übersetzt soviel wie "Land am Meer". Doch ein Blick auf die Karte der Region zeigt sogleich, daß neben der 350 Kilometer langen Küstenzone ein beträchtlicher Teil des Departements im Landesinnern liegt, den die Kelten im Unterschied zum Armor (= Meer) mit Argoat (= Wald) bezeichneten. Sicherlich, vom Waldreichtum vergangener Tage sind heute nur noch vergleichsweise kleine grüne Oasen übriggeblieben. Aber dennoch lockt das Hinterland mit einer Vielzahl von romantischen Flecken, mittelalterlichen Dörfern und Städten wie Guingamp, Montcontour oder Lamballe sowie idyllischen Flußläufen. Dazu gibt es zahlreiche Sehenswürdigkeiten aller Art, die einen Aufenthalt hier mindestens ebenso reizvoll erscheinen lassen wie an den berühmten Küsten, der Côte d'Emeraude (= Smaragdküste, benannt nach dem Smaragdgrün des Meeres) und der Côte de Granit Rosé (so getauft nach dem rosaschimmernden Granitgestein), an denen sich feine Sandstrände mit schroffen Felsen abwechseln. Dank der sehr gut ausgebauten N 12 ist das Departement, das früher übrigens "Côtes-du-Nord" genannt wurde, leicht zu erschließen Schlösser, alte Gutshäuser, Mühlen, Megalithen oder Kalvarienberge liegen zuhauf links und rechts des Wegrandes. Touristenschwärme wird man selten treffen, selbst an den Küsten und auf den zahlreichen vorgelagerten Inseln und Inselchen geht es vergleichsweise ruhig zu, Highlife wird man anderswo suchen müssen. Wer die Augen aufmacht, kann sich jedoch in das Departement, das gewissermaßen die gesamte Bretagne im Kleinen widerspiegelt, verlieben, schließlich könnte man "Armor" ja auch mit den Italienern als "Liebe" übersetzen.

BELLE-ISLE-EN-TERRE   171 ☐ A2

Eine Femme Fatale war es, die den kleinen Ort am Zusammenfluß von Léguer und Guic mit seiner sehenswerten **Chapelle de Locmaria** (15./16. Jahrhundert) bekannt machte. Denn mit 18 Jahren verließ Mai Le Manach (1869-1949) ihre bretonische Heimat und machte als "schöne Müllerin" (da Tochter eines Müllers) in Paris Karriere. Sie war dort ständiger Gast in den Künstlerateliers auf dem Montmartre und wurde später die Mätresse eines bekannten Herzogs.

BERHET   171 ☐ A1

Wo einst der Räuber Guy Eder de la Fontenelle Unterschlupf nach seinen Beutezügen durch die Region während der Religionskriege fand, können sich heute Touristen einquartieren. Denn die Besitzer des reizvollen **Château de Coadelan** haben komfortable Gästezimmer eingerichtet, die einen ruhigen Aufenthalt nach dem Besuch der nahen **Chapelle Notre-Dame-de-Confort** (1523-1537) garantieren.

BOQUEHO   171 ☐ B2

Neben der wunderschön auf einem Hügel gelegenen **Chapelle Notre-Dame-de-Pitié** aus dem 15. Jahrhundert entspringt eine kleine Quelle, die sicher auch schon die Tempelritter zu schätzen wußten, die einst hier ihren Markt abhielten. Hört man das Plätschern ihres Wassers, mag man darüber rätseln, wie es möglich war, daß sich in der Ruine, die erst in jüngster Zeit restauriert wurde, ein kostbarer Lettner aus jener Zeit unversehrt erhalten konnte. Nicht weit außerhalb des Ortes in südlicher Richtung lohnt die romantische Moulin de Goëlo aus dem 18. Jahrhundert einen Besuch.

BOURBRIAC   171 □ A2

Daß Schweine nicht nur zum Trüffelsuchen gut sind, bewiesen im Jahr 1930 einige Exemplare dieser Spezies, als sie beim Schnüffeln in der Erde u. a. drei Mondsicheln aus Gold ausgruben, die einem Stammeshäuptling aus der Bronzezeit als Schmuck gedient haben könnten. Das Gebiet um Bourbriac wurde von daher nicht umsonst als archäologische Fundstätte erster Kategorie eingestuft, was sich auch in einem bekannten Tumulus (Grabhügel) im vier Kilometer entfernten **Tanouedou** dokumentiert. Die Dorfkirche von Bourbriac birgt zudem eine interessante romanische Krypta.

BULAT-PESTIVIEN   171 □ A2

Hier scheinen sich Katz und Maus gute Nacht zu sagen, wurde das Dorf doch in einer der am wenigsten zugänglichen Regionen der Bretagne gegründet. Doch einst herrschte Hochbetrieb, denn im Gefolge des Heiligen Yves, der mehr als hundertmal zum Beten hier erschien, entwickelte sich eine rege Wallfahrtstätigkeit, was sich später auch in der prächtigen Ausgestaltung der **Eglise Notre-Dame de Bulat**, dem bemerkenswertesten Renaissance-Bau der Bretagne, niederschlug.

CALLAC   171 □ A2

Zwei Tage nach Ende der Tour de France findet Jahr für Jahr ein internationales Radrennen in diesem Dorf statt. Doch wesentlich bekannter wurde Callac als Hauptzentrum für die Aufzucht bretonischer Spaniels sowie eines bekannten Gestüts, das ebenso besichtigt werden kann wie die Ruinen der **Eglise de Botmel** oder die **Chapelle Saint-Pierre-de-l'Isle.**

CHATELAUDREN   171 □ B2

Französischen Feinschmeckern ist dieser kleine Ort wegen seiner leckeren Forellen ein Begriff. Kunstbeflissene zieht es einzig wegen der Kirche **Notre-Dame-du-Tertre** nach Châtelaudren, genauer gesagt wegen der Holzdecken-Malerei im Chor aus dem 15. Jahrhundert, die in ganz Frankreich ihresgleichen sucht (insgesamt 132 Tafelbilder). Die Motive reichen von der Erschaffung der Welt über die Geschichte von Adam und Eva bis hin zu Kindheit, Leiden und Auferstehung Jesus Christus.

CORLAY   171 □ B3

Ganz Corlay ist stolz auf seine Pferde. Früher hatte fast jeder Bauernhof eine Zuchtstute, heute hat sich die Zahl der Zuchtbetriebe auf ein gutes Dutzend vermindert. Und doch spielen die Pferde noch immer im Jahresablauf eine zentrale Rolle. Vom Frühjahr bis zum Herbst werden zahlreiche Wettkämpfe abgehalten, an drei Tagen zwischen Juni und Juli gibt sich Toute la France und auch so mancher britische Pferdenarr hier anläßlich der bedeutendsten Veranstaltungen ein Stelldichein. Klar, daß es in diesem Ort auch ein Museum gibt, das sich mit der Geschichte des Corlay-Pferdes beschäftigt, das **Maison du Cheval**. Falls noch Zeit bleibt, sollte man noch einen Blick auf die **Eglise St-Sauveur** (15./16. Jahrhundert) oder auf die Ruinen des **Château de Corlay** werfen.

CORSEUL   172 □ A2

Kein Geringerer als Julius Caesar mußte sich seine Gedanken um diese Stadt machen, denn Corseul war damals Capitale eines mächtigen keltischen Stammes, den der große Römer auch in seinem "De bello Gallico" hinreichend würdigte. Nach der Unterwerfung des Stammes wurde hier eine römische Stadt gegründet, von der heute aber nur noch der **Temple de Mars** (Tempel des Mars), ein polygonaler Turm, Zeugnis ablegt - sofern man von den im **Jardin des Antiqués** (im Garten des Bürgermeisteramtes) aufgestellten Säulen und den Exponaten im örtlichen **Musée Archéologique** (Mairie) mal absieht.

DINAN   172 □ A2

Wenn an jedem Donnerstagmorgen der Place du Champ (und der danebenliegende Place Duguesclin) sein geschäftiges Markt-Gewand überstreift, dann erinnern

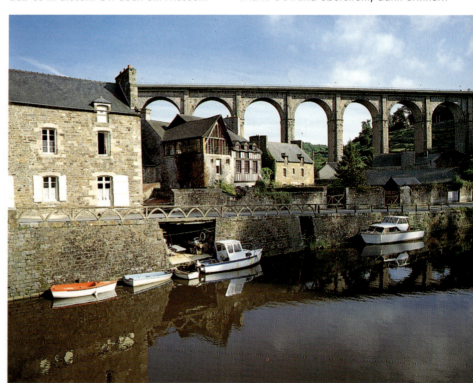

Das Viadukt (Viaduc) des mittelalterlichen Städtchens Dinan

sich wohl nur wenige Passanten der Geschichtsträchtigkeit dieses Ortes am Rand der historischen Altstadt. Der Tourist kann sich im nahen Fremdenverkehrsbüro (6, Rue de l'Horloge), das in einem prächtigen Haus aus dem 16. Jahrhundert - **Hôtel Kératry** - untergebracht ist, Aufklärung verschaffen. Und er wird erfahren, daß auf dem Platz im Jahr 1357 ein Zweikampf zwischen Bertrand Duguesclin, dem Verteidiger der Stadt, und dem Führer der englischen Truppen, Thomas von Canterbury, ausgetragen wurde, der dem späteren Oberbefehlshaber des französischen Königs nicht nur einen triumphalen Sieg einbrachte, sondern ihm auch das Herz

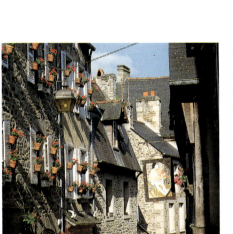
Idyllische Gassen in Dinans Altstadt

der schönen Thiphaine Raguenel gewann. Duguesclins Herz wurde übrigens in der nahen **Eglise St-Sauveur** (12. bzw. 15./16. Jahrhundert erbaut bzw. erweitert), gleich neben dem **Jardin Anglais** (Englischer Garten), beigesetzt. Beim Bummel durch die Altstadt sollte man in Dinan mal keinem festen Sightseeing-Plan folgen. Denn die schmalen Gassen sind allesamt überaus malerisch und von alten (Fachwerk-) Häusern gesäumt. Dinan zählt fraglos zu den bretonischen Städten, die ihr mittelalterliches Straßenbild in der Vieille Ville weitgehend erhalten haben. Die Sehenswürdigkeiten wie den **Tour de l'Horloge** (Uhrturm, direkt neben dem Fremdenverkehrsbüro) oder die **Eglise St-Malo** (im 19. Jahrhundert fertiggestellt) wird man ohnehin entdecken, genauso wie das außerhalb der alten Stadtbefestigung gelegene **Château** samt stadtgeschichtlichem Museum.

DUAULT   171 □ A3

Einstmals ließen die Herzöge der Bretagne wilde Tiere im Wald von Duault frei, um sie anschließend mit ihrer Meute zu jagen. Heute kann sich der Tourist auf die friedliche Entdeckungsreise durch den **Forêt de Duault** begeben, in dem eine ganze Reihe von Zeugnissen der Megalith-Kultur verstreut sind. Im Ort selbst kann in der Kirche ein kostbares Fenster aus dem Jahr 1594 bewundert werden.

ERQUY   171 □ C1

Beim Namen Erquy schließen Gourmets verklärt die Augen. Ist der vielbesuchte Badeort doch das Zentrum des Jakobsmuschelfangs. Auch das wehrhafte **Château de Bienassis** (15./17. Jahrhundert) ist in seiner Geschichte mit der Schiffahrt in Berührung gekommen, ging es doch nach der Französischen Revolution zunächst in den Besitz eines Commandanten, anschließend in den eines Admirals über.

ETABLES-SUR-MER   171 □ B2

Dieser kleine Badeort ist die Heimat eines bekannten Vertreters der bretonischen Regionalbewegung, René-Yves Creston. Er gehörte zu den Gründungsmitgliedern des "Seiz-Breur", einem Zusammenschluß von Künstlern, die sich für eine Rückbesinnung auf das urbretonische Kunsterbe einsetzten. Vor Ort konnte er da auch schon einiges tun, z. B. sich für die Erhaltung eines Kreuzes aus dem 15. Jahrhundert einsetzen (oder der aus der gleichen Zeit stammenden **Eglise St-Jean-Baptiste**), das Teil eines imposanten Kalvarienberges gewesen und 1789 von den Gläubigen aus Angst vor der Zerstörung versteckt worden war, wobei in einem hohlen Stein Ablaßbriefe gefunden wurden.

FREHEL   172 □ A1

Wo, wenn nicht hier, an den schroff abfallenden Felsen des Cap Fréhel, einem Riff, das über 70 Meter aus dem Meer herausragt, soll Gargantua, der Berge auftürmende und Steine werfende Riese der französischen Volkssage, sein Unwesen getrieben haben. Kein Wunder also, daß ein Menhir neben dem auf den Klippen errichteten **Fort La Latte** mit der Person der auch für seine unstillbare Freßsucht berühmten Sagengestalt in Verbindung gebracht wurde und **Doigt de Gargantua** getauft wurde. Auch das Fort - aus dem 14. Jahrhundert stammend - selbst wirkt wie ein Märchenschloß und bildete daher schon die Kulisse für zahlreiche Spielfilme. Z. B. drehte Richard Fleischer hier 1957 den Streifen "Die Wikinger" mit Kirk Douglas und Tony Curtis oder fand sich 1989 Philippe de Broca mit seinem Team ein, um die letzten Sentenzen des Film "Chouans" in den Kasten zu bekommen (Hauptdarsteller: Philippe Noiret und Sophie Marceau). Der Ausblick vom Cap ist traumhaft, besonders wenn man den **Leuchtturm** erklimmt. Und für die Farbe Rot, die neben Schwarz und Grau das Erscheinungsbild der Felsen bestimmt, hat die Sage eine einleuchtende Erklärung parat. Denn ein Mönch soll, von den Heiden aufgefordert, als Gottgesand-

Märchenhafte Kulisse für zahlreiche Spielfilme: Das Fort La Latte

Leuchtturm mit Aussichtsplattform auf dem Cap Fréhel

GURUNHUEL   171 □ A2

Zwei Schächer, einer gut, einer böse, deren Seelen von einem Engel bzw. von einem Dämonen in Empfang genommen werden. Bei diesem Szenario wird der aufmerksame Besucher der Bretagne sogleich an einen **Kalvarienberg** denken. Und richtig, auch im **enclos paroissial** (Umfriedeter Pfarrbezirk) von Gurunhuel aus dem 16. Jahrhundert ist diese typische Figurengruppe zu bestaunen.

ILE-DE-BREHAT   171 □ B1

Die Insel kann nur per pedes erwandert werden, das Auto ist hier tabu. Allerdings kann am Port Clos, dem Hafen, an dem die von der Pointe de L'Arcouest (fünf Kilometer von Paimpol entfernt) in See gestochene Flotte stets anlegt, ein Fahrrad gemietet werden. Kein Wunder, daß sich hier schon die Mönche seit dem 5. Jahrhundert wohlgefühlt haben, denn das milde Klima (Golfstrom) läßt auf dem 3,5 Kilometer langen und 1,5 Kilometer breiten Eiland sogar Oleander, Kamelien oder Mimosen sprießen, was später auch einer Vielzahl von Seeräubern gefallen haben dürfte. Und auch Schriftsteller wie Prosper Merimée oder Künstler wie Matisse sangen das Loblied auf die Insel (die auch ein Vogel-Paradies ist) bzw. hielten ihre Ein-

ter ein Wunder zu vollbringen, sich in den Finger geschnitten und mit seinen Blutstropfen die ganze Küste des Caps, das heute Vogelschutzgebiet ist, auf einen Schlag in ein leuchtendes Rot getaucht haben.

GLOMEL   171 □ A3

83 Tonnen schwer, 8,5 Meter hoch, das sind die Maße des größten Menhirs des gesamten Departements. Damit sich der Abstecher in diese Gemeinde lohnt, kann man noch einen Besuch im **Château de Coatcouraval** einplanen.

GRACES   171 □ A2

Von Parfüm-Düften, die den provencalischen Namensvetter so berühmt gemacht haben, wird man in diesem Örtchen nur träumen können. Und der Tourist wird glatt daran vorbeifahren, sofern er sich nicht für alte Kirchen und Schlösser interessiert, in diesem Fall die **Eglise Notre-Dame** (16. Jahrhundert) sowie das **Château de Keranno** (Ende 17. Jahrhundert).

GUINGAMP   171 □ A2

Mittelalter oder Renaissance, das ist die Frage in diesem Städtchen, das touristisch durchaus davon profitiert, direkt an der N 12, einer der Schnellstraßen der Bretagne, zu liegen. Und die heutigen Gäste werden wahrlich viel freundlicher aufgenommen als die zahlreichen Eroberer, unter denen die im 9. Jahrhundert gegründete Stadt immer wieder zu leiden hatte (trotz ihres **Château** und imposanter Wehrmauern). Das Herz der Stadt bildet der **Place du Centre** samt dekorativem Brunnen und Häusern, an denen fünf Jahrhunderte Baugeschichte abgelesen werden können. Und auch die Einkaufsmöglichkeiten sind hier überaus vielfältig, von der Boucherie über die Faiencerie bis hin zu feinster Confiserie. Gestärkt mit einem in einer der zahlreichen Bars eingenommenen Espresso, mag sich der Besucher zu einem Rundgang in der benachbarten **Basilique Notre-Dame** entschließen, einem gotischen Bauwerk, das den Stolz der Einwohner Guingamps darstellt.

Prächtige Fachwerkhäuser in Guingamp

drücke auf der Leinwand fest. Sofern man sich bei Ebbe nicht - mit einem Köcher bewaffnet - auf die Suche nach den in Prielen zurückgebliebenen Meerestieren begeben möchte, kann man sich z. B. auch die **Bourg** mit ihrer Kirche aus dem 16. Jahrhundert anschauen.

LAMBALLE   171 □ C2

Wer die umtriebige Handelsstadt mit dem berühmten Bleifuß durchquert, wird natürlich nichts von dem bekannten "Mann mit dem Eisernen Arm" oder der Prinzessin von Lamballe erfahren. Bei ersterem handelte es sich um die französsische Version des Götz von Berlichingen namens La Noué, der 1591 bei der Belagerung Lamballes tödlich verletzt wurde. Die Ehefrau des Prinzen von Lamballe, die schon nach drei Monaten in den Witwenstand übergetreten war, sollte 20 Jahre lang Königin Marie-Antoinette treu dienen und das gleiche traurige Schicksal teilen. Und um gleich beim Thema zu bleiben, sind das Fremdenverkehrsbüro sowie die beiden städtischen Museen ausgerechnet im "Haus des Henkers" (**Maison du Bourreau**, Place du Martray) untergebracht. Aber keine Angst, die Bürger Lamballes sind keineswegs martialisch gestimmt, sondern freuen sich über Besucher des **Musée du Vieux Lamballe** (Heimatmuseum), des **Musée Mathurin-Méheut** (mit Werken des in der Stadt gebürtigen Malers) oder der gotischen Stiftskirche **Notre-Dame**. Das berühmte staatliche Gestüt (**Haras National**) nicht zu vergessen (**Place du Champ-de-Foire**), das besichtigt werden kann.

LANLEFF   171 □ B1

Für ein angenehmes Quartier ist in diesem Ort Sorge getragen, bieten die Zimmer im **Château-Hotel de Coatguelen** allen Komfort, den der Tourist erwarten kann, nachdem er am Flüßchen Leff die eine oder andere Forelle (oder sogar Lachse) gefangen oder den **Temple de Lanleff** besichtigt hat. Wobei die architektonische Sehenswürdigkeit nichts mit einem Tempel gemein hat. Doch die außergewöhnliche Gestalt, Rotonde, ließ die Einheimischen Heidnisches wittern. In Wirklichkeit handelte es sich um einen romanischen Nachfolgebau der Aachener Pfalzkapelle (ähnlich wie die Kirche Sainte-Croix in Quimperlé, Finistère), die wiederum die Grablegungskirche in Jerusalem zum Vorbild hatte.

LANNION   171 □ A1

Einstmals war die kleine Stadt für die Herstellung schönster Kopfbedeckungen bekannt. Da wird es verständlich, warum Claude Chabrol sich ausgerechnet hier Anregungen für seinen Film-Klassiker "Die Fantome des Hutmachers" holte. Von die-

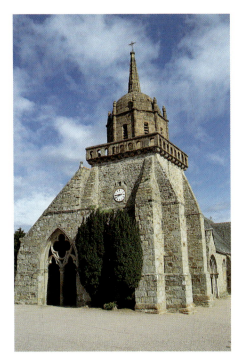

Die Eglise St-Jacques in Perros-Guirec

ser früheren Profession ist heute kaum noch etwas zu sehen, vielmehr hat die Stadt auf High-Tech umgerüstet, wobei jedoch das historische Zentrum mit seinen malerischen alten Gebäuden gottlob unberührt blieb, sehenswert sind z. B. die **Rue Saint-Malo** oder der **Place du Général-Leclerc**. Auch die beiden Gotteshäuser **St-Jean-du-Baly** (16./17. Jahrhundert) und **Eglise de Brelevenez** (festungsartiger Bau der Tempelritter) lohnen einen Besuch.

LANRIVAIN   171 □ A3

Die Gelehrten streiten sich, ob dem Kalvarienberg (16. Jahrhundert) oder doch dem Beinhaus (15. Jahrhundert) die größere kulturhistorische Bedeutung in diesem Ort beizumessen sei.

LEHON   172 □ A2

Nominoë, der bretonische König persönlich, überließ im 9. Jahrhundert sechs Mönchen das Gebiet um Léhon, damit dort

ein Kloster gegründet werden konnte. Die Kuttenträger dankten es ihrem Gönner, indem sie zur Steigerung des Bekanntheitsgrades ihrer Neugründung bei brüderlichen Kollegen die Reliquien des Heiligen Magloire stahlen. Nichts Ungewöhnliches in der damaligen Zeit, vielmehr gängige Praxis, und der Diebstahl hat sich gelohnt, denn aus dem Kloster entwickelte sich das Priorat St-Magloire (**Prieuré St-Magloire**). Eine Ahnung vom früheren Glanz der Anlage kann der Tourist beim Betreten der Kirche (aus dem 13. Jahrhundert) und der Klostergebäude gewinnen.

LE LESLAY   171 □ B2

Cineasten werden das **Château de Beaumanoir**, den prächtigen Park und den romantischen Schloßteich sogleich wiedererkennen. Tummelte sich hier doch 1979 die schöne Nastassja Kinski, die Roman Polanski als Hauptdarstellerin für seinen in Le Leslay gedrehten Film "Tess" ausgewählt hatte. Auch der Regisseur Régis Wargnier wählte das im 14. Jahrhundert errichtete und im 19. Jahrhundert im viktorianischen Stil umgebaute Schloß als Kulisse für seinen Kino-Streifen "Je suis le Seigneur du Château" (1987). Und natürlich ließen sich auch Literaten von dem Anwesen, in dem heute eine kostbare Privatsammlung zeitgenössischer Kunst zu besichtigen ist, inspirieren und verewigten das Schloß in ihren Werken, z. B. Henri Alain-Fournier in seinem Opus "Der große Meaulnes".

LE QUIOU   172 □ A3

Mit einer erdgeschichtlichen Besonderheit kann dieser kleine Ort aufwarten. Wurde er doch auf besonders kalkhaltigem Boden gegründet, in dem Ablagerungen von Muscheln, Korallen und anderen Meerestieren, die nach dem Rückfluß des **Mer des Faluns**, das die Bretagne vor 15 Millionen Jahren vom Festland getrennt hatte, auf einer Fläche von über 600 Hektar zurückgeblieben waren. Hauptsehenswürdigkeit ist heute das **Château du Hac**, ein Paradebeispiel mittelalterlicher gotischer Baukunst. Der Legende nach soll in unterirdischen Geheimgängen sogar noch ein Goldschatz versteckt sein.

LE VIEUX-MARCHE   171 □ A2

Viele Jahre hatte man die sieben Holzstatuen, die in der Krypta unter der im

18. Jahrhundert errichteten **Chapelle des Sept Saints** gefunden wurden, für Abbilder bretonischer Bischöfe gehalten. Doch inzwischen ist man sicher, daß es eine direkte Verbindung zwischen den sieben in Ephesus verehrten frühchristlichen Märtyrern, die von Kaiser Decius lebendig eingemauert wurden, und den Sieben Heiligen von Le Vieux-Marché gibt.

MAEL-PESTIVIEN   171 □ A2

Heidnische Bräuche scheinen sich in diesem Ort besonders lange behauptet zu haben. Noch im Jahr 1920, so wird berichtet, sei der Glaube an Hexen, Kobolde oder böse Feen in der Bevölkerung weit verbreitet gewesen. Und der Pfarrer habe eine Messe lesen müssen, um magischen Praktiken wie der folgenden zu begegnen: Am 1. Mai habe man sich bei Sonnenaufgang, nur im Hemd bekleidet, auf dem Acker seines Feindes eingefunden und dadurch die Befähigung erworben, diesem aus der Ferne Milch zu stehlen. Der Glaube soll ja angeblich Berge versetzen, in Mael-Pestivien konnte er offenbar Milchnäpfe bewegen. Klar, daß bei solch wenig christlichem Gebaren auch ein keltisches Heiligtum nicht weit sein kann, es liegt genau einen Kilometer südlich vom Ort entfernt, **Chaire des Druides**.

MONCONTOUR   171 □ C3

Am schönsten wirkt das von einer alten Befestigungsanlage umgebene Städtchen Jahr für Jahr bei der Feier des Fête Mediévale, wenn Troubadoure durch die engen Gassen ziehen und ein mittelalterlicher Markt abgehalten wird. Vom Schloß sind nur noch die Reste zu besichtigen, die die Schergen Richelieus 1626 übrig gelassen haben. Im **Maison de la Chouannerie** (Place de la Carrière) wird der konservativen Gegenbewegung gegen die Französische Revolution gedacht. Sehenswert auch die **Eglise St-Mathurin**.

MUR-DE-BRETAGNE   171 □ B3

Das Interessanteste an dieser kleinen Stadt im Landesinnern sind ein exzellentes Restaurant (siehe ESSEN & TRINKEN) sowie der nahe **Lac de Guerlédan**, ein aus dem Wasser des Blavet aufgestauter See, der zu den schönsten Natursehenswürdigkeiten des bretonischen Landesinnern zählt. Das gut erhaltene neolithische Langgrab

von **Coet Correc** nicht zu vergessen (über die N 164 zu erreichen).

PAIMPOL   171 □ B1

Zwar bestimmt nach wie vor der Hafen das Bild dieses kleinen Städtchens. Aber die Zeit der Hochseefischerei ist längst vorbei. Eine Vorstellung von den damit verbundenen Gefahren kann sich der Besucher Paimpols durch die Lektüre von Pierre Lotis Welt-Bestseller "Die Islandfischer"

(1886) machen, in dem der Literat (1850-1923) auch der bretonischen Stadt ein literarisches Denkmal gesetzt hat. Loti wohnte übrigens mitten in der malerischen Altstadt an der **Place du Martray**, in jenem alten Haus, in dem sich heute eine Parfümerie befindet. Inspiriert vom Roman Lotis verfaßte der Komponist Théodore Botrel sein berühmtes Chanson "La Pampolaise" (1895). Die Islandfischer sind auch Hauptsujet im **Musée de la Mer** (Rue Labenne). Sehenswert außerdem noch die Exponate im **Musée du Costume** (Rue R. Pellier), in dem prächtige alte bretonische Trachten zu besichtigen sind.

PENVENAN   171 □ A1

Der Ort selbst ist völlig belanglos. Doch wird er vor der Küste gleichsam eingerahmt von einer Fülle von Inseln und Inselchen, die einige bedeutende Männer ob ihrer rauhen Schönheit in ihr Herz ge-

schlossen hatten. Alexis Carrel, der Nobelpreisträger Medizin des Jahres 1912, kaufte die Insel **St-Gildas**. Charles Lindbergh entschied sich 1938 für den Erwerb der Insel **Illiec**. Shakespeare hatte in seinem Opus "Richard II." von **Port-Blanc** erzählt, heute ein ruhiger Badeort, in dem die **Chapelle** aus dem 15. Jahrhundert sehenswert ist.

Ein altes Fischerhaus an der Küste bei Plougrescant

PERROS-GUIREC   171 □ A1

Zwar nicht ganz Dinard oder La Baule, aber immerhin doch mit jenem mondänen Touch ausgestattet, der ein Seebad für eine gewisse Klientel nun einmal ausmacht, das ist Perros-Guirec, das natürlich auch von einem Engländer für den Tourismus entdeckt wurde. Im Sommer proppenvoll, da kann die Einwohnerzahl von 7500 locker auf über 100 000 ansteigen. Aber die Strände sind ja auch wirklich sehr schön, der Segelhafen très chic und die Aussicht von der **Pointe du Château** (einer Landzunge im Nordosten) äußerst beeindruckend. Und kulturell wird auch einiges geboten, nicht nur im Casino, sondern eben auch durch Sehenswürdigkeiten wie der **Eglise St-Jacques**. Vom Plage de Trestrarou führt zudem eine Rundfahrt zur Inselgruppe **Sept-Iles**, einem bekannten Vogelschutzgebiet, in dem u. a. eine große Baßtölpel-Kolonie zu sehen ist.

PLEDELIAC   171 □ D2

Ritterspiele der besonderen Art werden im **Château La Hunaudaye** (14. Jahrhundert) geboten. Denn der Besucher wird von jungen Leuten empfangen, die Kostüme jener Zeit tragen und die Gäste während der Besichtigung begleiten. Mitten auf der Wegstrecke zwischen dem Schloß und dem Örtchen Plédéliac lohnt die **Ferme d'Antan** noch einen kurzen Halt, ein Bauernhaus, das Anfang des 20. Jahrhunderts errichtet wurde und heute, als Museum genutzt, einen Einblick in das damalige Leben der einfachen Landbevölkerung gibt.

PLELO   171 □ B2

Die Landschaft um diesen bereits 1225 gegründeten Ort hält eine Vielzahl von alten Mühlen, Gutshäusern und Schlössern bereit. Wobei in dem Château von La Villeneuve, östlich von Plélo gelegen, die Erinnerung an Anne-Louise von Réal, Tochter von Louis XV., bewahrt wird.

PLESTIN-LES-GREVES   170 □ D1

Yves Tanguy lebte von 1907 bis 1911 in diesem kleinen Ort, der sich traditionsgemäß der Verehrung des Heiligen Efflam widmet (Quelle, Kirche aus dem 16. Jahrhundert), und kehrte nach 1923 häufig in Begleitung bekannter Zeitgenossen wie Andreé Masson dorthin zurück. Viele seiner surrealistischen Landschaftsbilder sind fraglos von dieser bretonischen Region inspiriert.

PLEUDIHEN-SUR-RANCE   172 □ B2

Bekanntlich ist der Cidre das bretonische National-Getränk. Was lag also näher, als dem erfrischenden Apfelwein ein Denkmal zu setzen in Gestalt eines **Musée de la Pomme et du Cidre**. Man erfährt in dem alten Bauernhaus alles über die verschiedenen Apfelsorten und die Herstellung des Cidre. Klar, daß anschließend vor Ort zur Degustation gebeten wird, nicht ganz ohne Hintersinn, denn der private Inhaber des Museums möchte gerne auch die eine oder andere Flasche des in dieser Gegend wirklich exzellenten Cidre, Apfelsafts oder auch Calvados' verkaufen.

Das Städtchen Ploumanac'h,
bekannt vor allem
wegen seiner Natur-Skulpturen

PLEUMEUR-BODOU   170 □ D1

Achtung, Hinkelsteine und Wildschweinbraten! Im **Village de Meem le Gaulois**, einem rekonstruierten gallischen Dorf, würden sich fraglos auch Asterix und Obelix heimisch fühlen. Befremdet wären sie allerdings von den beiden technischen Wundern, die die eigentlichen Sehenswürdigkeiten des Ortes ausmachen. **Das Planetarium** lädt ein zu einer "Reise in das Sonnensystem", und im **Musée des Telecommunications** wird ein Überblick über 150 Jahre internationale Telekommunikations-Technik vermittelt, wobei das ultramoderne Äußere mindestens so interessant ist wie die eigentlichen Ausstellungsstücke.

PLOUBAZLANEC   171 □ B1

Wie gefährlich einst die Fischerei vor Island und Neufundland war, wird jedem Besucher dieses Dorfes überdeutlich gemacht. Ist doch auf dem Friedhof die **Mur des Disparus** (Mauer der Verschollenen) zu besichtigen, auf der mit Plaketten all jener - ca. 100 - Schiffe gedacht wird, die zwischen 1853 und 1935 Schiffbruch erlitten und dabei mehr als 2000 Seeleuten das Leben kosteten.

PLOUBEZRE   171 □ A1

Er sieht schon ziemlich seltsam aus, der örtliche Kalvarienberg (**Calvaire des Cinq Croix**). Was natürlich auch den Einheimischen aufgefallen war, die daher zur Erhöhung des Monuments die Mär erfunden hatten, daß die fünf Kreuze an den Sieg von fünf Bürgern des Ortes über die Engländer im 14. Jahrhundert erinnerten. Tatsächlich wurden die verstreuten Kruzifixe des Spätmittelalters Anfang des Jahrhunderts von einem Pfarrer zusammengefügt, um sie dadurch besser vor einer Zerstörung bewahren zu können. Das örtliche Schloß, **Château de Coatfrec**, darf aus Bau-fälligkeitsgründen nicht betreten werden, wohl aber die **Eglise** oder die **Chapelle Notre-Dame de Kerfons.**

PLOUGRESCANT   171 □ A1

Welcher Bretagne-Urlauber kennt es nicht, das beliebte Postkarten- und Kalender-Motiv des zwischen Felsen errichteten Hauses, gleichsam das Image-Symbol des gesamten Departementes Côtes d'Armor. Es liegt ganz in der Nähe von Plougrescant, dem kleinen Ort, der im übrigen durch die Fresken-Malerei aus dem 15. Jahrhundert in der **Chapelle de St-Gonery** bekannt ist.

PLOUMANAC'H   171 □ A1

Was haben Napoeleons Hut, ein Korkenzieher und eine Hexe gemeinsam? Antwort: Sie bestehen allesamt aus Granit

kum spielte das Dorf eine ganz zentrale Rolle durch die Herstellung von Äxten aus Dolerit-Stein. Es gab auf einer Fläche von einem Quadratkilometer regelrechte Ateliers, die offenbar solche Qualitätsprodukte herstellten, daß diese sogar in England oder Italien Abnehmer fanden. Sehenswert ist auch die **Chapelle de Seledin-en-Plussulien** mit angeschlossenem Kalvarienberg und schöner Pieta aus dem 17. Jahrhundert.

POMMERIT-LE-VICOMTE   171 □ B2

Sie steht schon mehr als 1000 Jahre auf dem Friedhof, die alte Eibe, die in dieser Region so etwas wie die Ewigkeit und die

QUINTIN   171 □ B2

Quintin ist eine der typischen bretonischen Städte, die sich ihren Wohlstand mit dem Handel von feinem Tuch im 17. und 18. Jahrhundert erworben haben und noch heute in ihrem architektonischen Gesamtbild von dieser prosperierenden Epoche profitieren, z. B. im Viertel um den **Place 1830** mit zahlreichen alten Häusern und dem benachbarten **Château**. Die Basilika **Notre-Dame** nicht zu vergessen, in der ein Teil vom Gürtel der Jungfrau Maria aufbewahrt wird.

Die Côte de Granit rose
beim Städtchen Ploumanac'h

und sind so getaufte, natürliche Skulpturen entlang der Küste des Badeortes. Die Steine sind bis zu 25 Meter hoch und können am besten bei einer Wanderung entlang des **Sentier des Douaniers** besichtigt werden.

PLUSSULIEN   171 □ B3

Was sich heute kaum noch ein Besucher des Ortes so recht vorstellen kann, wurde durch Ausgrabungen bestätigt. Im Neolithi-

Wiederauferstehung symbolisiert. Wegen der Giftigkeit ihrer Blätter hatte der Bischof von Rennes im 17. Jahrhundert deren Entfernung von den Cimetieren angeordnet, doch das bretonische Parlament hatte sich dagegen verwahrt, da das Holz der Eibe beim Bau der Kanonen Verwendung fand. Neben dem alten Baum sind auch die benachbarte **Chapelle du Paradis** (1398-1405 erbaut) und der Kalvarienberg, einer der schönsten des Departements, mehr als sehenswert.

ROSTRENEN   171 □ A3

Rostrenen ist vor allem wegen seines großen Marktes bekannt, der an jedem Dienstag abgehalten wird, wenn in allen Hauptstraßen die Stände aufgebaut sind und auch Tiere wie ihren Besitzer wechseln. Rostrenen ist auch die Geburtsstadt eines der bekanntesten bretonischen Maler, Olivier Perrin (1761-1832), dessen Auferstehung der Jungfrau Maria in der **Collégiale Notre-Dame-du-Roncier** zu bewundern ist.

ST-BRIEUC   171 □ B2

Reine Nervensache, wenn man an einem Markttag (Samstag) versucht, mit dem Auto in die Innenstadt zu fahren und gleich neben den Ständen hinter der wehrhaften **Cathédrale St-Etienne** (13./14. Jahrhundert) einen Parkplatz zu finden. Ob sich der Aufwand überhaupt lohnt, ist letztendlich sicherlich Ansichtssache. Die moderne Fußgängerzone des Verwaltungs- und Handelszentrums des Departements Côtes d'Armor kann man gelinde vergessen, sie sieht kaum anders aus als die in Dortmund oder Köln. Bleibt also nur die Altstadt mit einigen schönen Häusern (z. B. **Rue de Gouet**), in denen es von erlesenen Antiquitäten bis zu feinstem Fromage so ziemlich alles gibt, sowie das **Musée** (Cour Francis-Renaud/Rue des Lyc.-Martyrs), in dem die Geschichte des Departements im 19. Jahrhundert dargestellt wird.

ST-GILLES-PLIGEAUX   171 □ B2

Von Quintin auf der D 28 Richtung St-Gilles-Pligeaux fahrend, stößt man auf eine ganze Reihe von **Pierres Levées**, Menhiren, die durch das Aufpflanzen von Kreu-zen in früherer Zeit christianisiert wurden. Schöne Zeugnisse kirchlicher Baukunst sind die **Chapelle Notre-Dame-de-la-Clarté** (1785 erbaut), die **Chapelle St-Laurent** sowie ganz besonders die **Eglise St-Gilles**.

TONQUEDEC   171 □ A1

Richelieu hatte wieder einmal die Finger im Spiel und ließ die einstmals mächtige Burg über dem Tal des Léguer im Jahr 1622 schleifen. Doch auch die Ruinen der im 15. Jahrhundert errichteten Anlage wirken noch überaus imposant, und Romantiker werden hier oben auf dem Felsvorsprung allemal auf ihre Kosten kommen.

TREBEURDEN   170 □ D1

Die Camargue läßt grüßen, wird jeder Tourist sogleich denken, der das **Marais du Quellen**, eine Moorlandschaft bei Trébeurden, durchquert. Und richtig, die hier grasenden Pferde stammen tatsächlich aus dem sumpfigen Gebiet an der Rhonemündung. Natur pur ist hier also angesagt, die man auch bei einer Endeckungstour auf den nahen Inseln **Ile Milliau** (samt Megalith-Langgrab) und **Ile Molène** sowie

Trébeurden, ein kleiner Ferienort mit schönen Stränden an der Castel-Landzunge

beim Wandern in einem Wald mit interessantem Pflanzenbestand, dem **Bois de lan ar Warenn**, schätzen lernen wird.

TREGASTEL   170 □ D1

Künstler der Neuzeit und der Vergangenheit haben in Trégastel gleichermaßen ihre Spuren hinterlassen. Wobei sich die Statue des Himmlischen Vaters (aus dem Jahr 1869) über den Höhlen des sogenannten Schildkrötenfelsen - samt **Aquarium Marin** (Meeresaquarium) - in ihrer kolossalen Naivität nur schwerlich im direkten Vergleich mit zeitlos-schönen Skulpturen wie zwei Menhiren oder einer gallischen Grabstelle behaupten kann. Traumhaft auch hier wieder die Granitfelsformationen, die sich im **Vallée des Traouiero** sowie an den beiden Stränden **Grève blanche** und **Plage du Coz-Porz** aneinanderreihen, mal scheinbar den Kopf eines Königs (hier natürlich Gradlon) darstellend, mal Gegenständen wie einem riesigen Korkenzieher ähnelnd. Vor der Küste auf der **Ilot de Costaéres** erhebt sich ein aus Granit erbautes Schloß, auf dem Henryk Sienkiewicz seinen Welt-Bestseller "Quo Vadis" fertigstellte, der ihm im Jahr 1905 den begehrten Literatur-Nobelpreis einbringen sollte.

TREGUIER   171 □ A1

Ernest Renan - mit diesem Menschen und vor allem seinen kritischen Ansichten bezüglich des Christentums konnten sich seine Mitbürger in Tréguier nicht anfreunden. Wie andernorts zählt der Prophet halt im eigenen Land sehr wenig. Und nach dem Skandal, den damals das Opus "La Vie de Jesus" des berühmten Religionswissenschaftlers (1823-1893) hervorgerufen hatte, hätte sich wohl kein Bürger der Stadt vorstellen können, daß jemals eine Straße, ein Denkmal oder gar ein Museum an Renan erinnern könnte. Heute wird der berühmte Sohn mit dem in seinem Geburtshaus eingerichteten **Musée Renan** (20, Rue de Renan) geehrt, unweit der prächtigen gotischen **Cathédrale St-Tugdual**, deren imposanter Kreuzgang längst fertiggestellt war, als Tréguier zu einem der frühen Zentren des Druckhandwerks aufstieg und hier bereits im Jahr 1499 das erste bretonisch-lateinisch-französische Wörterbuch herausgegeben wurde. Interessant ist auch der in der Sakristei der Kathedrale ausgestellte Kirchenschatz, ganz besonders ein kostbarer Reliquienschrein, in dem der Schädel des heiligen Yves aufbewahrt wird. Beim Schlendern durch die Straßen wird man zudem Wehrbauten bewundern können.

Behaglich, rustikal mit mittelalterlichem Touch: Das Ambiente im Restaurant "La Mère Pourcel"

JAKOBSMUSCHELN, MADELEINES UND WHISKY

Erquy ist der Haupthafen für den Fang der königlichen Jakobsmuschel. Von daher ist es auch kein Wunder, daß sich diese Delikatesse auf den Märkten entlang der Küste und natürlich auch auf den Speisenkarten der Spitzenrestaurants in vielfältiger Zahl wiederfindet, z. B. nur kurz angebraten in der berühmten Beurre de Lamballe, einer köstlichen Butter, die sich allerdings in den anderen bretonischen Departements ebenbürtiger Konkurrenz zu erwehren hat. Neben den Coquilles St-Jacques liefert das Meer selbstverständlich auch an den Côtes d'Armor all jene Gourmandisen von Hummer bis Rochen oder Seespinne, mit denen sich der Feinschmecker im ganzen Land verwöhnen lassen kann. Interessant wird es bei den Getränken, denn neben dem Cidre kann der Reisende einen bretonischen Whisky kennenlernen, der in Lannion von der Destillerie Warenghem seit mehr als 100 Jahren hergestellt wird. Die Bretagne ist aber auch berühmt für ihre Patisserie. Und da kann das Departement Côtes d'Armor mit einigen Spezialitäten aufwarten, z. B. den Makronen aus St-Brieuc oder den Madeleines (Muschel-Küchlein aus Butter-Eier-Teig). Aber selbstverständlich sind auch die bretonischen Patisserie-Klassiker allerorten anzutreffen wie Crêpes (aus Weizenmehl), Galettes (aus Buchweizenmehl; die Unterscheidung zwischen Crêpes und Galettes wird aber nicht immer eingehalten, es kommt schon mal vor, daß Galettes aus Weizen- und Crêpes auch aus Buchweizenmehl gebakken werden) oder Kouign aman (Butterkuchen); den Geheimtip für alle süßen Leckermäuler nicht zu vergessen, den Far Breton, der in einer Auflaufform gebacken wird (Hauptzutaten: Buchweizenmehl und Backpflaumen) und dem ein gehöriger Schuß Pfeffer einen ungewöhnlichen Pfiff verleihen kann.

Das Spitzenrestaurant in Dinan: "La Caravelle" der Familie Marmion

DINAN   172 □ A2

AVAUGOUR ✕✕
1, Place du Champ
Tel. 96 39 07 49

Im Sommer kann der im eleganten Restaurant sitzende Gast einen traumhaften Blick auf den gepflegten Garten genießen (siehe RASTEN & RUHEN). Bestens betreut vom Service-Team unter Leitung von Madame Quinton wird ihm aber auch die gute Küche des Patrons gefallen, für die Speisen wie die folgenden zitiert sein sollen: Filet vom Glattbutt an Sellerie-Creme, Lamm-Carré gebraten mit Thymian an eigener Sauce oder Bonbons von zweierlei Schokoladen an Minzsauce. ①②③

LA CARAVELLE ✕✕
14, Place Duclos
Tel. 96 39 00 11

Fraglos die beste Küche der Stadt, fast schon mit drei Kochlöffeln einzustufen, bieten Christiane und Jean-Claude Marmion in ihrem eleganten Restaurant. Die Tische sind ungewöhnlich farbenfroh eingedeckt, die wandschmückenden Bilder stammen von bretonischen Malern des Jahrhundertanfangs, die dunklen Deckenbalken fügen ein rustikales Element hinzu. Wir waren sehr angetan von Offerten wie: Terrine von der Entenstopfleber, Cassolette vom Hummer oder Schokola-den-Soufflé. Schön, daß man sein Haupt gleich vor Ort in einem der elf Zimmer betten kann. ①②③

LA MERE POURCEL ✕✕
3, Place des Merciers
Tel. 96 39 03 80

Schon allein das historische Fachwerkhaus aus der zweiten Hälfte des 15. Jahrhunderts würde den Weg zu dieser Traditionsadresse in der Innenstadt rechtfertigen. Dem Äußeren entsprechend wurde das Interieur rustikal mit mittelalterlichem Touch gestaltet. Wer hier einkehrt, kann sich auf Speisen wie Jakobsmuscheln mit Spargelspitzen und Steinpilzen oder Milchlammrücken in der Salzkruste freuen. ①②

Elegantes Ambiente samt feiner Tafelkultur im "Avaugour"

LE JACOBIN ✕
11, Rue Haute-Voie
Tel. 96 39 25 66

In der Altstadt liegt dieses kleine Restaurant mit seinem behaglich-rustikalen Ambiente, das geprägt wird von dekorativen Steinwänden und einem hübschen Kamin. Betreut von einem freundlichen Service ließen wir uns hier munden: Salat mit Roquefort und geräuchertem Schinken, Ragout von Jakobsmuscheln mit Vermouth oder Rinderfilet mit Morcheln. Weinkarte mit ca. 70 Positionen. ①②

LE RELAIS DES CORSAIRES ✕
3, Rue du quai
Tel. 96 39 40 17

Man könnte sich durchaus vorstellen, daß sich auch Korsaren in diesem alten, wunderschön restaurierten Fachwerkhaus bestens aufgehoben gefühlt hätten. Deutsche Gäste werden sich bei der Begrüßung ob vertrauter Laute freuen, denn Patron Jacques Pauwels ist mit einer deutschen Frau verheiratet. Das Restaurant gefällt mit

seinem mächtigen Kamin, seinen dunklen Holzbalken, dem Bruchsteinmauerwerk und fein eingedeckten Tischen, auf die Speisen wie Salat von der Rotbarbe mit Balsamessig-Dressing oder Jakobsmuscheln in Flußkrebs-Butter aufgetragen werden können. ①②

LES GRANDS FOSSES ✕✕
2, Place du Général Leclerc
Tel. 96 39 21 50

Welch ein Auftakt, wenn der Gast im Sommer seinen Aperitif im gepflegten Garten dieses schönen Hauses vom Beginn unseres Jahrhunderts einnehmen kann. Danach wird er vom freundlichen Service in das Restaurant geleitet, das sich elegant mit klassizistischem Dekor zeigt. Interessant das Studium der mit ca. 50 Gewächsen bestückten Weinkarte, tadellos die Küche von Alain Colas, der Steinbutt in bretonischer Algensauce zu seinen Spezialitäten zählt. ①②

ERQUY   171 ☐ C2

LE BRIGANTIN ✕
Square de L'Hôtel de Ville
Tel. 96 72 32 14

Erquy ist bekannt als Hauptfanghafen für die leckere Jakobsmuschel. Kein Wunder also, daß die Coquille in verschiedenen Zubereitungen einer der kulinarischen Geheimtips in diesem Restaurant (samt angeschlossenem Hotel, siehe RASTEN & RUHEN) mit seinem Bruchsteinmauerwerk, dekorativem Balkenwerk oder mächtigem Kamin ist. Aber man kann sich natürlich

auch entscheiden für Gratinierte Austern oder Gratin von Langustinen. ①②

L'ESCURIAL ✕✕
Boulevard de la mer
Tel. 96 72 31 56

Einen solch prächtigen Rahmen, wie ihn Véronique und Christian Bernard ihren Gästen in dem kleinen Restaurant bieten, würde wohl niemand erwarten. Traumhaft der Blick auf die Bucht von Erquy, bequem die hochlehnigen Stühle, vom Feinsten die Tischeindeckung. Monsieur kümmert sich aufmerksam um den Service, Madame zeichnet derweil am Herd für Speisen wie Steinbutt gebraten mit Sesamkörnern oder Täubchen in Trüffeljus verantwortlich. Tolle Weinkarte mit ca. 220 Positionen. ①②

FREHEL   172 ☐ A1

DUCHESSE ANNE ✕
Sables d'Or les Pins, Boulevard de la mer
Tel. 96 41 49 05

Eine einfache, schmackhafte Regionalküche, das ist es, was die Klientel dieses am Ufer des Meeres gelegenen Restaurants mit seinem behaglichen, bretonischen Mobiliar so schätzt. Lecker zum Beispiel der Rochenflügel mit Kapern oder die Seezunge "Müllerin". ①②

LE VICTORINE ✕
Place de la Mairie
Tel. 96 41 55 55

Am schönsten diniert man in diesem kleinen Restaurant in den Sommermonaten, genauer gesagt auf der gepflegten Terrasse sitzend. Nach einem zum Aperitif gereichten kleinen Appetizer kann man sich bei Thierry Blandin entscheiden für Gerichte wie Frivolité vom bretonischen Hummer oder Früchte der Saison in Champagner-Sabayon. Die gute Weinkarte listet ca. 160 Kreszenzen. ①②

VOILE D'OR ✕✕
Sables d'Or les Pins, Avenue des Accacias
96 41 42 49

Imposante Kristallüster tauchen dieses elegante Restaurant (samt angeschlossenem Hotel, siehe RASTEN & RUHEN) in ein dezentes Licht. Steinfußboden, Stühle im Stil Louis XV. und ein freier Blick auf die blaue Lagune komplettieren das angenehme Ambiente. Dazu eine Regionale Küche, bei der Patron Théodore Orio sein großes Können zeigt, z. B. bei Offerten wie Taschenkrebs mit Sauce mayonnaise,

Hummer à la nage oder Lotte gebraten mit Koriander und Zwiebelconfiture. ①②

LANNION   171 □ A1

LA VILLE BLANCHE ✗✗
La Ville Blanche, Route de Tréguier
Tel. 96 37 04 28
Unglaublich, aber wahr, ist es Jean-Yves und Daniel Jaguin doch gelungen, eine ehemalige Routier-Gaststätte in ein elegantes, in den Farben Blau und Beige erstrahlendes Gourmet-Restaurant zu verwandeln. Wer hier kulinarisch Station macht, kann sich daher freuen auf Gaumenschmeichler wie: Terrine vom Kaninchen mit Gartenkräutern, Scholle in Cidre mit Artischocken oder Ochsenschwanz in kräftiger Rotweinsauce. ①②

LE SERPOLET   ✗✗
1, Rue Félix Le Dantec
Tel. 96 46 50 23
Es liegt etwas versteckt in einer kleinen Gasse, dieses von Yann Le Balc'h geführte Restaurant mit seinem behaglichen, von Bruchstein, einem großen Kamin und erlesener Tafelkultur bestimmten Interieur. Die Küche variiert zwischen nouvelle und regional und kann mit Offerten wie diesen aufwarten: Entenbrust an Gänseleber-Jus, Steinbutt in Vouvray-Wein geschmort oder Warme Apfeltarte mit Apfeleis. Weinkarte mit ca. 50 Positionen. ①②

LOUDEAC   171 □ B3

LE BOLERO/D'ARMOR   ✗✗
La Prenessaye, Route de Loudéac
Tel. 96 25 90 87   Fax 96 25 76 72
Es liegt idyllisch im Grünen, dieses schöne, von Madeleine und Daniel Fraboulet geführte Haus mit seinen zehn komfortabel eingerichteten, sich zu einer Parkanlage öffnenden Zimmern und seinem eleganten Restaurant, in dem Speisen wie Geräucherter Lachs mit Toast und Salat oder Langustinen in Mayonnaise auf die fein eingedeckten Tische aufgetragen werden. ①②

LES VOYAGEURS   ✗✗
10, Rue de Cadélac
Tel. 96 28 00 47   Fax 96 28 22 30
Ein kleines Hotel mit 25 modern-zeitgemäß eingerichteten Zimmern sowie ein traditionell ausgestattetes Restaurant mit einer guten Klassischen Küche, das erwartet den Gast bei Eric Gautier. Probieren sollte man hier auf jeden Fall die Langustinen in

Estragonsauce, den Hummer in Cognac gegart oder den Lammrücken mit Kräutern gebraten. Auf der Weinkarte werden 100 Gewächse angeboten. ①②

MUR-DE-BRETAGNE   171 □ B3

AUBERGE GRAND'MAISON   ✗✗✗
1, Rue Léon Le Cerf
Tel. 96 28 51 10
Es ist der einzige Lichtblick in einem ansonsten wenig sehenswerten Städtchen im Landesinnern. Obwohl die Hauptverkehrsstraße am Zentrum vorbeigeführt wird, ist man doch recht froh, einen Zebrastreifen direkt vor der Eingangstüre der "Auberge" (siehe RASTEN & RUHEN) vorzufinden. Das Ambiente ist elegant-rustikal gehalten

Top-Service und Spitzenküche im Restaurant des "Relais Brenner"

mit orange-brauner Wandverkleidung bzw. Bruchsteinmauerwerk, dunklen Deckenbalken, rotem Teppichboden und üppigstem Blumenschmuck. Seltsam, daß wir mittags bei nur spärlich besetztem Restaurant den schlechtesten Tisch direkt am Eingang zugewiesen bekamen, obwohl wir rechtzeitig reserviert hatten. Den Service erlebten wir recht schwach, jede Menge junge Burschen standen gelangweilt herum, die Dame des Hauses fand das wohl normal, tat jedenfalls nichts, um für Abhilfe zu sorgen. Doch schon der Blick in die erstklassige Weinkarte ließ den Service-Faux Pas vergessen, toll z. B. ein 89er

Condrieu von Guigal zu rund 100,- DM. Und die Küche des Hausherrn Jacques Guillio war dann allererste Sahne, sehr gute drei Kochlöffel wert, mit einer Hummerkomposition (Homard en cinq accords), die fast schon in die Kategorie Weltklasse einzureihen war. Weiter verkosteten wir z. B.: Frische Gänsestopfleber, Gratin von Langustinenschwänzen, Täubchen mit Gänselebersauce oder Schokoladentarte mit Pralinensauce. ①②③

PAIMPOL   171 □ B1

RELAIS BRENNER/DES PINS ✗✗✗
Pont de Lézardrieux
Tel. 96 20 11 05
Traumhaft allein schon die Lage des Hauses inmitten einer großen Parkanlage samt Pinien und gepflegten Rasenflächen. Nobel der Eingangsbereich mit Moderner Kunst und exquisiten Antiquitäten (siehe RASTEN & RUHEN), elegant das Restaurant samt üppigstem Blumenschmuck und einem freien Blick auf das Meer. Diesem anspruchsvollen Rahmen gemäß, agiert der Service überaus freundlich und sachkundig zugleich. Und auch die Küche von Patron Gilbert Laurent überzeugte uns bei Speisen wie Steinbuttfilet in Champagnersauce, Tournedos mit Trüffeln oder Marquise au chocolat mit Kaffeesauce. Superbe Weinkarte. ①②③

VIEILLE TOUR ✕✕
Rue de l'église
Tel. 96 20 83 18

Beim Flanieren durch die ebenso pittoreske wie sehenswerte Altstadt wird man unweigerlich auf dieses in der Fußgängerzone gelegene Restaurant stoßen. Einladend schon das von dunklem Holz geprägte Äußere, nostalgisch das Interieur mit fein in strahlendem Weiß eingedeckten Tischen. Wir kehrten hier ein, um Speisen wie Hummer-Medaillons mit Salat von grünen Bohnen, Rinderfilet mit einer St-Emilion-Sauce oder Schokoladentarte mit Minzsauce zu probieren. ①②

PLANCOET   172 □ A2

JEAN-PIERRE CROUZIL ✕✕✕
Les Quais
Tel. 96 84 10 24

Jean-Pierre Crouzil und seine charmante Ehefrau Colette haben es über die Jahre trefflich verstanden, aus einem schlichten Hotel ein rundum elegantes Haus für Feinschmecker und anspruchsvolle Reisende

(siehe RASTEN & RUHEN mit dem Hotel "L'Ecrin") zu machen. Das Restaurant ist in zarte Pastellfarben getaucht, die wunderbar mit dem Mobiliar harmonieren. Die Tafelkultur ist nur vom Feinsten, der Service souverän und sachkundig zugleich, die Weinkarte eine Klasse für sich. Der Küchenstil des Patrons läßt sich nicht ganz leicht kategorisieren, denn Maître Crouzil spielt auf einer breit angelegten kulinarischen Klaviatur, mal mehr klassisch, mal mehr nouvelle, ein andermal mehr regional. Einen ersten Eindruck mögen Offerten wie diese vermitteln: Trilogie von Wild-Terrinen mit Feigenkompott, Jakobsmuscheln auf einer Sternanis-Bisque, Filet vom

Petersfisch im Ingwer-Dampf gegart an Tokayersauce oder Lammrücken mit Knoblauch und Rosmarin gebraten. ①②③

PLENEUF-VAL-ANDRE   171 □ C2

LA COTRIADE ✕✕✕
Val André, Port de Piégu
Tel. 96 72 20 26

Einst fanden sich hier die Fischer zu einer einfachen Mahlzeit zusammen. Doch daran wird wohl heute niemand mehr denken, der im Erdgeschoß des von Jean-Jacques Le Saout geführten Hauses an der Bar seinen Aperitif einnimmt, um anschließend die Treppe zum in der ersten Etage etablierten Restaurant hochzusteigen. Sicher, die Einrichtung ist recht schlicht, aber der Blick über die Bucht von St-Brieuc dafür um so schöner. Und wenn dann der Patron erst zum Kochlöffel greift, kann man sich kaum einen schöneren Platz im Departement vorstellen. "König der Jakobsmuschel" wird Monsieur Le Saout völlig zu Recht genannt, klar, daß der Feinschmecker diese Delikatesse unbedingt hier probieren muß. Aber nicht minder lecker mundeten uns die Warmen Austern in Vouvray-Sabayon oder das Gratin von Hummer und Seezunge mit Safran. ①②③

PLOUNERIN   170 □ D2

PATRICK JEFFROY ✕✕✕
Loguivy Plougras, 11, Rue du bon voyage
Tel. 96 38 61 80

Es war schon eine gehörige Portion Mut vonnöten, um sich in diesem kleinen Vorort mit einem Restaurant selbständig zu machen. Doch Patrick Jeffroy vertraute ganz einfach auf sein großes Können als Herdzauberer. Und die Gourmets aus nah und fern sind ihm in dieses alte, aus massiven Steinen erbaute Haus gefolgt. Jeffroy zählt fraglos zu den kreativsten Küchenchefs der Bretagne, bei ihm gehen beispielsweise Wurststückchen eine traumhafte Symbiose mit Rouget-Filets ein. Viel gepriesen werden aber auch seine Languste "royale" mit Artischocken oder seine Oeufs à la neige ("Schnee-Eier") mit Erdbeeren. ①②③

ST-BRIEUC   171 □ B2

LA VIEILLE TOUR ✕✕✕
Plérin-sous-la-Tour, 75, Rue de la Tour
Tel. 96 33 10 30

Beim Blick durch die Fenster sieht der Gast gleich den Turm, der dem eleganten Re-

staurant von Michel Héllio den Namen gegeben hat. Man sitzt sehr behaglich in dem kleinen Speiseraum, der in dezenten Pastellfarben gehalten ist. Die Wände sind mit geschmackvollen Bildern geschmückt, die Tische erlesen eingedeckt. Und schon beim ersten Gang, z. B. Fricassé von Langustinen mit jungem, getrüffeltem Lauch, weiß der Kenner, daß der Patron den Titel Maître Cuisinier de France völlig zu Recht trägt. Eine wahre Augen- und Gaumenfreude waren aber auch Speisen wie See-

zunge mit Spinat und Kümmel, Perlhuhn gefüllt mit Gänsestopfleber und Kalbsbries oder Lammrücken im eigenen Saft mit jungen Gemüsen. ①②③

ST-CAST-LE-GUILDO   172 □ A2

LE BINIOU ✕✕
Pen-Guen
Tel. 96 41 94 53

Ein modernes Haus mit gepflegter Sommerterrasse und drei Restaurant-Räumlichkeiten samt breiten Fensterfronten, das ist

das "Le Biniou" von Jean-Claude Menard, am Strand von Pen-Guen gelegen. Das Interieur wirkt behaglich dank üppigem Pflanzenschmuck, rustikalen Stühlen und hübsch in strahlendem Weiß eingedeckten Tischen, auf die Speisen wie Makrelenfilets in Muscadet, Filet vom Wolfsbarsch in Beurre blanc oder Entenbrust in Cidresauce aufgetragen werden. ①②

TOPHOTEL BRENNER UND EINFACHE HERBERGEN

Wer das Ausgefallene sucht, findet im Hotel Brenner ein adäquates Haus

Wenn die größte Stadt, St-Brieuc, mal gerade 47 000 Einwohner hat und es eigentlich keine rechte Touristen-Metropole mit einer Vielzahl nennenswerter Sehenswürdigkeiten gibt, dann muß dies auch Auswirkungen auf die Hotellerie haben. In den Dörfern und Städtchen sind daher einfache bis (gut-) mittelklassige Häuser zum preisgünstigen Wohnen bzw. Übernachten gefragt. Selbst an der Küste gibt es nur wenige Herbergen, die mehr als normalzeitgemäßen Komfort bieten, die z. B. über geschmackvoll eingerichtete Zimmer hinaus auch verschiedene Möglichkeiten zur sportlichen Betätigung wie Tennisplätze oder Schwimmbäder bieten. Daß mit dem "Relais Brenner" in Paimpol in diesem Departement ausgerechnet eines der exquisitesten Hotels der Bretagne beheimatet ist, ist eben nur als die berühmte Ausnahme von der Regel anzusehen.

BRELIDY   171 □ A1

CHATEAU DE BRELIDY ★ ★ ★
Bégard, ✉ **22140**
Tel. 96 95 69 38   Fax 96 95 18 03
Einstmals im 16. Jahrhundert als Herrenhaus erbaut, später als Bauernhof genutzt,
präsentiert sich die feudale Schloßanlage
heute als feines Hotel, idyllisch in einem
25 Hektar großen Park gelegen. 14 geschmackvoll eingerichtete Zimmer werden
bereitgehalten, die Hausgäste können
abends in einem prächtigen, mit Tapisserien geschmückten Saal tafeln. ①②③

CAUREL   171 □ B3

BEAU RIVAGE ★ ★
Au bord du lac, ✉ **22530**
Tel. 96 28 52 15   Fax 96 26 01 16
Ein kleines, modernes Hotel mit acht komfortabel eingerichteten Zimmern, direkt an
einem Flüßchen gelegen, das ist das
"Beau Rivage", das zudem über ein Restaurant mit empfehlenswerter Küche verfügt. ①②

DINAN   172 □ A2

D'AVAUGOUR ★ ★
1, Place du Champ, ✉ **22100**
Tel. 96 39 07 49   Fax 96 85 43 04
Neben ihrem Restaurant (siehe ESSEN &
TRINKEN) führt die Familie Quinton auch
noch ein hübsches Hotel mit 27 klassisch
eingerichteten Zimmern, das sich, obwohl
im Stadtzentrum gelegen, durch absolute
Ruhe auszeichnet und dessen Park zum
Sonnenbaden einlädt. ①②③

DE LA TOUR DE L'HORLOGE ★ ★
5, Rue de la Chaux, ✉ **22100**
Tel. 96 39 96 92   Fax 96 85 06 99
Das Hotel wurde mitten im Herzen von
Dinan in einem Haus aus dem 18. Jahr-
hundert eingerichtet. Zwölf modern einge-
richtete Zimmer stehen den Gästen zur
Verfügung. ①②

ERQUY   171 □ C2

LE BRIGANTIN ★ ★
Square de l'Hôtel de Ville, ✉ **22430**
Tel. 96 72 32 14   Fax 96 72 30 44
Nur 200 Meter sind es bis zum Strand von
diesem aus Sandstein errichteten Haus,
das neben einem Restaurant (siehe ESSEN
& TRINKEN) auch ein Hotel mit 21 komfor-
tabel eingerichteten und großzügig ge-

schnittenen Zimmern beherbergt. ①②

FREHEL   172 □ A1

AU BON ACCUEIL ★ ★
Sables d'Or les Pins
Avenue des acacias, ✉ **22240**
Tel. 96 41 42 19   Fax 96 41 57 59
100 Meter vom Strand entfernt steht dieses
hübsche, aus massivem Granit erbaute Hotel inmitten eines Pinien-Parks. Es bietet
38 komfortabel eingerichtete Zimmer, eine
gepflegte Terrasse sowie eine gemütliche
Bar. ①②

LA VOILE D'OR ★ ★
Sables d'Or les Pins
Avenue des acacias, ✉ **22240**
Tel. 96 41 42 49   Fax 96 41 55 45
Das blaue Meer vor der Haustür und die
Luft von Pinienduft erfüllt, das ist der äu-
ßere Rahmen für behagliches Wohnen in

Mit Panoramablick auf das Meer: "Grand Hotel de Trestrarou"

einem modernen Hotel, das neben 26 geschmackvoll in Pastellfarben eingerichteten
Zimmern, Terrasse und Solarium auch
über ein Restaurant mit guter Küche (siehe
ESSEN & TRINKEN) verfügt. ①②

LE MANOIR DE ST-MICHEL ★ ★
Sables d'Or les Pins
La Carquois, ✉ **22240**
Tel. 96 41 48 87   Fax 96 41 41 55
500 Meter außerhalb des Ortes gelegen,
von einem kleinen Park umgeben, dies
sind optimale Voraussetzungen für ein ruhiges Feriendomizil. Dabei handelt es sich

um ein ehemaliges Herrenhaus aus dem
16. Jahrhundert, in dem 20 komfortable
Zimmer eingerichtet wurden. ①②③

MANOIR DE LA SALLE ★ ★
Sables d'Or les Pins,
Rue du Lac, ✉ **22240**
Tel. 96 72 19 05   Fax 96 72 47 00
Wie der Landadel einst gewohnt hat, das
kann nachempfinden, wer eines der
19 Zimmer in diesem früheren Gutshaus
aus dem 16. Jahrhundert mietet. Von außen massives Bruchsteinmauerwerk, drinnen zeitgemäßer Komfort mit modernem
Mobiliar. ①②

DE DIANE ★ ★
Sables d'Or les Pins,
Rue des acacias, ✉ **22240**
Tel. 96 41 42 07   Fax 96 41 42 67
Umgeben von Pinien, empfängt dieses Hotel den Gast mit lichten, zarten Farbtönen,
wobei die Vorliebe für Rosé unübersehbar
ist. 28 modern eingerichtete Zimmer stehen zur Verfügung, im Restaurant wird
eine ansprechende klassisch-regionale Küche geboten. ①②

GUINCAMP   171 □ A2

D'ARMOR ★ ★
44, Boulevard de Clémenceau, ✉ **22200**
Tel. 96 43 76 16   Fax 96 43 89 62
Falls möglich, sollte man in diesem hüb-
schen Haus die zum Park hin gelegenen
Zimmer reservieren. Aber auch die übri-

gen wohnlichen Räumlichkeiten (insgesamt 23) sind komfortabel eingerichtet - sehr gutes Preis-Leistungs-Verhältnis. ①②③

LAMBALLE   171 □ C2

DOMAINE DU VAL ★★★
Planguenoual, Le Val, ✉ **22400**
Tel. 96 32 75 40   Fax 96 32 71 50
Ein hochherrschaftliches Anwesen findet der Reisende bei Monsieur Heré vor, bestehend aus einem Schlößchen und verschiedene Nebengebäuden aus dem 15. bzw. 19. Jahrhundert. Es wird umgeben von einem elf Hektar großen Park, der direkt zum 800 Meter entfernten Meer führt. Die Zimmer - 36 an der Zahl - sind exquisit eingerichtet (am schönsten die im Château selbst etablierten), für Sport und Fitness stehen Tennisplatz, Schwimmbad oder Squash-Halle zur Verfügung. Speisen kann man im eleganten Restaurant. ①②③

LA TOUR D'ARGENT ★★
2, Rue du Docteur Lavergne, ✉ **22400**
Tel. 96 31 01 37   Fax 96 31 37 59
Hinter historischer Fassade verbirgt sich in diesem Altstadt-Gebäude ein hübsches Hotel samt integriertem Restaurant mit empfehlenswerter Küche. In diesem Haupthaus wurden 14 modern eingerichtete Zimmer eingerichtet, die 50 Meter entfernte Dependance bietet 17 weitere wohnliche Räumlichkeiten. ①②

LES ALIZES ★★
La Ville-ès-Lan, ✉ **22400**
Tel. 96 31 16 36   Fax 96 31 23 89
Ein modernes Haus mit 32 geschmackvoll eingerichteten Zimmern, das ist das Hotel "Les Alizés". Gemütlich der Aufenthaltsraum mit offenem Kamin oder die gepflegte Terrasse, und auch ein Restaurant mit ansprechender Küche zählt zum Service-Angebot. ①②

LANCIEUX   171 □ D2

DES BAINS ★
20, Rue du Pocel, ✉ **22770**
Tel. 96 86 31 33   Fax 96 86 22 85
Es wurde jüngst komplett renoviert, dieses schöne Haus aus dem Jahr 1894. Die 14 Zimmer wurden dabei mit allem zeitgemäßen Komfort modern eingerichtet. Im Restaurant "La Mer" kann der Gast ansprechend speisen und sich danach vielleicht zum Entspannen in den gepflegten Garten zurückziehen. ①②③

LANNION   171 □ A1

CLIMAT DE FRANCE ★★
Route de Perros-Guirec, ✉ **22300**
Tel. 96 48 70 18   Fax 96 48 08 77
Es liegt ca. drei Kilometer außerhalb des Ortes, dieses neue, moderne Hotel mit seinen 47 geschmackvoll eingerichteten Zimmern. Auf jeder Etage gibt es eine Teeküche, wo sich der Gast kostenlos heisse Getränke zubereiten kann. Im Restaurant "La Soupière" wird eine klassisch-regionale Küche geboten. ①②

MUR-DE-BRETAGNE   171 □ B3

AUBERGE GRAND'MAISON ★★
1, Rue Léon Le Cerf, ✉ **22530**
Tel. 96 28 51 10   Fax 96 28 52 30
Als besonderer Service für seine Gäste, die vielleicht auch in dem Feinschmecker-Restaurant (siehe ESSEN & TRINKEN) diniert haben, hat Patron Jacques Guillo zwölf charmant mit geschmackvollem Mobiliar eingerichtete Zimmer etabliert. ①②③

PAIMPOL   171 □ B1

DE LA MARNE ★★
30, Rue de la Marne, ✉ **22500**
Tel. 96 20 82 16   Fax 96 20 92 07
Ein gepflegtes Haus, in landestypischem Bruchstein erbaut, das ist das Hotel "De la Marne", das zwölf klassisch-komfortabel

eingerichtete Zimmer bereithält. Zudem wird im Restaurant, das in zartes Bleu getaucht ist, eine empfehlenswerte Küche geboten mit regionalen und klassischen Spezialitäten à la carte. ①②

RELAIS BRENNER/HOTEL DES PINS ★★★★
Pont de Lézardieux, ✉ **22500**
Tel. 96 20 11 05   Fax 96 22 16 27
Fraglos das eleganteste und exquisiteste Hotel des gesamten Departementes, das ist das "Relais Brenner". Wer in der Bretagne auf hohem Standard wohnen und nächtigen möchte, für den führt eigentlich kein Weg an diesem in einer Parkanlage gelegenen Haus vorbei. Die Zimmer und Appartements bieten allen erdenklichen Komfort, z. B. Parkettfußboden oder erlesenes Mobiliar. Zum Shopping lädt eine Boutique ein, in der Bar kann man zwischendurch ein Gläschen zur Erfrischung trinken, man kann sich in die Bibliothek zurückziehen und entspannt in Meisterwerken der Literatur blättern. Und schließlich bietet das Restaurant feinste Gaumenfreuden (siehe ESSEN & TRINKEN). ①②③④

PERROS-GUIREC   171 □ A1

GRAND HOTEL DE TRESTRAROU ★★
Boulevard J. Le Bihan, ✉ **22700**
Tel. 96 23 24 05   Fax 96 91 16 36
Zentral zwischen dem Tennisplatz und dem örtlichen Casino liegt dieses Hotel, das 30 schöne Zimmer und ein Restaurant mit Panoramablick auf das Meer beherbergt. ①②

Das Manoir de Vaumadeuc in Pleven

MORGANE ★★
Plage de Trestraou, ✉ **22700**
Tel. 96 23 22 80   Fax 96 23 24 30
Einen Steinwurf vom Strand entfernt liegt dieses Hotel, das sich aus einem schön

restaurierten Altbau und einem modernen Anbau zusammensetzt. Die 30 Zimmer sind komfortabel eingerichtet, im Schwimmbad kann etwas für die sportliche Fitness getan werden. Auch ein Restaurant ist integriert. ①②

PLANCOET   172 □ A2

L'ECRIN ★ ★ ★
Les Quais, ✉ 22130
Tel. 96 84 10 24   Fax 96 84 01 93
Jean-Pierre Crouzil weiß, was er der anspruchsvollen Klientel seines Gourmet-Restaurants (siehe ESSEN & TRINKEN) schuldig ist. Und so hat er sein Angebot mit sieben exklusiv eingerichteten Zimmer-Appartements erweitert, die jeweils die Namen von Edelsteinen tragen, z. B. Aquamarin, Smaragd, Tigerauge. Wunderschönes Mobiliar, erlesene Stoffe rosafarbener Marmor in den Bädern. ①②③

PLEUMEUR-BODOU   170 □ D1

GOLF HOTEL DE ST-SAMSON ★ ★
Avenue Jacques Ferronière, ✉ 22560
Tel. 96 23 87 34   Fax 96 23 84 59
Inmitten eines 18 Loch-Golfplatzes liegt dieses moderne Hotel, das sich nicht nur bei Freunden des Weißen Sports großer Beliebtheit erfreut. Eine wahre Oase der Ruhe, die 54 komfortabel eingerichtete Zimmer zu bieten hat. ①②

PLEVEN   171 □ D2

MANOIR DE VAUMADEUC ★ ★ ★
Forêt de la Hunaudaye, ✉ 22130
Tel. 96 84 40 17   Fax 96 84 40 16
Das alte bretonische Herrenhaus aus dem 15. Jahrhundert, romantisch mit Kletterpflanzen bewachsen, liegt am Rande des Forêt de la Hunaudaye. Die zwölf Zimmer sind überaus geschmackvoll eingerichtet, sowohl im Haupthaus mit integriertem Restaurant als auch in den beiden Nebengebäuden. Beim Spaziergang durch den großen Park wird der Gast auf einen romantischen Teich stoßen. ①②③

PLOUBAZLANEC   171 □ B1

AU GRAND LARGE ★ ★
Loguivy-de-la-Mer, Le Port, ✉ 22620
Tel. 96 20 90 18
Sechs modern eingerichtete Zimmer hält dieses direkt am Hafen gelegene, kleine Hotel für den Reisenden bereit, der sich

Auch eine gute kulinarische Adresse: "Manoir de Lan-Kerellec"

zudem im Restaurant über eine empfehlenswerte Küche freuen kann. ①②

ST-BRIEUC   171 □ B2

CHAMPS DE MARS ★ ★
13, Rue Général Leclerc, ✉ 22000
Tel. 96 33 60 99   Fax 96 33 60 05
Mitten im Stadtzentrum trifft der Reisende auf dieses aus Granit erbaute Haus, das 21 modern eingerichtete Zimmer beherbergt. ①②

LE CHENE VERT ★ ★
Route de St-Laurent-de-la-Mer, ✉ 22000
Tel. 96 79 80 20   Fax 96 79 80 21
Den Namen trägt dieses Hotel völlig zurecht, liegt es doch behutsam eingebettet

in eine grüne Landschaft. Die 70 Zimmer sind mit allem zeitgemäßen Komfort eingerichtet. Squash-Spieler können sich auf zwei Plätzen fithalten, um danach vielleicht im angeschlossenen Restaurant zu speisen. ①②

ST-QUAY-PORTRIEUX   171 □ B1

KER MOOR ★ ★ ★
13, Rue Président Le Sénécal, ✉ 22410
Tel. 96 70 52 22   Fax 96 70 50 49
Wunderschön auf einem Hügel gelegen, ermöglicht das Schlößchen, mit etwas Understatement "La Villa de la mer" genannt, einen traumhaften Blick über den Ozean. Auch die fein eingerichteten 29 Zimmer öffnen sich mit ihren Balkonen zum Meer.

Im nostalgisch im Art Nouveau-Stil einge-richteten Restaurant kann der Gast zudem eine ansprechende regional-klassische Kü-che kennenlernen. ①②③

TREBEURDEN   170 ☐ D1

MANOIR DE LAN-KERELLEC ★★★
Pointe de Kerellec, Allée centrale,
✉ **22560**
Tel. 96 23 50 09 Fax 96 23 62 14
Das Hotel ist der Relais & Châteaux-Grup-pe angeschlossen, was schon einiges über den hohen, hier gebotenen Standard aus-sagt. Die Lage ist einzigartig, thront das ehemalige Herrenhaus doch gleichsam über den Klippen der Côte de Granit rose. Die 18 großzügig geschnittenen Zimmer sind mit allem Komfort eingerichtet und verfügen allesamt über Terrassen zum Meer hin. Freunde des Weißen Sports können auf dem Tennisplatz ihre Rackets schwingen. Im Restaurant, das einem Schiffsrumpf ähnlich sieht, wird eine inter-essante, handwerklich perfekte Küche ge-boten, die wir mit guten zwei Kochlöffeln auszeichnen konnten. ①②③④

TI AL-LANNEC ★★★
Allée de Mézo-Guen, ✉ **22560**
Tel. 96 23 57 26 Fax 96 23 62 14
Ein großer Park bildet den äußeren Rah-men für dieses prächtige, Anfang des 20. Jahrhunderts erbaute Haus. Die 29

Zimmer und Appartements bieten so ziem-lich alles, was zeitgemäßes Wohnen aus-macht. Wer etwas für seine Fitness tun möchte, kann sich für das Tennisspielen entscheiden. Besondere Annehmlichkeiten, wie Sauna, Solarium, Whirlpool und eine medizinische Bäderabteilung sind hier Standard. Schön, daß der Gast vor Ort im Restaurant auch speisen kann; die zwi-schen regional, nouvelle und klassisch variierende Küche ist gute zwei Kochlöffel wert; lobenswert auch die tadellose Ser-viceleistung. ①②③

TREGASTEL   170 ☐ D1
ARMORIC ★★
Plage du Coz-Pors, ✉ **22730**
Tel. 96 23 88 16   Fax 96 23 83 75
Ein Grand-Hotel der großen, alten Zeit, das ist das "Armoric" mit seinen 48 schön ausgestatteten Zimmern, direkt am Strand gelegen. Ein Tennisplatz fehlt ebensowe-nig wie ein Restaurant mit ansprechender Küche. ①②③

Freundlicher Empfang im modernen Hotel "Aigue Marine"

TREGUIER   171 ☐ D1

AIGUE MARINE ★★
5, Rue Marcelin Berthelot, ✉ **22220**
Tel. 96 92 97 00/96 92 39 39
Fax 96 92 44 48
Beim "Aigue Marine" handelt es sich um ein modernes, Anfang der 90er Jahre er-bautes Anwesen. Seine 48 Zimmer sind

mit allem zeitgemäßen Komfort eingerich-tet. Für Gesundheit und Fitness stehen Schwimmbad, Sauna oder Whirlpool be-reit. Elegantes Restaurant mit klassisch-regionaler Küche. ①②③

KASTELL DINEC'H ★★
Route de Lannion, ✉ **22220**
Tel. 96 92 49 39   Fax 96 92 34 03
Zwei Kilometer außerhalb des Dörfchens

wartet das Hotel "Kastell Dinec'h", ein ehemaliges Herrenhaus aus dem 17. Jahr-hundert, auf seine Gäste, denen 15 klas-sisch eingerichtete Zimmer zur Wahl ste-hen. Behagliches Restaurant mit anspre-chender Küche. ①②③

Ein ehemaliges Herrenhaus aus dem
17. Jahrhundert: "Kastell Dinec'h"

Supermodern: Das Telecommunikationsmuseum bei Pleumeur

WASSERSPORT IM LAND DER GALLIER

Kann die Bretagne generell kaum mit größeren Städten aufwarten, so ist das Departement Côtes d'Armor ganz besonders ländlich geprägt. Da ist es kein Wunder, daß die Möglichkeiten für nächtliche Vergnügungen oder feines Einkaufen vergleichsweise recht beschränkt sind. Dafür kann sich aber das sportliche Angebot sehr wohl sehen lassen, was in erster Linie für sämtliche Fitness-Aktivitäten rund ums Wasser gilt. Aber auch für Freunde des Wanderns oder des Reitens sind geradezu ideale Voraussetzungen vorhanden. Bei den Festivitäten stehen - wie in den anderen bretonischen Departements - die Pardons (Wallfahrten) an der Spitze der Beliebtheitsskala, gefolgt von musikalischen Veranstaltungen der verschiedensten Arten. Wer in seinem Urlaub vor allem Erholung, Entspannung und Ruhe sucht, ist in der Region Côtes d'Armor daher bestens aufgehoben.

FESTE & VERANSTALTUNGEN

DINAN

Rencontres internationales de harpe celtique: Mitte Juli - Internationales Musik-festival der keltischen Harfe.

GUINGAMP

Bugale Vreizh (Festival des enfants de la Bretagne): Anfang Juli - Kinder aus dem gesamten Departement führen in den Straßen Tänze und sportliche Wettkämpfe auf.
Festival des danses bretonnes: Mitte August - bretonisches Tanzfestival.
Pardon: Anfang Juli - Notre-Dame de Bon-Secours.

LAMBALLE

Festival folklorique des Ajons d'Or: Folklo-refestival der Ginsterblüten.

Pardon: Anfang September - Notre-Dame de Grande-Puissance.

LE VIEUX-MARCHE

Pardon: 4. Samstag und Sonntag im Juli - Islamisch-christliche Wallfahrt zur Kapelle der Septs-Saints.

PERROS-GUIREC

Fête des Hortensias: Mitte August - Bretonische Tänze und Musik.
Pardon: 15. August - Notre-Dame de la Clarté.

QUEVERT

Festival des fleurs et parfums:
19./20. Juni - Exposition von Rosen und anderen wohlriechenden Blumen.

ST-NICOLAS-DU-PELEM

Pardon: 1. Sonntag im September - Grand pardon des chevaux (Pferde).

SPORT & ERLEBNIS

INSEL-TOUREN

ILE DE BREHAT

Einschiffung: Pointe de l'Arcouest (5 km von Paimpol in Richtung Bréhat entfernt).

In der Saison auch von Erquy/Dahouet/St-Quay Portrieux/Binic.

LES SEPT ILES

Einschiffung: Trestraou, der Hafen von Ploumanac'h.

SURFEN

PERROS-GUIREC

Seven Islands Surf Club
Tel. 96 91 47 82.
Die beste Zeit zum Surfen sind die Monate von Oktober bis April. Es findet sich dann

praktisch an der gesamten Küste zwischen der Bucht von Plestin-les-Gréves bis nach St-Cast-de-Guildo, besonders aber bei Perros-Guirec, eine ideale Fahrtstrecke.

NIGHTLIFE & TREFFPUNKTE

DINAN

BAR AU PRELUDE
20, Rue Haute-Voie
Von jungen Leuten geführte Kneipe mit dufter Musik und leckeren Grill-Gerichten für den kleinen Hunger.

GUINGAMP

CAMPBELL'S PUB
Place St-Michel
Das Kneipen-Café der Stadt schlechthin.

LANNION

BAR LE CHAPELIER
16, Rue des Chapeliers
Gemütliches Pub mit verschiedenen Bier-Sorten und guten Weinen, dazu regionale Spezialitäten.

Segelschulen gibt es an der Côtes d'Armor wie Sand am Meer

LE PUB CHEZ JACQUES
1, Venelle des 3 Avocats
Behagliches Pub in pittoreskem Haus aus dem 18. Jahrhundert lädt zum gemütlichen Beisammensein ein.

LOUDEAC

LE VINCENNES
Boulevard de la gare
Fröhliches Treiben bis zwei Uhr morgens. Besonders wenn gelegentlich Live-Musik geboten wird, treffen sich hier Insider und Kenner der Szene.

Relief in der der Kathedrale von Guingamp

PAIMPOL

LE CORTO MALTESE
Rue du Quai
Stimmung garantiert bis zwei Uhr morgens.

LE PUB
3, Rue des Islandais
Unten eine gemütliche Piano-Bar, in der ersten Etage eine chice Club-Diskothek mit Einlaß ab 23 Uhr.

PERROS-GUIREC

MELODY BLUES
Galerie du Linkin, Rue Anatole le Braz
Jazz-Club mit chicem Ambiente, täglich ab 18 Uhr geöffnet.

PUB BRITTANIA
19, Boulevard de la Mer
Typischer Pub mit erlesenen Sorten von Whisky.

ST-BRIEUC

CHEZ ROLLAIS
26, Rue du Général Leclerc
In-Treff für Jung und Alt.

COTTON BAR
3, Rue de Gouédic
Der Jazz-Treff der Stadt.

L'ILLIADE
113, Rue du Légué
Gemütliche Kneipe, Hard Rock-Musik und ab geht die Post.

TREGASTEL

LE TOUCOULEUR
118, Rue Poul-Pallud
Nette Kneipe mit Live-Konzerten zieht Freunde von guter Musik magisch an.

TREVRON

LA GUERNAZELLE
Hinglé
Nette Kneipe in einem prächtigen Granit-Haus, ca. sieben Kilometer südlich von Dinan gelegen. Häufig Live-Konzerte.

SHOPPING & MÄRKTE

DINAN

LA CAVE DES JACOBINS
Rue Ste-Claire
Schöne Weinhandlung, außen einladend mit dunklem Holz verkleidet, drinnen anspruchsvolles Sortiment.

GUINGAMP

ARMOR DELICES
LA MADELEINE D'ARMOR
Zone Industriel de Bellevue
Biscuiterie, die die berühmten Madeleines herstellt - ein Muß für jedes Leckermaul.

PASQUIER
31, Place du Centre
Erstklassiger Patissier/Chocolatier.

LANNION

L'ATELIER
5, Rue Ernest Renan
Großes Antiquitäten-Haus mit einer Ausstellungsfläche von 1000 Quadratmetern.

Steinerne Zeugen am Point du Château bei Plougrescant

CHARCUTERIE DU CENTRE
25, Place du Général Leclerc
Feinste Wurstwaren.

FINET TRAITEUR
6, Rue de Keriavily
Spezialist für Gourmet-Snacks.

LA FROMAGERIE
2 Rue Duguesclin
Eines der in der Bretagne gar nicht so häufig anzutreffenden erstklassigen Käse-Fachgeschäfte. Lecker auch die Wurstwaren und das feine Brot.

LEZARDIEUX

LA PAIMPOLAISE DU LARGE
An der Küste lohnt eine Austernzucht einen Besuch, da hier flache und tiefe Austern auch in Kleinstmengen täglich verkauft werden; natürlich ist auch eine Degustation möglich.

PAIMPOL

CELLIER DU GOELO
3, Rue de la vieille poissonnerie
Kleiner Laden mit Cidre, regionalem eau de vie de cidre und französischen Top-Kreszenzen.

KUNSTHANDWERKERHOF
26, Rue des huit Patriotes
In einer kleinen Gasse finden sich Ateliers moderner Kunsthandwerker, Poterie bis Ebenisterie.

LA BATEAU-LIVR,
Rue de la vieille poissonnerie
Ein schöner Bouquiniste in einem nostalgisch mit Jugendstil-Dekor verkleideten Haus.

LE LUTIN BLEU
8, Rue de Romsey
Erste Adresse für Confiserie, aber auch erstklassiger Chocolatier und Glacier.

PERROS-GUIREC

LA BONNE AUBERGE
Place de la Chapelle
Einer von zahlreichen guten Traiteuren der Stadt.

PLOUGUERNEVEL

GISELE GARREAU/J.J. RAULT

Scaout Braz
Leckerer Ziegenkäse, direkt vom Erzeuger.

ST-BRIEUC

FROMAGERIE M. CHERDONNET
Rue Jouallan
Kleines Käsegeschäft mit feinen Fromages.

J. GEFFRIAUD
17, Rue St-Guillaume
Feinste Bonbons, gefüllt mit einer Mischung von Apfelfruchtfleisch und Butter (guillaumettes und Côtes d'Armor).

LA DUCHESSE DE ROHAN
2, Rue St-Gouéno
Erstklassiger Patissier/Chocolatier.

ST-CARADEC

POTERIE GILLES LE GOFF
23, RN 164
Schöne Töpferwaren, man kann auch die Werkstatt besichtigen.

TREGUIER

GILBERT BLEAS
1, Rue de la Chalotais
Der erste Traiteur der Stadt, der auch Top-Weine feilbietet.

JEAN-CLAUDE RAULET
Place du Martray
Feine Boulangerie/Patisserie mit Kouign aman und Far breton als Spezialitäten.

Shopping in der Altstadt von Dinan

INFORMATIONEN & HINWEISE

MAISON DU TOURISME - UDOTSI
B.P. 4339
22043 St-Brieuc Cedex 02.

EIN MUSEUM AUS STEIN

Menhire auf dem 330 Meter hohen Menez Hom, der einige Zeit als heiliger Berg verehrt wurde

Finistère - schon allein der Name des westlichsten französischen Departements birgt etwas Geheimnisvolles, Rätselhaftes, Abweisendes, Urgewaltiges. Die Römer werden schon gewußt haben, warum sie diesen Flecken Land finis terrae getauft haben. Denn sie wollten damit nicht nur das Ende, den äußersten Zipfel der abendländischen Welt bezeichnen, sondern schon damals dürfte der einzigartige Charakter der Landschaft maßgebend bei der Namensgebung gewesen sein. Denn nirgendwo sonst in europäischen Gefilden stehen sich Stein (Granit), Wasser und Himmel so schroff gegenüber wie im Finistère, was natürlich vor allem und in ganz besonderem Maße für die ca. 1000 Kilometer lange Küstenzone von Locquirec im Norden bis nach Le Pouldu im Süden gilt. Besonders die Westküste wirkt furchterregend und faszinierend zugleich mit ihren dunklen Klippen, zerklüfteten, steil zum Meer hin abfallenden Felsen, auf denen der salzhaltige Seewind keinen Pflanzenwuchs mehr zuläßt, den vorgelagerten Inseln - Ile de Sein oder Ile d'Ouessant - und Riffen, die so manch einen Seefahrer, trotz der zahllosen Leuchttürme, schon das Leben gekostet haben. "Hölle von Plogoff" oder "Bucht der Hingeschiedenen", das sind nur einige der vielsagenden Namen, die noch heute Zeugnis vom traurigen Schicksal unzähliger Fischer bzw. Seefahrer vergangener Tage ablegen.

Aber auch das Hinterland zeigt sich vergleichsweise verschlossen mit einer wenig abwechslungsreichen Vegetation, geprägt von schachbrettartig angelegten Feldern und Wiesen, die zum Schutz vor den stürmischen Winden mit endlosen Hecken-Wällen eingefaßt sind, im Wechsel mit einer Heidelandschaft, die farblich nur aufgelockert wird durch Ginster, Hortensien und Heidekraut in deren Blütezeit. Der Wald ist in diesem Departement fast ganz verschwunden, Restbestände gibt es beispielsweise noch in der Gegend von Huelgoat.

Die urgewaltige Natur hat sich hier erfolgreich zivilisatorischen Angriffen seitens des modernen Menschen erwehrt. Außerhalb der Städte, die sich allerdings auch - von Brest mal abgesehen - ganz behutsam der Landschaft anschmiegen (architektonische Sünden in Gestalt der berüchtigten Betonburgen wurden gottlob nicht begangen), scheint die Zeit stillzustehen. Das Finistère - ein einziges Museum aus Stein, eine Assoziation, die sicherlich jeder Besucher dieses Landes nachvollziehen wird, egal ob er gerade auf der Pointe du Raz mit Blick auf das vor ihm tobende Meer, vor kahlen Hügeln, granitenen Häusern, schlichten Herrensitzen des einstigen Landadels mit pittoresken Türmchen, Kalvarienbergen oder Kirchen steht.

Die Annäherung an diese Landschaft ist nicht ganz einfach. Der Besucher muß sich Zeit lassen, die Stille und Unberührtheit auf sich wirken lassen, den rastlos sich in Form und Farbe verändernden Himmel beobachten, in die an steilen Felsen hochzischende Gischt hineinschauen - und er wird nach und nach Zugang zu dieser fremden Welt finden. Wie seinerzeit Paul Gauguin, der sich mit seinen Malerfreunden im Jahr 1886 in Pont-Aven niedergelassen hatte und den auf der Suche nach neuen Ausdrucksformen der Malerei gerade das Wilde, das Unberührte, das Barbarische der bretonischen Natur begeisterte.

Die Bretagne ist generell kein Land für den eilig Durchreisenden, am wenigsten das Finistère oder Pen ar Bed, wie es im Bretonischen genannt wird. Geschichte und Legenden, heidnisches und christliches Kulturgut sind gerade hier eng verwoben, kaum verwunderlich, daß eine der zahlreichen Regionen Côte des Légendes getauft wurde. Eine tiefe, naturverbundene Frömmigkeit, die sich einst in den berühmten enclos paroissiaux (den Umfriedeten Pfarrbezirken) manifestierte, wird auch heute noch derjenige spüren, der mit offenen Sinnen dieses Land erkundet.

Großer Pardon (Wallfahrt) zu Ehren von Notre-Dame de Tronoën

Er mag beginnen im Nordosten mit dem Pays de Trégor, weiter reisen gen Westen durch das Pays des Enclos - vorbei an den Monts d'Arrée, dem bretonischen "Gebirge" mit den höchsten Erhebungen von noch nicht einmal 400 Metern, das selbst wieder Teil des 110 000 Hektar großen Parc naturel régional d'Armorique (Regionaler Naturpark von Armorika, mit 39 in dem Gebiet liegenden Gemeinden samt zahlreichen Heimatmuseen) ist. Er besucht dann das Pays de Léon, das Pays des Abers (das altbretonische Wort Aber steht für eine Art Fjord, weite Mündungen von Meeresarmen in tief zerklüfteten Flußtälern, die bei Ebbe wasserlos sind, am bekanntesten der L'Aber Wrac'h) oder das Pays d'Iroise. Nach einer Rast am Meer führt der Weg über das Pays de Landerneau et de Daoulas gen Süden in die Cournouaille mit dem Pays Bigouden und dem Pays des Avens; das Landesinnere, Centre Finistère, mit den Montagnes Noires, dem zweiten "Gebirge" der bretonischen Halbinsel (höchste Erhebung: 326 Meter), nicht zu vergessen.

Die Mehrzahl der ca. 830 000 Einwohner des 6 733 Quadratkilometer großen Departements leben in der Küstenzone, was dort eine hohe Bevölkerungsdichte hervorruft (größte Städte: Brest mit 220 000 Einwohnern, Quimper mit 60 000 Einwohnern), während das Landesinnere überaus dünn besiedelt ist. Das war schon immer so, seit Menschen ihren

Fuß auf den Boden dieser Region gesetzt hatten. Klar, daß auch im Finistère die Megalith-Kultur ihre steinernen Zeugnisse hinterlassen hat, z. B. mit den Alignements (Steinreihen) von Lagatjar bei Camaret oder dem Cairn (Fürstenhügel) von Barnenez an der Bucht von Morlaix.

Im 5./6. Jahrhundert nach Christus spielt die Geschichte um das bretonische Atlantis, die Stadt Ys, die legendäre Hauptstadt von Cournouaille, die in der Bucht vor Douarnenez oder auch vor Penmarc'h gelegen haben soll. Beherrscht wurde die gegen das Meer durch Deiche und Schleusen

Tracht mit hoher Haube

geschützte Stadt von König Gradlon, der mit einer Fee verheiratet war. Gradlons Tochter Ahès (auch Dahut genannt) setzte sich an die Spitze der Gesellschaft, die sich voll und ganz dem Laster verschrieben hatte. Ys entwickelte sich so schnell zu einem rechten Sündenbabel, und Ahès soll sich sogar mit dem Teufel höchstpersönlich eingelassen haben, den sie als schönen Jüngling kennengelernt hatte. Letzterer forderte von Ahès als Liebesbeweis den Diebstahl der goldenen Schlüssel, mit deren Hilfe sie die Schleusentore öffnete, worauf die Stadt in den Fluten versank. Nur Gradlon konnte sich retten, indem er sich auf sein Pferd schwang und vor den Wassermassen die Flucht ergriff - allerdings hatte er im letzten Moment auch noch seine mißratene Tochter aufgegriffen. Die durfte natürlich dem göttlichen Strafgericht gegen die sündige Stadt nicht entgehen, weshalb dem König der Heilige Guénolé erschien und befahl, Ahès eigenhändig in die Fluten zu stoßen (die seitdem als Sirene Morgane die Fischer in ihr kaltes Reich lockte). Als dies geschehen war, beruhigte sich die See sogleich auf wundersame Weise, Ys blieb aber versunken, und Gradlon mußte sich eine neue Hauptstadt suchen. Seine Wahl fiel auf Quimper, wo auch heute noch sein Denkmal zwischen den beiden Türmen der Kathedrale zu bewundern ist.

Gleiche Zeit, weitere Legende, die nämlich von Tristan und Isolde, Schauplatz Cournouaille. Dort regierte König Marc'h (Marke), der seinen aus dem Reiche Léon stammenden Neffen Tristan mit einer delikaten Mission gen Irland sandte. Sollte der jugendliche Prinz für den Onkel dort doch um die Hand der schönen Isolde anhalten und diese gleich mit nach Cournouaille führen. Der Auftrag wurde erfolgreich ausgeführt, allerdings naschten die beiden Hauptpersonen auf der Rückreise vom Zaubertrank, der eigens gebraut worden war, damit Isolde in Liebe zu dem alternden Marc'h entbrennen sollte. Das Schicksal nahm seinen Lauf, die Leidenschaft der beiden jungen Leute füreinander war nicht mehr zu löschen, der Tod Tristans blieb als einziger Ausweg. In Erinnerung an die Legende erhielt eine kleine Insel im Mündungstrichter des Flüßchens Port-Rhu vor Douarnenez den Namen Ile Tristan, die im 16. Jahrhundert zu überregionaler Berühmtheit gelangte durch den Seeräuber La Fontenelle. Dieser verwüstete während der Hugenottenkriege das Land, zog sich mit seiner reichen Beute stets auf die von ihm zu einer Festung ausgebaute Insel zurück und soll ungeheure Greueltaten begangen haben, z. B. soll er bei einem Überfall auf der wohlhabenden Halbinsel von Penmarc'h 5000 Bauern getötet haben.

Doch damit nicht genug: Es gibt aus dem 6. Jahrhundert eine weitere Legende, die den Kampf zwischen christlichem und keltisch-heidnischem Kult dokumentiert und bei der Gradlon wieder eine wichtige Rolle spielte. Im Wald von Nevet, einem geheiligten Territorium des keltischen Kultes, das sich von Lorcronan bis Quimper erstreckte, ließ sich der Eremit Ronan nieder. Seine Erfolge bei der Christianisierung der Bevölkerung riefen Keben, eine Hexe und Zauberin, auf den Plan. Sie beschuldigte ihrerseits Ronan der Hexerei und behauptete, der Heilige könne sich in einen Werwolf verwandeln und habe als solcher ihre Tochter gerissen und aufgefressen. König Gradlon ließ den Eremiten daraufhin in

Binion (Dudelsack) und Bombarde (Oboe)

führte der Leichenzug am Ostersonntag zurück zu seiner alten Wirkungsstätte, am Haus von Keben vorbei. Als diese ob dieser späten Genugtuung triumphierte, soll sich der Boden geöffnet und die Hölle sie verschlungen haben. Falls hinter Keben tatsächlich eine historische Persönlichkeit gesteckt haben mag, kann es sich wohl nur um eine angesehene Druidenpriesterin gehandelt haben.

Colberts zum Haupthafen des Landes ausgebaut. Morlaix wurde 1522 von englischen Schiffen überfallen, deren Besatzung den Sieg aber vor Ort mit reichlich Alkohol feierte, so daß die Einheimischen den Feind schließlich doch noch in die Flucht schlagen konnten - im Stadtwappen wurde daraufhin dem englischen Leoparden ein mächtiger Löwe gegenübergestellt und das Wortspiel geboren: "S'il te mordent, mord les!" (die deutsche Übersetzung "Wenn sie dich beißen, beiße sie" bringt natürlich nicht das Wortspiel Morlaix/mord les zum Ausdruck). Auch in Camaret wurden die - mit den Holländern verbündeten - Engländer bei einem Invasionsversuch im Jahr 1694 besiegt, was wegen der hohen Verluste des Feindes am Hof des Sonnenkönigs wie eine Sensation gefeiert wurde.

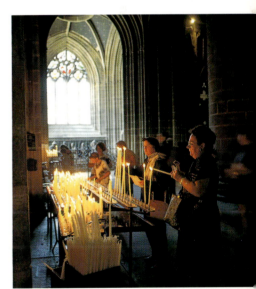

Andacht in der Kathedrale von Quimper

Volksfest mit traditionellen Tänzen und Trachten auf dem Menez-Hom

ein Gefängnis werfen, doch als die von Keben in einer Kiste versteckte Tochter tot aufgefunden wurde, wurde Ronan wieder freigelassen und erweckte das Mädchen gleich zu neuem Leben. Das Christentum hatte gesiegt, Ronans Arbeit in der Cornouaille war erfolgreich abgeschlossen, der Heilige zog weiter nach St-Brieuc (Cotes d'Armor); doch nach seinem Tode

Große historische Ereignisse hatten sich bis ins 17. Jahrhundert nur selten den Schauplatz Finistère erwählt. Allerdings konnten sich die Städte an der Küste wegen ihrer exponierten Lage natürlich nicht aus dem englisch-französischen Krieg heraushalten. So fiel Brest im 14. Jahrhundert in die Hand der Engländer, wurde aber erst im 17. Jahrhundert auf Betreiben

Und mit Louis XIV. nahm denn auch das geschichtlich wirklich bedeutsame Ereignis des Jahres 1675 seinen Ausgang, der Aufstand der Bonnes Rouges, der Rotmützen, auch als Aufstand gegen das Stempelpapier bekannt, wobei es sich um den Versuch einer Bauern-Revolution handelte, in deren Verlauf so manche Forderungen der Französischen Revolution vorweggenommen wurden. Der große König Louis hatte zur Finanzierung seiner Kriege 1673 verfügen lassen, daß für alle amtlichen Dokumente eine Stempelgebühr zu zahlen sei, ein Dekret, das gegen die im bretonisch-französischen Vereinigungs-Vertrag enthaltene Klausel verstieß, wonach französische Steuern in der Bretagne nur mit

Zustimmung der bretonischen Stände-Vertretung erhoben werden durften. Das Maß der Empörung in der Bretagne wurde übervoll, als 1675 auch noch neue Abgaben auf Tabak und Zinngeschirr festgeschrieben wurden, von denen sich die Region zuvor mit hohen Kosten freigekauft hatte. Der Aufstand brach zunächst in den Städten aus, die Steuereinnehmer wurden angegriffen; in Châteaulin wurde der Gesandte Louis' XIV. gefangengenommen. Die gesamte Bretagne war in Aufruhr, die Bauern unternahmen den ersten Versuch, die gesellschaftlichen Verhältnisse grundlegend zu ändern. Und an der Spitze marschierten 14 Ortschaften zwischen Douarnenez und Concarneau, die gemeinsam den Code Paysan veröffentlichten. Der

hängigen Richtern übertragen werden. Der Klerus sollte nur noch für seine Dienste bezahlt werden und darüber hinaus keinerlei Zuwendungen mehr erhalten. Ehen zwischen Landadel und Bauern sollten zur Sicherung des Friedens zwischen diesen beiden Ständen gefördert werden. Das war natürlich starker Tobak, zumal die Bauernarmee unter Leitung von Sébastian Ar Balp, einem Rechtsanwalt aus Cléden-Poher, immer neue Erfolge gegen die Truppen des Königs erringen konnte. Doch nach einem tödlichen Attentat auf Ar Balp brach der Aufstand zusammen und die Ordnung wurde wiederhergestellt - mittels eines Blutbades, wie es die Bretagne weder vorher gekannt hatte noch nachher erleben sollte.

das mit der Zerstörung von Brest durch die Alliierten seinen unrühmlichen Höhepunkt fand, soll nicht weiter ausgeführt werden.

In jüngerer Vergangenheit machte das Departement Finistère international vor allem wegen ökologischer Fragen bzw. Katastrophen von sich reden. Traurige Berühmtheit erlangte der kleine Badeort Portsall, weil vor seiner Küste der Tanker Amoco Cadiz Schiffbruch erlitt und sich 230 000 Tonnen Öl ins Meer ergossen, eine Umweltkatastrophe, bei der 400 Kilometer Küstenstreifen von St-Mathieu bis nach Brest verschmutzt wurden. Nach diesem schweren Schlag konnten die Umweltschützer, gestützt auf eine breite Bürgerbewegung, aber drei Jahre später einen großen Erfolg

Herrliche Panoramaansicht von der Pointe de Penhir auf der Halbinsel Crozon

Code listete in 14 Abschnitten die Forderungen der Bauern auf. Zunächst wurden alle neuen Steuererlasse für ungültig erklärt. Sodann wurden alle Abgaben und Frondienste zugunsten des Adels als Verletzung der armorikanischen Freiheit gebrandmarkt. Die Rechtsprechung sollte vom Volk gewählten und bezahlten, unab-

Im Zweiten Weltkrieg machte eine Insel, die Ile de Sein, von sich reden, weil sich deren männliche Bewohner fast vollzählig (130 Seeleute) der von General de Gaulle in London aufgebauten Résistance angeschlossen hatten, und dies bereits nach dem ersten Aufruf vom 18. Juni 1940. Das unselige Kapitel der deutschen Besatzung,

verbuchen, denn der lange geplante Bau eines Atomkraftwerks bei Plogoff wurde endgültig zu den Akten gelegt.

Wie alle anderen bretonischen Departements hatte natürlich auch das Finistère noch bis in die 50er/60er Jahre unseres Jahrhunderts unter der wirtschaftlichen Rückständigkeit der Gesamtregion zu leiden. Die Landwirtschaft, von der der Großteil der Bevölkerung sein Brot bezog, war wenig effektiv, die Fischfangflotte war veraltet, der Tourismus fristete noch ein Schattendasein. Jacques Tati hat diese wirtschaftlich schwierigen Zeiten der Bretagne in seinem Klassiker "Die Ferien des Monsieur Hulot" einfühlsam festgehalten. Doch die Lage hat sich auch hier im Westen Frankreichs seitdem ganz entscheidend verbessert, weniger durch die Ansiedlung von High-Tech-Industrien, als vielmehr durch eine grundlegende Modernisierung in den Hauptwirtschaftszweigen Landwirtschaft (bei gleichzeitiger Produktdiversifikation) und angeschlossener Lebensmittelindustrie, klar die Nr. 1, und Fischereiwesen; letzteres wurde allerdings zwischenzeitlich von der Touristik-Industrie auf den dritten Platz verwiesen.

Der Aufschwung der bretonischen Landwirtschaft allgemein und der des Departements Finistère im besonderen ist eng verknüpft mit dem Namen eines Mannes, Alexis Gourvennec, 1937 geboren im kleinen Dorf Henvic (zwischen Morlaix und Carantec gelegen). Kaum ein Bretone, der diesen frühen Kämpfer für die Interessen der Bauernschaft nicht kennen würde. Er hat inzwischen Karriere gemacht und steht als Präsident an der Spitze verschiedener bedeutender Unternehmen, z. B. der Caisse régionale du Crédit agricole du Finistère. Daneben ist er aber seinen Wurzeln treu geblieben, und sein Unternehmen, Landwirtschaft/Viehzucht, zählt zu den größten Betrieben seiner Art in Europa. Gourvennec war es, der 1961 das archaische Vermarktungssystem der bretonischen Landwirtschaft, das den Produzenten keinerlei Mitspracherecht gegenüber den Zwischenhändlern, z. B. bei der Preisgestaltung, einräumte, aufbrach und die erste bäuerliche Genossenschaft zur Eigenvermarktung des Gemüseanbaus, die SICA (Société d'Interêt Collectif Agricole) gründete. Seinem Beispiel folgend, wurde das gesamte Land von coopératives überzogen, die das wirtschaftliche Los der Bauern entscheidend verbessern sollten. Zum Eklat war es im Sommer 1960 gekommen, als der Artischockenpreis im Finistère während der Ernte völlig zusammenbrach. Der "Artischockenkrieg" war die Folge, Gourvennec und die größtenteils noch ganz jungen Bauern fuhren mit den Lastwagen nach Paris und verkauften ihr Gemüse di-

Madonna der Schiffbrüchigen (Pointe du Raz)

rekt auf der Straße - zu vernünftigen Preisen. Weitere Auseinandersetzungen mit Zwischenhändlern und Regierungsstellen folgten, 1962 zündeten Bauern in Pont l'Abbé die Wahlurnen an, in Morlaix fuhren 4000 Landwirte mit ihren Traktoren in die Stadt und besetzten die Präfektur etc. Heute produziert die Landwirtschaft des Finistère jährlich ca. 120 000 Tonnen Getreide, beim Gemüse nehmen Blumenkohl, Artischocken, Bohnen und Kartoffeln

die Spitzenpositionen ein. Neben der Schweine- (jährlich ca. 270 000 Tonnen Fleisch) und der Rinderzucht (70 000 Tonnen) ist auch die Geflügelzucht samt Eierproduktion sehr wichtig, von der Milchproduktion gar nicht zu reden. In der Lebensmittelindustrie sind vor allem die Konservenfabriken zu nennen (Penmarc'h, Douarnenez, Concarneau).

Beim Fischfang behauptet das Finistère einsam den Spitzenplatz unter den bretonischen Departements und trägt mit stolzen 25% zum französischen Gesamtfangergebnis bei. Die wichtigsten Häfen sind dabei Concarneau (drittgrößter französischer Fischereihafen), Le Guilvinec (Frankreichs Nr. 4), St-Guénolé, Loctudy, Douarnenez und Audierne (In Brest ist zudem die französische Kriegsmarine zuhause, sie ist der größte Arbeitgeber des Departements und läßt derzeit den atomangetriebenen Zerstörer "Charles de Gaulle" für 14 Milliarden Francs bauen.). Die meistgefangenen Fische sind dabei der Thunfisch, die Lotte und die Sardine, bei den Schalentieren stehen die Langustinen an der Spitze. Wirtschaftlich immer interessanter werden auch die Zuchtstationen entlang der Küste und an den Flußmündungen, Austern, Miesmuscheln, Lachs sowie Forellen stehen dabei besonders hoch im Kurs. Die Algen-

Der Hafen von Douarnenez mit sehenswertem Schiffsmuseum

ernte nicht zu vergessen, jährlich werden zwischen 60 000 und 70 000 Tonnen aus dem Meer gefischt (werden verarbeitet in der Nahrungsmittel- oder auch Chemischen Industrie).

Straßencafé in Quimper

Ist Alexis Gourvennec wohl vornehmlich den Bretonen bekannt, so ist der Name eines zweiten Wirtschaftsbosses aus dem Departement Finistère sicher jedem Frankreich-Reisenden längst geläufig: Edouard Leclerc, dessen Einzelhandels-Gruppe der deutschen Aldi-Kette nicht ganz unähnlich ist. Und auch ein zweiter Supermarkt-Riese, Rallye, geführt von Jean Cam, hat seinen Siegeszug gen Frankreich vom Departement Finistère aus angetreten.

Der Tourismus ist aus dem Wirtschaftsleben des Departements Finistère nicht mehr wegzudenken. Zwar sind traditionell Juli und August die Hauptreise-Monate, aber die Saison konnte doch inzwischen auf fast fünf Monate ausgedehnt werden. Die Mehrzahl der Urlauber (fast zwei Drittel) sind Franzosen, bei den Ausländern behaupten sich die Briten vor den Deutschen und Italienern. Auch in diesem bretonischen Departement brauchen Autofahrer natürlich keine Mautgebühr zu bezahlen, das Streckennetz ist gut ausgebaut, am schnellsten geht es über die N 165 und N 12. Der Zugreisende kann sich in Paris in

den TGV setzen und als Zielbahnhof Brest oder Quimper anvisieren. Flugreisende landen in den beiden gleichen Städten. Die Möglichkeiten der Freizeitgestaltung sind schier unbegrenzt: Faulenzen, Sonnenbaden, Wassersport in allen Varianten, Golf, Tennis, Reiten, Dinieren in erstklassigen Restaurants oder Schlemmen in hübschen Crêperien, alles ist möglich. Sightseeing und Shopping lassen sich in Städten mit alten, romantischen Gassen wie Quimper, Concarneau oder Morlaix bestens miteinander verbinden; interessant ist fraglos auch ein Besuch in einem der 69 Häfen des Departements, am besten frühmorgens, wenn in der Auktionshalle der Fang versteigert wird. Die Fremdenverkehrsämter haben Routen-Vorschläge erarbeitet, da dürfte für jeden Geschmack etwas dabei sein, z. B. die Route der Leuchttürme und Bojen (in der Region von Brest), die Route der Maler der Cornouaille oder die Route zu den berühmten Umfriedeten Pfarrbezirken.

Die Touristen werden unschwer erkennen können, daß das Finistère das bretonische Departement ist, in dem sich die alten Sitten und Bräuche am besten erhalten haben. Was natürlich vornehmlich mit der Lage des Landes zusammenhängt, das schon immer am weitesten von der Pariser Zentrale und deren kulturelle Eigenarten negierenden Zugriffen entfernt war. Hier wird die bretonische Sprache noch gepflegt, hier kann man die alten Trachten studieren, wenn auch meist nur noch anläßlich

von größeren Festen oder Wallfahrten, an denen auch die Musik des biniou (Dudelsack) und der bombarde (Oboe) erklingt; berühmt ist die Vielfalt der Hauben, wobei sich die Variante des Bigoudenlandes durch ihre imposante Höhe auszeichnet; in Pont-Aven wird zur Haube eine gestärkte Halskrause getragen, in Plougastel läuft die Haube spitz zu etc. Die Menschen des Finistère pflegen aber nicht nur ihre heimischen Traditionen, sondern sind auch Neuem gegenüber durchaus aufgeschlossen. Was sich z. B. darin äußert, daß im Finistère - im Vergleich zu allen anderen französischen De-partements - pro Kopf der Bevölkerung die meisten Tageszeitungen gekauft werden.

Das Departement Finistère hat auch eine ganze Reihe bedeutender Persönlichkeiten hervorgebracht. So stammte der bekannte französische Schriftsteller Henri Queffélec aus Brest, genauso übrigens wie sein schreibender Kollege Alain Robbe-Grillet. Pierre-Jakez Hélias setzte mit seinem 1978 erschienenen und inzwischen in 20 Sprachen übersetzten Weltbestseller "Le Cheval d'orgueil" seiner Heimatgemeinde Pouldreuzic ein literarisches Denkmal. Der Maler und Schriftsteller Max Jacob war ein Sohn der Stadt Quimper genauso wie der Maler Pierre de Belay. Die Filmschauspielerin Sylvette Herry, besser bekannt unter ihrem Künstlernamen Miou Miou, erblickte in Morlaix das Licht der Welt, einige Jahre nach ihrer berühmten Kollegin Dominique Lavanant.

Furchterregend und anziehend zugleich: Die Pointe du Raz

DIE ENCLOS PAROISSIAUX

Sie stellen zweifelsohne die bedeutendsten Schöpfungen der sakralen Kunst der Bretagne dar, die Enclos Paroissiaux, die in deutscher Übersetzung als Umfriedete Pfarrbezirke bezeichnet werden. Sie bildeten in der Regel den Mittelpunkt des Ortes und wurden in der Mehrzahl zwischen 1450 und 1650 errichtet (die frühesten entstanden in Kerbreudeur und Tronoën), wobei vor allem das Gebiet zwischen Aulne und Elorn eine Vielzahl dieser sehenswerten Verkörperungen des tiefen bretonischen Glaubens aufweisen kann. Sie entstanden alle im heutigen Departement Finistère, was auf den durch den Tuchhandel gewonnenen Wohlstand der dortigen Städte und Dörfer in jener Zeit zurückgeführt werden kann, und wurden von größtenteils anonym gebliebenen, heimischen Künstlern aus Granit gearbeitet. Es entbrannte ein regelrechter Wettstreit zwischen den Gemeinden, wer den kostbarsten Enclos Paroissial vorweisen konnte, am heftigsten zwischen Guimiliau und St-Thégonnec, die sich 200 Jahre lang mit Bauten und Verschönerungen zu übertreffen suchten.

Die Mauern schließen die Umfriedeten Pfarrbezirke, den heilig-sakralen Bereich, gegen die Außenwelt ab. Ein Enclos Paroissial wird gebildet von einem Triumphtor, der Kirche, einem Beinhaus und dem berühmten Kalvarienberg (Calvaire).

Früher lag auch häufig noch der Friedhof in diesem abgegrenzten Bereich, doch wurden die Gräber inzwischen bei den meisten Anlagen durch Kies- oder Grasflächen ersetzt. Die gesamte Anlage versinnbildlicht die Auseinandersetzung des gläubigen Bretonen mit dem Tod, Ankou genannt, der häufig als Knochenmann dargestellt ist, dessen Überwindung erst durch Christi Kreuzestod ermöglicht wurde. Das Triumphtor symbolisiert dabei die Pforte zum ewigen Leben, durch die der Gerechte auf dem Weg in die Unsterblichkeit eintreten kann. Am prächtigsten sind die Triumphtore gehalten, die im Renaissance-Stil erbaut und römischen Vorbildern nachempfunden wurden - was teilweise zu reizvollen Kontrasten zu den übrigen früheren, noch im spätgotischen Flamboyant-Stil errichteten Teilen des Pfarrbezirks führen kann.

Das Beinhaus (Ossuaire), das sich meist direkt an die Umfriedungsmauer oder die Kirche anschließt, wurde dringend gebraucht, um das Problem des zu kleinen, innerhalb des geschlossenen Komplexes gelegenen Friedhofs zu lösen. Denn nach einer gewissen Zeit wurden die Knochen der Verstorbenen ausgegraben, um Platz für ihre Nachfolger zu bekommen, und ins Ossuaire überführt, von wo sie schließlich in einem Gemeinschaftsgrab die letzte Ruhestätte fanden.

Der künstlerische Höhepunkt der Enclos Paroissiaux ist allerdings zumeist der Calvaire, wobei die inzwischen im deutschsprachigen Raum fest eingeführte Übersetzung des französischen Wortes mit Kalvarienberg nicht ganz treffend ist. Denn um einen Berg handelt es sich beileibe nicht, vielmehr um einen steinernen Sockel, auf dessen Plattform, häufig auch noch zusätzlich auf einem umlaufenden Fries, Szenen aus der Passionsgeschichte und dem Leben Jesu dargestellt sind - z. B. Geburt Christi, Anbetung der Hirten, Taufe Christi, Abendmahl, Geißelung, Dornenkrönung, Kreuzabnahme, Grablegung, Auferstehung etc. - oftmals vermischt mit lokalen Heiligenlegenden oder abschreckenden Höllenfahrten von Abtrünnigen (berühmt z. B. die Geschichte der Catell-Gollet, die auf den Kalvarienbergen von Plougastel-Daoulas und Guimiliau erzählt wird; sie hatte für den Teufel eine Hostie gestohlen und wurde dafür mit ewigen Höllenqualen bestraft). Überragt wird das Ganze von einem oder auch drei Kreuzen, mit Christus und den beiden Schächern. Am Kreuzesstamm des Erlösers können auf verschiedenen Verästelungen römische Wachsoldaten, Heilige, Engel oder auch eine Pietà zu sehen sein.

Die Figuren, die teilweise in zeitgenössische Gewänder gekleidet sind, mögen dem heutigen Betrachter ziemlich grob gearbeitet und wenig kunstvoll erscheinen. Aber dabei vergißt man leicht, daß es sich beim Granit um ein Material handelt, das sich Feinheiten verschließt. Zudem haben Wind und Regen das ihre dazu beigetragen, daß der usprüngliche Zustand der Skulpturen häufig nur noch erahnt werden kann. Beeindruckend sind die Kalvarienberge allemal, nicht nur die berühmten wie diejenigen von Guimiliau (mit 200 Figuren), Plougastel-Daoulas (180), St-Thégonnec oder Pleyben, sondern auch die Calvaires in kleinsten Marktflecken, wo man eine solche Skulpturen-Pracht nun einmal wahrlich nicht erwarten würde.

Einer der mit 180 Figuren stattlichsten Kalvarienberge der Bretagne: Plougastel-Daoulas

IM LAND DER KALVARIENBERGE

Auch wer noch nie das "Ende der Welt", Finistère (lateinisch: finis terrae), besucht hat, wird die Region schon kennen. Denn hier - und in der benachbarten Region Côtes d'Armor - haben Asterix und Obelix den Römern die Leviten gelesen. 1959 von Albert Uderzo und René Goscinny ins Leben gerufen, haben sich die beiden gallischen Helden zu einem französischen Exportschlager ersten Ranges entwickelt; die Gesamtauflage der Comic-Hefte liegt inzwischen bei über 200 Millionen Exemplaren. Und während die Wissenschaft noch über Sinn und Zweck der Menhire rätselt, scheinen die Steinchen für Obelix nichts weiter als eine Beschäftigungstherapie zu sein, um die Zeit zwischen Keilerei und Wildschweinessen zu überbrücken. Doch der westlichste Teil der Bretagne ist weniger für seine Zeugen der Megalith-Kultur berühmt, als für seine schroffe Felsenküste mit unzähligen Leuchttürmen, vorgelagerten Inseln und Riffen, die so manch einen Seefahrer das Leben gekostet haben, und natürlich für seine Kalvarienberge im stillen Landesinneren - Versinnbildlichungen monumentaler Frömmigkeit, die wesentlicher Bestandteil der umfriedeten Pfarrbezirke (enclos paroissiaux, siehe Special DIE ENCLOS PAROISSIAUX) sind. Das Finistère ist aber auch das Land der Maler mit Paul Gauguin an der Spitze, die hier auf der Suche nach neuen Ausdrucksmöglichkeiten für ihre Kunst fündig wurden.

ARGOL   170 □ B3

Der seltsame Name dieses Ortes, der etwa mit "Angst vor dem Untergang" zu übersetzen ist, wird - in der sagenumwobenen Bretagne nur zu verständlich - mit der legendären Stadt Ys in Verbindung gebracht (siehe LAND & LEUTE). Mag sein, Fundiertes wird man in dem auf der Halbinsel Crozon gelegenen Dorf, das auch einen der für die Region so typischen enclos paroissial sein eigen nennt, auf jeden Fall im

Die Pont de Recouvrance - bedeutendste Hebebrücke Europas - bei Brest

Musée du Cidre (Route de Brest) erfahren. Schließlich ist die Region für ihr erfrischendes Apfelgetränk bekannt und hat sich auch eine eigene Herkunftsbezeichnung (Appelation), "Cidre de Cournouaille", erkämpft (siehe ESSEN & TRINKEN). Klar, daß nach der Visite auch eine Degustation angesagt ist, und für zu Hause kann man in der angeschlossenen Boutique die eine oder andere Flasche käuflich erwerben. Falls der Museumsdurst danach noch immer nicht gelöscht ist, kann noch ein Besuch im Musée de l'ancienne Metiers vivants (Demonstration alter Handwerksberufe) auf die Tagesordnung gesetzt werden. Alternativ bietet sich eine Wanderung im angrenzenden Flecken Le Loc'h an, der dafür bekannt ist, daß man bei Ebbe reichlich Crevetten, Krabben oder auch Bigorneaux sammeln kann.

AUDIERNE   170 □ A4

Audierne, bei diesem Namen schnalzen die großen französischen Küchenchefs mit der Zunge. Denn aus dem hübschen Hafenort beziehen sie hauptsächlich die köstlichen Meerestiere, z. B. Langusten, Hummer oder Meerspinnen. Hier, im Schatten der Eglise St-Raymond-Nonnat aus dem 17. Jahrhundert, gibt es die größten Meerwasserbecken der Grande Nation (Grands viviers).

BEG-MEIL   170 □ C4

Der Name "Mühlenspitze" erinnert daran, daß hier einstmals eine alte Moulin ihre Räder im Wind drehte. Ansonsten wäre der Concarneau gegenüberliegende Badeort mit seinen feinen Sandstränden und der **Chapelle Notre-Dame-des-Neiges** nicht weiter erwähnenswert, wenn nicht VIP's wie Marcel Proust oder Sarah Bernhardt seinen leicht mondänen Touch Anfang des Jahrhunderts begründet hätten.

BENODET   170 ☐ C4

Der verwundete Guillaume Apollinaire verglich bei einem Genesungsaufenthalt im Jahr 1917 das Städtchen wegen seines Klimas, seiner Feigenbäume und seiner reinen Luft mit der Côte d'Azur. Auch Marcel Proust, Emile Zola oder Sarah Bernhardt waren von den Straßen um den kleinen Hafen, dem Leuchtturm (**Phare de la Pyramide**) und der **Eglise St-Thomas** entzückt und legten damit gemeinsam mit den Künstlern der Pont-Aven-Schule, deren Bilder in Paris einen ersten Eindruck von der Schönheit der Region vermittelten, den Grundstein für Bénodets Ruf als geschätztem Badeort, dem am Ufer des Flüßchens Odet zwei Schlösser vorgelagert sind, das **Château de Kergoz**, in das Winston Churchill mehrmals zum Malen einkehrte, sowie das **Château de Lanhuron**.

BERVEN   170 ☐ C2

Es ist für den heutigen Besucher immer wieder erstaunlich, in einem winzig-kleinen Ort eine vergleichsweise riesige und teilweise überaus prächtig ausgeschmückte Kirche anzutreffen. Doch darin spiegelt sich halt oft der Wohlstand, der während der Bauzeit in der jeweiligen Region/Stadt/Gemeinde geherrscht hat. Ein Paradebeispiel dafür ist die **Chapelle Notre-Dame** in Berven, die nicht nur ein kirchliches Meisterwerk der Renaissance im Departement darstellt, sondern deren ebenso imposanter wie grazil gearbeiteter Turm auch einer Kathedrale zur Ehre gereichen würde.

BRASPARTS   170 ☐ C3

Es dürfte nicht weiter verwunderlich sein, daß ein Schriftsteller dem bretonischen Nationalgetränk ein literarisches Denkmal setzte. So geschehen im Jahr 1901, als der in Brasparts geborene Frédéric Le Guyader seinen Lobgesang auf den Cidre anstimmte. Sehenswert ist in diesem Dörfchen, wie nicht anders zu erwarten, wieder der **enclos paroissial** mit einem Kalvarienberg aus dem 16. Jahrhundert sowie die Pfarrkirche (mit Madonna).

BREST   170 ☐ A2

Spricht der Bretagne-Reisende die Einheimischen auf die bekannte Hafenstadt an, wird er in der Regel nur ein leichtes Abwinken ernten mit dem Zusatz: "Das war einmal". Die einst blühende Stadt ging im Bombenhagel während des Zweiten Weltkrieges fast vollständig zugrunde und wurde - im Unterschied etwa zu St-Malo - im modern-funktionalen Stil wiederaufgebaut.

Der Tour de la Motte-Tanguy in Brest mit stadtgeschichlichem Museum

Schon die Fahrt durch triste Vororte oder unwirtliches Gewerbe- bzw. Hafengebiet läßt nichts Gutes erwarten. Und steht man dann erst einmal im Zentrum mit seinen breiten, coolen Straßenschneisen, die dem Blick nirgendwo Halt bieten, möchte man am liebsten gleich wieder weg. Eine Stadt vom Reißbrett, ohne Herz geplant und realisiert, darin vielen gesichtslosen Trabantenstädten ähnlich - auf so Schlimmes dürfte selbst der größte Pessimist nicht gefaßt sein. Die Flanier- und Hauptgeschäftsmeile ist die "Rue de Siam", nicht weiter erwähnenswert, laut und breit (in einer Parallelstraße, der Rue traverse 22, befindet sich allerdings das sehenswerte **Musée des Beaux-Arts**). Und entdeckt man doch einmal ein wirklich interessantes Geschäft wie das "Comptoir Exotique" (No. 79, siehe TIPS & TRENDS), so verliert man die Lust, über die Schwelle zu schreiten, angesichts des Schildchens "Entrée pas gratuite" (Eintritt nicht gebührenfrei). Aber Brest kann

doch mit einigen Sehenswürdigkeiten aufwarten, wobei an erster Stelle das im Jachthafen (Hinweisschild **Port de plaisance**, der berühmte Kriegshafen ist ohnehin für Touristen gesperrt) gelegene **Océanopolis** zu nennen ist, das wissenschaftlich-technische Museum des Meeres, 1990 in einem modernen, der Form eines Krebses nachempfundenen Gebäude eingerichtet. Der Besucherandrang kann, besonders an regnerischen Tagen, wenn kein Baden möglich ist, enorm sein; da müssen dann schon mehrstündige Wartezeiten in einer endlosen Schlange eingeplant werden. Aber es lohnt sich, besonders auch für Kinder, denn auf drei Ebenen wird ein umfassender Einblick in die Welt des Meeres geboten, wobei allein sechs riesige Meerwasseraquarien locken. Auch das **Conservatoire Botanique National** liegt weit außerhalb des Zentrums, nördlich im Vallon du Stang Alar (22, Allée du Bot). Im angeschlossenen Park können Pflanzen aller Kontinente bewundert werden, darunter auch solche, die nur noch ganz selten anzutreffen oder die sogar in ihrem natürlichen Umfeld schon ausgestorben sind. Von den historischen Bauten ist praktisch nur noch die Festung (**Château**) erhalten, in der heute das **Musée de la Marine** (Marinemuseum) eingerichtet ist; den **Tour de la Motte-Tanguy** direkt neben der **Pont de Recouvrance** (eine der bedeutendsten europäischen Hebebrücken) nicht zu vergessen, ein Turm aus dem 14. Jahrhundert, in dem das stadtgeschichtliche **Musée du Vieux Brest** seine Exponate zeigt, die eine Ahnung vom früheren Glanz der Stadt vermitteln können.

CAMARET SUR MER   170 □ A3

Die Maler sind sicherlich nicht so bekannt wie diejenigen in Pont-Aven, aber auch in diesem Ort auf der Halbinsel Crozon entwickelte sich nach 1870 eine Künstler-Kolonie mit Eugène Boudin (1824-1898), einem Vorläufer der Impressionisten, als Protagonisten. Die Maler, mit Charles Cottet an der Spitze - wie auch einige Dichter, z. B. Saint-Pol-Roux - ließen sich vom Leben und Alltag der einfachen Fischerfamilien oder dem natürlichen Reiz des Städtchens gefangennehmen, in dem heute vor allem der **Tour Vauban** oder die Kapelle **Notre-Dame-de-Rocamadour** von touristischem Interesse sind. Im **Musée de la Marine** erfährt der Besucher von den glorreichen Zeiten des Sardinenfangs und der längst vergangenen Epoche, als Camaret Hauptfanghafen für Langusten war. Und er bekommt Einblicke in die Anfänge der Unterseeboot-Entwicklung. Denn hier erprobte der Amerikaner Fulton im Jahr 1801 ein kleines Schiff, das mit fünf Mann Besatzung tatsächlich schon einige Stunden unter Wasser bleiben und fahren konnte. Da verwundert es kaum, daß auch Frankreichs Marine die Operationsbasis der atomaren U-Boot-Flotte ganz in der Nähe stationiert hat. In der Umgebung locken die **Pointe de Pen-Hir** mit einer tollen Aussicht von einer 70 Meter über dem Meer gelegenen Plattform (in der Hochsaison allerdings besser meiden) oder die **Alignements de Lagatjar** mit 143 Menhiren.

CARHAIX-PLOUGUER   170 □ D3

Eine Bronzestatue auf dem Place du-Champ-de-Bataille dieser hübschen Kleinstadt mit ihren sehenswerten alten Häusern (z. B. in der **Rue Brizeux**) zeigt einen Soldaten. Nichts Besonderes, wird man zunächst denken. Doch der bekannteste Sohn der Stadt, Théophile-Malo Corret, genannt Tour d'Auvergne, unterschied sich doch in wesentlichen Punkten von seinen Mitstreitern. Schon vor dem Eintritt ins Militär interessierte er sich für die bretonische Sprache und überlegte später allen Ernstes, ob sich Adam und Eva im Paradies nicht vielleicht auf bretonisch unterhalten

haben könnten. Sodann lehnte er trotz großer Erfolge jegliche militärische Beförderung ab, um als Hauptmann bei seinen Leuten bleiben zu können. Die Kriege Napoleons zwangen den in den Ruhestand getretenen Soldaten mit 56 Jahren an die Front zurück, da er sich freiwillig anstelle des Sohnes seines Bretonisch-Lehrers meldete, der bereits alle anderen männlichen Nachkommen im Gemetzel verloren hatte. Und wieder zeichnete sich La Tour d'Auvergne durch seine Tapferkeit aus und wurde von Bonaparte - da er andere Ehren wieder ausschlug - zum "Ersten Grenadier der Republik" ernannt.

CHATEAUNEUF-DU-FAOU   170 □ C3

Vom namensgebenden Schloß sind in der Stadt mit ihrer schönen Promenade entlang des Flüßchens Aulne (in dem sich noch immer Lachs und Hecht tummeln) nur noch einige Steine übriggeblieben. Überregio-

COMBRIT   170 □ B4

Von Combrit aus bietet es sich quasi an, dem idyllischen Lauf des Odet entlang bis nach Quimper zu folgen, am besten auf dem Sattel eines Fahrrades sitzend, vorbei an Schlössern wie **Château de Kerouilin**, **Château de Bodivit**, **Château de Kerouzien** oder **Château du Perennou**, um nur mal die nächstliegenden zu nennen. Und welch Pflanzenreichtum die bevorzugte Lage des Ortes zwischen Meer und Fluß ermöglicht, kann jedermann bewundern, der den **Jardin Botanique de Cournouaille** besucht; auf 3,5 Hektar wachsen Kamelien, Magnolien, Azaleen oder die schönsten Rosen. Als Alternative steht das **Musée de la Musique Mécanique** bereit, in dem Musikautomaten aus dem 18. bis 20. Jahrhundert ausgestellt sind.

Eines der zahllosen Privatschlösser im Finistère

nalen Bekanntheitsgrad erlangte Châteauneuf durch seinen prominenten Bürger, den Maler Paul Sérusier, der sich Anfang des 20. Jahrhunderts hier niederließ, die Taufkapelle der Kirche und sein Wohnhaus mit sehenswerten Fresken ausmalte.

COMMANA   170 □ C2

Eine Quelle macht heute den Erfolg des Örtchens aus, das auch mit einem sehenswerten **enclos paroissial** (samt prächtigem Annen-Altar) aufwarten kann. Denn das hier abgefüllte Mineralwasser zeichnet sich durch einen sensationell niedrigen Nitrat-Gehalt aus und findet daher reißenden Absatz. Am Ortsausgang zieht ein megalithisches Langgrab (14 Meter) die Blicke auf sich, die **Allée couverte du Mougau**.

CONCARNEAU   170 □ C4

Klick - schon wieder hat ein Tourist ein Bild geschossen - von der mauerumschlossenen Altstadt Concarneaus natürlich, die mit zu den beliebtesten Motiven für Hobbyfotografen in französischen Landen zählt. Selbst im Sommer, wenn sich hier Besuchermassen durch die engen, gepflasterten Gassen schieben - Satiriker sprechen vom

dabei auf den gegenüberliegenden Hafen zu blicken, in dem die (nach Boulogne und Lorient) drittgrößte französische Frischfisch-Fangflotte zu Hause ist. Frühaufsteher oder auch Nachteulen sollten sich nach Mitternacht keinesfalls das Entladen der reichen Fracht am **Quai Carnot** entgehen lassen. Ein Muß ist danach frühmorgens der Besuch der **La Criée** genannten Fischauktionshalle im Hafen. Falls genügend Zeit vorhanden ist, können auch noch die Exponate des **Marinariums** (Place du Vivier) besichtigt werden. Cineasten werden die **Ville Close** sofort wiedererkennen, drehte Claude Chabrol hier doch seinen Klassiker "Die Phantome des Hutmachers" mit Charles Aznavour und Michel Serrault

nau zu dem Zeitpunkt auf den Plan getreten war, als die geheimnisumwobene Stadt Ys von den Meeresfluten verschlungen worden war (siehe LAND & LEUTE), ist fraglos einer der wichtigsten Umschlagplätze für die leckeren Meerestiere (Platz 5 in Frankreichs Fischfang-Statistik). Im 19. Jahrhundert hatte die Stadt am Mündungstrichter des Flüßchens Port-Rhu noch eine herausragendere Position, denn nur hier und in Concarneau gab es zunächst Konservenfabriken, in denen die Sardinen verarbeitet wurden. In Douarnenez gilt es, vier Häfen zu unterscheiden, den Jachthafen Tréboul, den Port Rosmeur für den Küstenfischfang, den Neuen Hafen (Nouveau Port) für die Hochseefischerei (besonders auch Langusten) sowie den **Port Rhu**, der in ein einziges und einzigartiges Museum verwandelt wurde. Doch museal geht es hier ganz und gar nicht zu, vielmehr kann der Besucher in zahlreichen Ateliers Schiffsbaukunst in der täglichen Praxis beobachten. Auch ein veritables Museum ist dem Gesamtkomplex integriert, aber im **Musée du Bateau**, in der riesigen Halle einer einstigen Konservenfabrik etabliert, ist nicht nur eine tolle Sammlung von mehr als 200 Schiffen zu bewundern, sondern der Besucher kann sich z. B. auch zur Entdeckungsfahrt auf einem altem Sardinendampfer "anheuern" lassen. Vor dem Port-Rhu liegt im Mündungstrichter des Flüßchens die **Ile Tristan**, von der die bekannte Tristan-Fabel ihren Ausgang nahm (siehe LAND & LEUTE).

GUIMILIAU   170 □ C2

Das Beispiel Guimiliau zeigt, daß der Bau der **enclos paroissiaux** nicht immer nur rein religiöse Hintergründe hatte, sondern auch schon mal Repräsentationszwecken diente. Denn zwischen Guimiliau und dem benachbarten St-Thégonnec brach im 16. Jahrhundert so etwas wie ein Wettstreit darüber aus, wer sich wohl die prächtigere Anlage leisten könne. Dabei stand die Ausgestaltung des Kalvarienbergs im Mittelpunkt. Der heutige Besucher kann davon profitieren, trifft er doch in beiden Orten auf eine Überfülle von in Granit gemeißelten Figuren. In Guimiliau sind es deren 200, die Szenen aus dem Leben Christi darstellen. Auch in der Nachbargemeinde **Lampaul-Guimiliau** kann ein noch völlig intakter Umfriedeter Pfarrbezirk besichtigt werden, aber hier lohnt vor allem das Kircheninterieur einen Besuch mit kostbarer skulptura-

Die moderne Fischfangflotte im Hafen von Concarneau

europaweit höchsten Menschenaufkommen pro Quadratmeter -, läßt sich der Reiz der wehrhaften, auf einer 350 Meter langen und 100 Meter breiten Insel errichteten Anlage noch erahnen. Und man sieht lächelnd darüber hinweg, daß das Personal des **Musée de la Pêche** (Fischereimuseum, Rue Vauban) seinen Feierabend einfach um eine Stunde vorverlegen wollte. Wer außer Touristen kann auch schon auf die verrückte Idee kommen, ausgerechnet bei strahlendem Sonnenschein Aquarien oder Fischfanggeräte anschauen zu wollen. Aber es ist ohnehin viel schöner, im Frühjahr über die mächtigen Stadtmauern aus dem 14. Jahrhundert zu wandern und

in den Hauptrollen. Erstaunlich, wie es dem Regisseur und seinem Team gelungen ist, die unzähligen Souvenir-Läden, die die autofreie Altstadt säumen, zu kaschieren. Auch Paul Gauguin hatte seinerzeit vom benachbarten Pont-Aven eine Stippvisite gemacht, mit einem für ihn wenig erfreulichen Ende, denn nach einer wüsten Prügelei blieb der Maler-Papst mit gebrochenem Bein zurück.

DOUARNENEZ   170 □ B3

69 Fischerei- bzw. Handelshäfen gibt es derzeit im Departement Finistère. Und Douarnenez, das, wie die Sage will, ge-

ler Grablegung oder reich geschnitztem Chorretabel.

HUELGOAT   170 □ D2

Schon der Name des Ortes, der eine Verbindung zum bis hierhin reichenden Zauberwald Brocéliande der Artus-Sage herstellt, läßt erahnen, warum die Touristen in Scharen nach Huelgoat kommen. Der Ort selbst mit Teich, **Chapelle Notre-Dame-des-Cieux** oder **Eglise St-Yves** kann nicht der Grund sein, wohl aber der umgebende Wald, der **Forêt d'Huelgoat**, um den sich Legenden ranken, die sich in Naturdenkmälern konkretisieren. Die Wanderwege sind ausgeschildert und führen beispielsweise zum **Chaos du Moulin** (einem malerischen Granitfelsenmeer), zum **Roche Tremblante** (100 Tonnen schwerer Granitfels, den man zum Schwanken bringen kann), **Trou du Diable** (Teufelsloch genannte Grotte), **Camp d'Artus** (Feldlager des Artus, eine ummauerte keltische Siedlung) oder **Grotte d'Artus** (Artus-Grotte). Im Nachbarort **Poullaouen** wurde von 1730 bis 1867 eine Bleimine ausgebeutet, die den schönen Vorteil hatte, daß mehr Silber als Blei gefördert wurde - und die fleißigen Direktoren stammten allesamt aus deutschen Landen.

ILE DE SEIN   170 □ A4

Es ist die westlichste Bastion des alten europäischen Kontinents - vor Amerika. Und es ist eine ziemlich unwirtliche Gegend, auf der weder Baum noch Büsche wachsen. Und früher war die noch nicht einmal einen Quadratkilometer große Insel bei den Seeleuten wegen ihrer gefährlichen Klippen gefürchtet. "Wer Sein sieht, sieht sein Ende", so lautete ein geflügeltes Sprichwort. Die Insel ist so flach, daß sie schon mal bei heftigem Sturm überflutet werden kann, so geschehen z. B. im Jahr 1919, als die Einheimischen auf die Dächer ihrer Häuser flüchten mußten. Die Insel hat sich einen Ruf als Herzstück der französischen Résistance erworben, denn alle Bewohner hatten sich im Jahr 1940 dem Aufruf von de Gaulle angeschlossen. Nur eine Stunde dauert die Überfahrt heute von Audierne aus. Wer hierhin kommt, kann sich die **Eglise St-Guénole** oder die **Chapelle St-Corentin** anschauen. Pitoresk aber fraglos auch die weißfarbenen Häuser mit ihren bunt bemalten Fensterläden, die sich entlang schmaler Gassen reihen.

ILE D'OUESSANT   170 □ A1

Die bretonischen Legenden sahen in den Inseln die Grabstätten der alten heidnischen Götter. Daran mag natürlich heutzutage niemand mehr glauben, aber gerade die **Ile d'Ouessant** und das benachbarte **Archipel de Molène** erfreuen sich gerade in unserer Zeit höchster internationaler Wertschätzung. Denn die UNESCO verlieh ihnen 1988 das Gütezeichen "Réserve de la Biosphère" und würdigte damit die vorbildliche Erhaltung natürlicher Landschafts- und Siedlungsformen. Das Mysteriöse, mit dem die Inseln früher umgeben wurden, nährte sich auch aus den zahlreichen Havarien, die diese vielbefahrene

Route - bis zum Ende des 19. Jahrhunderts die einzige Möglichkeit, vom Atlantik in den Ärmelkanal zu gelangen - berühmt-berüchtigt gemacht hatten und in die Annalen der Seefahrt eingehen ließen. Unzählige Klippen, dichter Nebel oder starke Strömungen waren die Ursache vieler Katastrophen, von denen besonders der Untergang des englischen Passagierdampfers "Drummond Castle" am 16. Juni 1896 noch heute in schrecklicher Erinnerung ist. Das Schiff, das auf ein Riff aufgelaufen war, sank innerhalb von vier Minuten und zog dabei 243 Menschen mit in die Tiefe. Auch heute noch mag so manchem Seemann - trotz aller High-Tech-Ausrüstung - die schwierige Passage ein Kneifen im Bauch bescheren. Und die Einheimischen leben Tag für Tag mit der Furcht vor einem neuerlichen Tanker-Unglück. Der Besucher gelangt von Brest aus auf die Insel d'Ouessant, man kann aber auch in Le Conquet zusteigen. In Molène, nur ca. einen Kilo-

meter lang und breit, wird manchmal Zwischenstop gemacht, doch Sehenswertes findet man nur auf der Ile d'Ouessant, die für ihre Salzlämmer und in immer stärkerem Maße auch für ihre Algenkultur bekannt ist - und auch für ungewöhnliche, wenn auch vergangene Bräuche, z. B. die führende gesellschaftliche Rolle der Frau, was sich am stärksten darin dokumentierte, daß auf d'Ouessant den Frauen die Initiative beim Heiratsantrag zufiel. Die Insel ist gerade mal sieben Kilometer lang und vier Kilometer breit, wobei der Ausblick auf die schroffen Felsen vor der Küste dem Touristen so manchen Schauer über den Rücken treiben dürfte. Fischfang war hier früher unmöglich, da schlicht und ergreifend lebensgefährlich. In **Lampaul**, dem Hauptort der Insel, gefallen die schlichten, alten Häuser, deren Fensterläden in den traditionellen Farben grün oder blau angestrichen sind. In **Niou-Uhella** läßt das **Ecomusée** den Schluß zu, daß Schiffsunglücke für die Einheimischen nicht immer von Nachteil waren, denn das Mobiliar wurde in der Regel offenbar aus Holz von Wracks gefertigt. Und das **Musée des Phares et Balises**, natürlich neben einem Leuchtturm, dem **Phare de Créac'h**, gelegen, gibt einen Einblick in die Geschichte der Seezeichen von der Antike bis in die Neuzeit.

LA MARTYRE   170 □ C2

Einst zählte der Marktflecken zu den bedeutendsten Handelsplätzen Europas. Besonders im Monat Juli, wenn sich stets acht Tage lang die Händler trafen, um Tuch oder Tiere zu verkaufen, herrschte hier Hochbetrieb. Heute erinnert in dem verträumten Dörfchen höchstens noch der prächtige **enclos paroissial**, einer der schönsten seiner Art in der Bretagne, den man nach Durchschreiten eines imposanten Triumphbogens betritt, an den früheren Wohlstand.

LANDERNEAU   170 □ B2

Ausgerechnet in der damals noch ökonomisch als zurückgeblieben und hinterwäldlerisch verschrienen Bretagne begann der Siegeszug der gigantischen Supermarktketten mit ihren zahllosen Filialen. Und es war nun gerade das Departement Finistère, das für die ersten Gehversuche der Giganten Leclerc und Rallye ausgewählt wurde. In Landerneau eröffnete Edouard

Leclerc im Jahr 1949 sein erstes Magazin - und der mächtige Wirtschaftsboß dankte es der Gemeinde auf seine Weise, indem er die Lokalitäten seines Starterfolges, Schuppen und Kloster einer ehemaligen Abtei, aufwendig restaurieren ließ. 500 Meter entfernt befindet sich die **Pont de Rohan** aus dem Jahr 1510, eine der letzten bewohnten Brücken Europas. Sehenswert sind auch die beiden örtlichen Kirchen, die **Eglise St-Houardon** und die **Eglise St-Thomas-de-Cantorbéry** sowie außerhalb das **Château de la Joyeuse-Garde**.

LANDEVENNEC   170 □ B3

Sein mildes Klima hat dem Ort an der Aulne-Mündung den Beinamen "Petit Nice" (Klein-Nizza) eingebracht, schließlich erblühen hier schon bei Winterende die Mimosen. Landevennec lebt ansonsten von der ruhmreichen Vergangenheit, denn die 485 gegründete Abtei ist die älteste heilige Stätte der Bretagne, von der heute allerdings nur noch Ruinen übrig sind. Die Bedeutung des Klosters wird in einem Museum gewürdigt.

LE FOLGOET   170 □ B2

"Wald des Verrückten", so in etwa läßt sich der Ortsname übersetzen. Damit wird an eine Legende erinnert, die Le Folgoët zu einem der meist verehrten und besuchten Wallfahrtszentren der Bretagne hat aufsteigen lassen (Großer Pardon - Wallfahrt - im September). Denn im 15. Jahrhundert soll ein verwirrter Mann im Wald gelebt haben, dessen Lieblingsbeschäftigung darin bestand, "Ave Maria" zu murmeln. Nach seinem Tod soll aus seinem Grab eine Lilie entsprungen sein, die die Aufschrift "Ave Maria" trug. Dieses Wunder war der Anlaß für die Errichtung der **Basilique Notre-Dame du Folgoët** gewesen, in der besonders der Lettner aus Granit, ein Meisterwerk bretonischer Bildhauerkunst des Spätmittelalters, Erwähnung verdient. Im benachbarten **St-Fregant** erwartet den Touristen das **Château de Penmarc'h** aus dem Jahr 1546, in dem der Legende nach der verwundete Tristan Zuflucht gefunden hatte.

LOCRONAN   170 □ B3

Zu einer Zeit, im Jahr 1912, als der Tourismus heutiger Ausprägung noch in den Kinderschuhen steckte, dachte man in dieser Gemeinde bereits über mögliche Vorteile nach, die eine sachkundige Restaurierung der Stadt mit ihrer Vielzahl von im 17. und 18. Jahrhundert erbauten Häu-

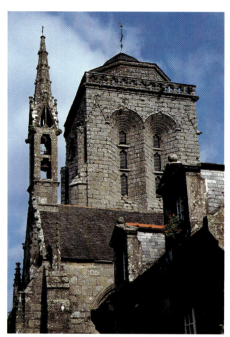

Die Kirche St-Ronan in Locronan

sern für die Besucherfrequenz haben könnte. Clever war man schließlich in Locronan schon immer gewesen, hatte man es mit dem Verkauf von Leinen nach Schottland und Spanien in der beginnenden Neuzeit zu großem Wohlstand gebracht - ein Ziel, das der Gründer des Ortes, der Mönch Ronan, beileibe nicht im Auge hatte. Der touristische Erfolg war denn auch durchschlagend: Man kann sich kaum ein schöneres, geschlosseneres architektonisches Gesamtbild vorstellen, als es sich dem Besucher auf dem Marktplatz mit der **Eglise St-Ronan**, einem alten Brunnen und den umstehenden Häusern aus dem 17./ 18. Jahrhundert im Renaissance-Stil darbietet. Kein Wunder, daß sich hier die Besuchermassen im Sommer drängen, einen Blick in das **Maison des Artisans** (Haus des Kunsthandwerks) werfen und natürlich auch durch die umliegenden Gassen flanieren, vor allem durch die pittoreske **Rue Moal**, die direkt zur **Chapelle Notre-Dame-de-Bonne-Nouvelle** führt. Locronan wurde auch eine bevorzugte Film-Kulisse für zahlreiche Regisseure; es gibt keinen Ort im Departement, der öfter auf der Cinema-Leinwand oder auch im Fernsehen zu sehen ist. Roman Polanski nutzte den Ort,

der auch - ebenso wie die Nachbargemeinde **Ste-Anne-la-Palud** - für seine Pardons (Wallfahrten) berühmt ist (siehe LAND & LEUTE oder Besuch des **Musée Municipal**), im Jahr 1980 als idealen Rahmen für seinen Film "Tess", den er mit Nastassia Kinski in der Hauptrolle hier drehte. Auch der Streifen "Chouans" (1989) von Philippe de Broca mit Sophie Marceau und Philippe Noiret hatte Locronan als Schauplatz. Der Künstler Yves Tanguy verlebte hier seine Jugendjahre.

MENEZ-HOM   170 □ B3

Ein heiliger Berg, das war der 330 Meter hohe Menez-Hom, am Rand der Halbinsel Crozon gelegen, schon in grauer Vorzeit. Kein Wunder, strahlt von dem kahlen Fels auch heute noch etwas Hoheitsvolles aus, genau passend für einen Sonnen-Kult oder für die Verehrung einer Göttin Brigitte. Der Aufstieg wird belohnt von einer wahrlich traumhaften Aussicht, z. B. auf Brest oder über die Montagnes Noires.

MORLAIX   170 □ D2

Es wirkt schon mehr als seltsam, das Zentrum dieser rührigen Stadt, denn es wird - ziemlich brutal - durch einen riesigen **Viadukt** (285 Meter lang, 58 Meter hoch)

durchschnitten, der das Tal des Flusses Dossen überbrückt. In der Saison bricht die City gleichsam unter dem Autoverkehr zusammen. Hier einen Parkplatz zu bekommen, ist reine Glückssache, die Karossen werden daher nach außerhalb weitergeleitet - was einen kilometerlangen Fußweg zurück ins Zentrum zur Folge hat. Nicht gerade eine nette Begrüßung, doch dafür wird man später beim Schlendern durch die pittoreske Altstadt mehr als ent-

Der Leuchtturm auf der Pointe de St-Mathieu

schädigt. Schöne Fachwerkhäuser sind z. B. in der **Rue Ange-de-Guernisac** zu besichtigen, und auch die **Grande Rue** (Fußgängerzone) kann mit Gebäuden aus dem 15. Jahrhundert aufwarten, die allerdings im Schatten des in der nahen **Rue du Mur** stehenden achitektonischen Schmuckstücks der Stadt, dem **Maison de la Reine Anne** (Haus der Königin Anna) stehen; bei letzterem handelt es sich um ein sogenanntes Laternen-Haus, das zwischen dem 15. und 17. Jahrhundert nur in Morlaix gebaut wurde, sich durch einen figürlich reich geschmückten Vorbau und ein großes Mittelzimmer auszeichnet, das die ganze Höhe des Hauses bis unters Dach einnimmt und sein Licht durch ein im Dach eingebautes Fenster erhält. Raucher wird es vielleicht interessieren zu erfahren, daß in der Stadt, die einstmals mit Tuchhandel, Goldschmiedekunst und dem Piratenhandwerk - im 18. Jahrhundert war hier die größte französische Piraten-Flotille "stationiert" - ihren Wohlstand begründete, bereits im Jahr 1736 eine Tabakmanufaktur eröffnet wurde, die noch heute Glimmstengel produziert (Quai du Léon). Biertrinker sollten nicht versäumen, die lokale Spezialität, das **Coreff**, zu verkosten. Unter den Kirchen der Stadt sind für den Touristen vor allem die **Eglise St-Mathieu** sowie die **Eglise Ste-Mélaine** von Interesse. Lohnenswert ist aber auch eine Visite im **Musée des Jacobins** (Place des Jacobins), das nicht nur mit viel beachteten Wechselausstellungen (jüngst z. B. Camille Claudel), sondern auch mit wertvollen Exponaten

zur Stadtgeschichte und einer schönen Sammlung Moderner Malerei aufwarten kann. In der Bucht von Morlaix thront das **Château du Taureau** gleichsam auf einer

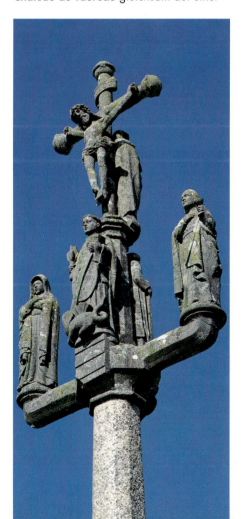

Felseninsel über dem Wasser, eine wehrhaft-trutzige Anlage, die 1552 fertiggestellt wurde, um die Stadt vor englischen Angriffen zu bewahren.

PLEYBEN   170 ☐ C3

Der kleine Ort genießt höchstes Ansehen wegen seiner köstlichen Galettes sowie wegen seines enclos paroissial, der einer der schönsten Kalvarienberge der Bretagne sein eigen nennt. Auf einem riesigen Sockel stehend, erzählen die Figuren das Leben Jesus, wobei einige der Granitskulpturen bretonische Gewänder tragen, genau der Mode entsprechend, die um 1555, dem Jahr der Fertigstellung, offenbar en vogue war.

PLOUEZOC'H   170 ☐ D1

Als "bretonischen Parthenon" hat André Malraux, der gelernte Archäologe, Schriftsteller und Politiker, in leichter Übertreibung das Monument der Megalith-Kultur bezeichnet, das sich an der Bucht von Morlaix unweit der Gemeinde Plouezoc'h (mit dem obligatorischen **enclos paroissial**) erhebt. Aber der **Cairn de Barnenez** genannte Fürstenhügel aus stufenweise geschichtetem Granit und Dolerit wirkt mit seinen Maßen tatsächlich mehr als imposant, 70 Meter lang und 25 Meter breit, birgt er nicht weniger als elf mächtige Grabkammern.

PLOUGASTEL-DAOULAS   170 ☐ B2

Noch unter dem tiefen Eindruck, den die Pest des Jahres 1598 hinterlassen hatte, entschlossen sich die Einwohner des Städtchens zu einem enormen finanziellen Kraftakt und gaben den Bau eines riesigen **Kalvarienbergs** mit stattlichen 180 Figuren in Auftrag, der zwar im Zweiten Weltkrieg stark in Mitleidenschaft gezogen, doch inzwischen längst wieder aufwendig restauriert wurde.

POINTE DU RAZ   170 ☐ A4

Jeder will es sehen, das Ende der Welt, denn wo, wenn nicht hier, am westlichsten Punkt des Festlandes, könnte der Name des Departements Finistère am prägnantesten sein. Im Sommer sollte man daher vielleicht auf eine Besichtigung verzichten, denn den schönen Ausblick und die schroffen Felsen, an denen sich die Wellen mit ohrenbetäubendem Tosen brechen, kann man andernorts in der Region genauso gut bewundern - mit viel mehr Ruhe und ohne den nervenden Rummel.

PONT-AVEN   170 □ D4

Selbst wer noch nie etwas von der "Schule von Pont-Aven" gehört hat, wird angesichts der Vielzahl von Galerien auf den Gedanken kommen, daß in diesem Örtchen die Kunst regiert(e). Und trotz des Touristenrummels, der in der Saison hier herrscht, wird man schon beim ersten Augenschein verstehen können, daß sich Paul Gauguin und seine Freunde hier wohlgefühlt haben müssen. Schließlich war Pont-Aven auch schon vor dem künstlerischen Musenkuß als idyllisches Fleckchen bekannt, das seinen Reiz vom plätschernd durch den Ort fließenden Aven erhält. "Bekannte Stadt, 14 Mühlen, 15 Häuser", so lautet ein Sprichwort, das nur noch bedingt seine Gültigkeit hat, denn von den Mühlen ist praktisch nur noch eine einzige gänzlich erhalten, die **Moulin de Rosmadec**, in der ein Gourmet-Restaurant der Spitzenklasse eingerichtet wurde (siehe ESSEN & TRINKEN). Und auch seine Galettes (Butterkekse) haben Pont-Aven berühmt gemacht. Dennoch, an Paul Gauguin führt hier einfach kein Weg vorbei. Denn der Meister hatte sich 1886 auf der Suche nach neuen Ausdrucksformen der Malerei nach Pont-Aven begeben, im Haus von Marie-Jeanne Gloanec (heute "Maison de la Presse") Quartier bezogen und nach dem Zusammentreffen mit Emile Bernard eine Künstlergruppe begründet, die als "Schule von Pont-Aven" weltweit bekannt wurde. Etwa 20 Maler sollten bis 1896 hier ihre Staffelei aufstellen, darunter Namen wie Paul Sérusier oder Maurice Denis. Es versteht sich von selbst, daß im örtlichen **Museum** (Place de l'Hôtel de Ville) dieser bedeutenden Epoche in der Geschichte des Dorfes gedacht wird. Und auch im benachbarten Wald, dem **Bois d'Amour,** der sich am Ufer des Aven auf einer Anhöhe hinzieht, sind auf einem Rundgang die Plätze, die den Künstlern als Motive dienten, eigens gekennzeichnet. Im benachbarten **Nizon** kann man im Kalvarienberg das Kruzifix bewundern, das Gauguin bei seinem "Grünen Christus" verarbeitete, in der Kapelle von **Trémalo**, einer Kirche aus dem 16. Jahrhundert wird man das Original für den "Gelben Christus" entdecken.

POULDREUZIC   170 □ B4

Pierre-Jakez Hélias hat seiner Heimatgemeinde in seinem Welt-Bestseller "Le Cheval d'orgueil" - 1978 erschienen und in mehr als 20 Sprachen übersetzt - ein literarisches Denkmal gesetzt und dabei natürlich auch die **Chapelle de Penhors** einer Erwähnung für würdig befunden. Ähnlich bekannt wurde eine kulinarische Spezialität des Ortes, die Schweine-Paté des Hauses Hénaff, was mit deren Beliebtheit bei Matrosen aller Länder zu tun hatte.

QUIMPER   170 □ C4

Die Gründung der Stadt ist legendenumrankt und soll auf den sagenhaften König Gradlon zurückgehen, der den Mönch Corentin zum ersten Bischof Quimpers (bretonisch: kemper = Zusammenfluß, von Odet und Steir) ernannte. Der König hatte beobachtet, wie sich der Mönch Tag für Tag nur von einem halben Fisch ernährte, dessen andere Hälfte im Wasser immer wieder zu einem Ganzen nachwuchs. Das Herz der City, die Altstadt, liegt nördlich der Quais mit ihren zahllosen Bars und Cafés, in denen sicher auch schon die berühmtesten Bürger Quimpers wie der Maler und Schriftsteller Max Jacob (1876-1944) oder der Maler Pierre de Belay (1890-1947) gesessen haben dürften. Die Hauptsehenswürdigkeiten liegen alle in der Nähe des **Place St-Corentin**. Und da

Denkmal des Arztes Laënnec

ist an erster Stelle natürlich die berühmte **Kathedrale** zu nennen, ein mächtiger Bau mit einem 92 Meter langen Schiff, der vom 13. bis 15. Jahrhundert im gotischen Stil errichtet wurde, dem allerdings - ähn-

Portal der Kathedrale von Quimper

lich wie beim Kölner Dom - erst im 19. Jahrhundert die beiden Turmspitzen aufgesetzt wurden. Gleich nebenan in den Räumen des früheren Bischofspalastes öffnet das **Musée Départemental Breton** seine Pforten. Noch interessanter als die Exponate dieses Heimatmuseums sind die Sammlungen im **Musée des Beaux-Arts** mit Gemälden aus dem 14. bis 20. Jahrhundert. Vom Place St-Corentin erschließt sich die Altstadt beim Schlendern durch die **Rue Kéréon**, in der die schönsten Geschäfte und elegantesten Boutiquen ihre Waren feilbieten. Am Ende gelangt man zum **Place Terre-au-Duc**, einem malerischen Platz mit alten Fachwerkhäusern. Danach sollte man sich gen Locmaria aufmachen, einem Stadtteil, der Quimper durch seine Fayencen weltberühmt gemacht hat. Bereits 1690 wurde hier die erste Fayence-Manufaktur gegründet. Im **Musée de la faience Jules Verlingue** (Rue Jean-Baptiste Bousquet) kann man sich anhand von 500 Ausstellungsstücken einen Überblick über 300 Jahre Fayence-Produktion verschaffen. Oder man stattet einfach **HB-Henriot** (Rue haute), einer der beiden heute noch existierenden Manufakturen (die zweite ist die **Faiencerie Kéraluc**) einen Besuch ab, in deren Ateliers noch immer die Tradition der Handarbeit hochgehalten wird (der Tourist kann dort bei der Arbeit zuschauen). Wenn sich danach

Nach römisch-antiken Vorbildern gestaltetes Triumphtor des Enclos paroissial von Nizun

ein kleines Hungergefühl einstellt, sei der Weg zum **Musée de la Crêpe** (drei Kilometer außerhalb an der Straße nach Pont l'Abbé gelegen) empfohlen, wo neben einer Einführung in die Geschichte dieser bretonischen Spezialität natürlich auch eine Degustation geboten wird. Bleibt genügend Zeit, so kann man dem idyllischen Tal des Odet folgend vor den Toren der Stadt eine ganze Reihe von sehenswerten Schlössern besichtigen, z. B. **Château de Lanniron, Château de Keraval, Château de Kerdour** oder **Château de Lanroz.**

QUIMPERLE   170 □ D4

Trotz der inzwischen an Qimperlé vorbeiführenden Schnellstraße leidet die nette Kleinstadt noch immer etwas am starken Durchgangsverkehr. Doch jenseits der D 765, sowohl in der Oberstadt um die Kirche **Notre-Dame-de-l'Assomption,** als auch in der Unterstadt um die Kirche **Ste-Croix,** gibt es eine ganze Reihe romantisch-beschaulicher Plätze und Straßen. Sehenswert sind die alten Fachwerkhäuser in der **Rue Dom-Morice,** wo auch im **Maison**

des Archers (No. 7) das Heimatmuseum zu finden ist.

ROSCOFF   170 □ C1

Das - vor allem von Briten - gern besuchte Seebad ist noch immer stolz auf seinen berühmten Gast, denn die fünfjährige Maria Stuart hielt 1548 hier Einzug und sollte die kommenden 13 Jahre in Erwartung ihres François hier verbringen. Doch es gab auch eine ganze Reihe von Bretonen, die den umgekehrten Weg einschlugen und ihrerseits den Engländern ihre Aufwartung machten. Sie wurden **Les Johnnies** getauft, wobei es sich um Bauern handelte, die ab dem Jahr 1828 als fahrende Händler jenseits des Kanals einen Direktvertrieb ihrer Zwiebeln aufbauten. In früheren Zeiten war die Stadt dank ihrer Reeder und Korsaren zu Wohlstand gekommen, der sich nicht nur im Bau der Kirche **Notre-Dame-de-Kroaz-Batz** widerspiegelt, sondern auch in prächtigen Renaissancehäusern, vor allem in der **Rue Armand-Rousseau** zu bewundern. Fährt man zu der vor Roscoff gelegenen **Ile de Batz** hinaus, kann man

zudem einen Blick auf die Meerwasserbekken (viviers) werfen, in denen Langusten, Hummer & Co. gehalten werden.

St-POL-DE-LEON   170 □ C1

Die einst mächtige Bischofsstadt ist heute wegen ihrer bedeutenden landwirtschaftlichen Produktion (Gemüse) bekannt und beliefert den französischen Markt vor allem mit Blumenkohl, Artischocken und Schalotten. Kein Wunder daher, daß hier Anfang der 60er Jahre die sogenannte Artischockenschlacht ihren Ausgang nahm, als die kleinen und mittleren Bauern unter Führung des später mächtigen Genossenschaftsführers Alexis Gourvennec gegen die Freigabe der Preise und den Wegfall protektionistischer Maßnahmen protestierten - der Anfang einer starken bäuerlichen Organisation, die die Regierung zu zahlreichen Zugeständnissen zwingen sollte. An die glorreiche Vergangenheit der Stadt erinnern heute noch zahlreiche steinerne Zeugen. Ein "Wunder an Ausgewogenheit und Kühnheit" nannte Festungsbaumeister Vauban **Le Kreisker** einen 77 Meter hohen gotischen Turm, der zum Vorbild einer ganzen Reihe von bretonischen Kirchtürmen werden sollte. Auch die ehemalige **Cathédrale**, die vom 13. bis 16. Jahrhundert errichtet wurde, verdient einen Besuch, wobei der Tourist die beiden Sehenswürdigkeiten durch Schlendern über die **Rue du Général-Leclerc** miteinander verbinden sollte, denn die Straße wird von schönen alten Häusern eingerahmt. Acht Kilometer westlich von St-Pol-de-Léon liegt das

Figurengruppe des Kalvarienberges von Notre-Dame de Tronoën

sehenswerte **Château de Kérouzéré** aus dem 15. Jahrhundert, das mit seiner trutzigen Anlage ein interessantes Beispiel für die spätmittelalterliche Militärarchitektur darstellt.

ST-RENAN   170 □ A2

Vier Kilometer - in Richtung Plouarzel - von St-Renan entfernt, stößt man auf den **Menhir de Kerloas**. Mit einer Höhe von elf Metern ist er der mächtigste noch aufrecht stehende Menhir der Bretagne. Früher fanden

sich die Jungverheirateten des Nachts hier ein, um sich den Bauch an dem Stein zu reiben. "Er" erhoffte sich davon männliche Nachkommenschaft, "Ihr" sollte es eine möglichst große Fertigkeit in der Hausarbeit bringen.

ST-THEGONNEC   170 □ C2

Es ist müßig, darüber zu diskutieren, ob der Kalvarienberg in diesem kleinen Ort wirklich der schönste der Bretagne ist. Aber wer sich die hier dargestellte Leidensgeschichte Christi anschaut, wird garantiert hoch beeindruckt von dannen ziehen.

ST-VOUGAY   170 □ C2

Ganz in der Nähe des Marktfleckens St-Vougay liegt das **Château de Kerjean**, fraglos eine der prächtigsten Schloßanlagen des gesamten Departements. Der Renaissance-Bau ist umgeben von einem schönen Park und präsentiert in einem inte-

grierten Musem kostbare Möbel aus dem 17. und 18. Jahrhundert.

SCAER   170 □ D4

Die Gemeinde Scaer ist für ihren Kampfsport bekannt, genauer gesagt für den bretonischen Kampf, dessen Regeln von den keltischen Traditionen inspiriert sind. Im Unterschied zum griechisch-römischen Ringen wird nicht auch auf der Erde liegend gekämpft, sondern das Kräftemessen der beiden Gegner findet allein im Stehen statt. Scaer wird zudem von einem für die heutige Bretagne überaus ansehnlichen Waldgebiet umgeben, dem **Forêt Domaniale de Coatloc'h** oder kann die Besucher in ein informatives Mühlen-Museum bitten (**Moulin de Kerchuz**, in einer Mühle aus dem Jahr 1788 eingerichtet).

SIZUN   170 □ C2

Ein weiterer **enclos paroissial** (Umfriedeter Pfarrbezirk), was soll's, könnte man vorschnell meinen. Doch schon der Eingangsbereich dürfte beim Besucher großes Erstaunen hervorrufen. Denn als Pforte wurde ein auf römische Vorbilder verweisender Triumphbogen gewählt. Interessant, nicht nur für Naturschützer, ist zweifelsohne das **Musée de la rivière, de l'eau et de la pêche**, dessen didaktisches Hauptanliegen es ist nachzuweisen, daß von der weiteren Verbesserung der Wasserqualität alle Beteiligten nur Vorteile ziehen können. Wie dieses Museum, so ist auch das benachbarte Heimatmuseum der **Monts d'Arrée** (mit den höchsten Erhebungen der Bretagne, von Bergen kann man bei maximal 400 Metern kaum sprechen) in einer Mühle untergebracht, es ist am Rande eines verfallenen Dorfes mit dem Hinweis **Moulins de Kerouat** zu finden.

TRONOEN   170 □ B4

Er scheint fast unter seiner Steineslast zusammenzubrechen, der Kalvarienberg der im 15. Jahrhundert erbauten Kirche **Notre-Dame de Tronoën**. Und doch würde diese auf zwei Ebenen angeordnete Figurengruppe mit ihren 19 Szenen aus dem Leben Christi nicht weiter aus der Vielzahl vergleichbarer Anlagen herausragen, wenn es sich hier nicht um den ältesten **Calvaire** der Bretagne handelte, entstanden um 1450. Sehenswert in der Nähe auch die Kapelle St-Evy.

BRETONISCHER HUMMER - KÖNIG DER MEERE

Top-Adresse in der mauerumschlossenen Altstadt von Concarneau

Das Finistère ist aus kulinarischer Sicht vor allem wegen der superben Erdbeeren aus Plougastel, dem alkoholischen Honig-Getränk Chouchen aus Rosporden und dem hochgeschätzten Cidre aus der Gegend um Fouesnant berühmt. Ansonsten findet man natürlich auch in diesem westlichen Departement all jene frischen Grundprodukte und Gourmandisen, für die die Bretagne bei heimischen und fremden Feinschmeckern bekannt ist. An erster Stelle sind dabei die Krustentiere zu nennen, mit dem bretonischen Hummer, dem unbestrittenen König der Meere, an der Spitze; nirgendwo schmeckt er besser, nirgendwo wird man ihn preiswerter kaufen bzw. sich im Restaurant servieren lassen können, egal in welcher Zubereitung, ob à l'armoricaine oder auch à la morlaisienne. Auch Langusten, Langustinen, Garnelen, Krabben oder Taschenkrebse kommen in der Bretagne natürlich fangfrisch auf den Tisch, aber keinesfalls sollte man versäumen, das aromatische weiße Fleisch der Seespinne zu probieren. Die Rangliste der Schalentiere wird selbstverständlich von den Austern angeführt, wobei gerade das Finistère früher für seine huîtres plates (flache Austern), besser bekannt unter dem Namen Bélons, bekannt war, die jedoch in den 70er Jahren fast vollständig einem Virus zum Opfer gefallen waren und deren Bestände sich erst ganz allmählich wieder auffüllen - aber es gibt ja gottlob noch die huîtres creuses (tiefe Austern) in riesigen Mengen, dank der florierenden Austernzucht an den bretonischen Küsten. Sehr beliebt sind aber auch die Meeresschnecken (bigorneaux), Napfschnecken (berniques) oder Coquilles St-Jacques (Jakobsmuscheln). Für die bretonische Fischvielfalt mögen Rochen, Kabeljau, Sardinen, Makrelen, Seezunge, Steinbutt, Thunfisch oder Lachs als Beispiele genügen. Wer will, kann dazu sogar ein bretonisches Bier, das in Morlaix gebraute Coreff, trinken; kein Faux Pas, schließlich schlucken die wesensverwandten Iren zu ihren wohlschmeckenden Galway-Austern am liebsten das starke Guinness.

AUDIERNE   170 □ A4

LE GOYEN ✕✕✕
Sur le Port, Place Jean Simon
Tel. 98 70 08 88

Seit über 35 Jahren beweist Adolphe Bosser nun schon Tag für Tag seine unbestrittene Meisterschaft am Herd. Und wer das Restaurant in diesem traditionsreichen Haus (siehe RASTEN & RUHEN) betritt, wird sogleich schon vom erlesenen Stil der Einrichtung erste Schlüsse auf die Qualität der Speisen ziehen können. Die Wände zieren Gemälde der berühmten Schulen von Pont-Aven oder Concarneau, die Antiquitäten oder verschiedene dekorative Accessoires werden von nostalgisch-zeitlosen Lampen in ein dezentes Licht getaucht, die Tischeindeckung legt Zeugnis höchster Tafelkultur ab, die überdachte Terrasse nicht zu vergessen, von der aus der Blick auf den Hafen noch mal so schön ist. Es versteht sich von selbst, daß der Service ohne Fehl und Tadel agiert, auch bei der Wahl des rechten Weins von der üppig mit Top-Kreszenzen bestückten Karte behilflich ist und das Augenmerk des Gastes auf Empfehlungen wie diese richten mag: Bisque von Hummer und Schwimmkrabbe (étrille), Terrine von der Entenstopfleber, Hummer à l'armoricaine mit in Muschelbouillon gegarten Kartoffeln oder Früchtesuppe mit Vanilleeis. ①②③④

BENODET   170 □ C4

FERME DU LETTY ✕✕✕
Letty
Tel. 98 57 01 27

Der Name läßt noch erahnen, daß dieses Restaurant in einem früheren Bauernhof eingerichtet wurde, das Meer und eine beeindruckende Dünenlandschaft vor der Haustüre. Patron Guibault hat zudem etwas von der ländlichen Rustikalität der Vergangenheit beim Interieur zu bewahren gewußt, z. B. die unverputzten Bruchsteine. Die Decke zieren dunkle Holzbalken, die Wände sind mit dekorativem Tellerschmuck versehen. Nostalgische Lampen werfen ihr Licht auf hübsch eingedeckte Tische, an denen schlichte Stühle stehen. Schon der Empfang ist in der "Ferme du Letty" überaus freundlich, ein erster positiver Eindruck, den der Service im Verlaufe des Diners nachdrücklich bestätigt. Das Studium der Weinkarte benötigt etwas Zeit, immerhin werden darin doch stolze 800 Kreszenzen vorgestellt. Die Küche

zeichnet sich durch eine gelungene Symbiose von Haute und Nouvelle Cuisine aus, wovon Speisen wie diese eine Vorstellung vermitteln können: Salat mit hausgemachter Blutwurst, Dorade Grise mit Thymian, Kabeljau auf Linsen mit einer Schinkenspeck-Creme oder Hummer im Jus von weißen Rübchen (navets). ✕✕✕✕✕

BREST   170 □ A2

LE FRERE JACQUES ✕✕
15 bis, Rue de Lyon
Tel. 98 44 38 65

Das Dekor mit mechanischem Klavier und allerlei Nippes mag sicher Geschmackssache sein. Unumstritten gut und das schon seit Jahren ist aber die Küche von Jacques Péron, für die Speisen wie Lachs-Roulade mit Spinat und Langostinos oder Kaninchen mit zweierlei Kümmel (cumin) stehen sollen. ①②③

CLEDEN-CAP-SIZUN   170 □ A4

L'ETRAVE ✕
Route de la pointe du Van
Tel. 98 70 66 87

Huguette de Gall hat jüngst ein neues Domizil innerhalb des Ortes bezogen. Das Ambiente ist klassisch gehalten, mithin genau der rechte Rahmen für Speisen wie Gegrillte Langustinen oder Gefüllte Seespinne. Sehr schön der Blick auf das Meer, den jeder Gast zu schätzen weiß, genauso wie die sachkundige Weinkarte, auf der ca. 150 Kreszenzen aus französischen Landen gelistet werden mit Spitzen von der Loire und aus dem Bordelais. ✕✕✕✕✕

CONCARNEAU   170 □ C4

LA COQUILLE ✕✕
1, Quai du Moros
Tel. 98 97 08 52

Der Fischereihafen liegt direkt vor der Haustüre bei diesem von Jean-François Le Maître geführten Restaurant, dessen Am-

biente mit geschmackvollem Bilderschmuck und hübscher Tischeindeckung aufwarten kann. Im Sommer kann der Gast auch auf der Terrasse Platz nehmen und sich Speisen wie Seezungenfilets an Gemüse-Julienne oder Kalbsbries mit Ingwer parfümiert munden lassen. ①②

LE GALION ✕✕✕
15, Rue St-Guénolé
Tel. 98 97 30 16

Es ist nur per pedes zu erreichen, dieses Restaurant, liegt es doch innerhalb der pittoresken, von Mauern umschlossenen Altstadt; genauer gesagt fast am Ende der Fußgängerzone. Das Äußere wirkt überaus einladend, wurde das Haus (siehe RASTEN & RUHEN) doch aus massivem Granit erbaut, den schöner Blumenschmuck ziert. Das Interieur, von der Dame des Hauses, Marie-Louise Gaonac'h, trefflich gestaltet, strahlt behagliches Flair aus dank massiver, alter Holzbalken, rotem Steinfußboden, dekorativem Mauerwerk, hübscher Wandbilder, bequemer Sessel mit floralem Muster, einem offenen Kamin oder fein in Bleu eingedeckter Tische. Der Patron Henri Gaonac'h bietet eine vielseitige Küche, die

ihre Wurzeln aber in der Haute Cuisine sieht. Zu den Spezialitäten des "Galion" zählen Offerten wie: Fischsuppe à la concarnoise (mit Muscheln und Langustinen), Austern in Champagner, Filet vom Kabeljau "Müllerin" mit Algen aromatisiert oder Entenbrust parfümiert mit Ingwer. ①②③

CROZON-MORGAT   170 □ B3

LE ROOF ✕
Boulevard de la France-Libre
Tel. 98 27 08 40
Schon das Ambiente verrät mit seinem marinen Touch, wofür dieses von Marie-Jo und Corentin Le Roof geführte Restaurant bekannt ist, nämlich für seine Zubereitungen von Frischfisch, Krusten- und Schalentieren, z. B. Feuilleté von Meeresfrüchten in einer Cremesauce oder Steinbutt gegrillt mit Beurre blanc. Kleine Weinkarte mit ca. 50 Positionen. ①②

LE CONQUET   170 □ A2

POINTE ST-MATHIEU ✕✕
Pointe St-Mathieu, am Leuchtturm
Tel. 98 89 00 19   Fax 98 89 15 68
Schon allein die Lage über den schroff abfallenden Felsenklippen ist mehr als beeindruckend. Und auch die Einrichtung des von Brigitte und Philippe Corre geführten Hotels mit seinen 15 modern eingerichteten Zimmern weiß zu gefallen. Erfreulich aber außerdem, daß in dem rustikal mit rotem Steinfußboden, Holzdeckenbalken und hübsch eingedeckten Tischen eingerichteten Restaurant des Hauses eine gute Küche geboten wird; man kann sich z. B. entscheiden für Austerncreme mit Muschel-Ragout, Lachs-Galantine mit Cidreessig oder Gratinierter Steinbutt mit Mandeln. ①②

LOCQUIREC   170 □ D1

LE ST-QUIREC ✕
56, Route de Plestin
Tel. 98 67 41 07
Rustikale Behaglichkeit macht den Charme dieses Restaurants aus, dessen Speisesaal einen weiten Blick auf das Meer ermöglicht. Am Herd steht der Chef des Hauses, Philippe Omnes, der für Gerichte wie Salat des Meeres oder Scheiben von der Entenbrust mit Gemüsen verantwortlich zeichnen kann. Auf der Weinkarte werden 60 Kreszenzen gelistet. ①②

MORLAIX   170 □ D2

L'EUROPE ✕✕
1, Rue d'Aiguillon
Tel. 98 62 11 99   Fax 98 88 83 38
Es ist so etwas wie die Gute Stube der Stadt, sowohl was feines Essen als auch komfortables Wohnen angeht, dieses von Jacques Feunteuna geführte Haus. 60 Zimmer stehen hier den Gästen zur Verfügung sowie ein barock eingerichtetes Restaurant, in dem wir uns zu Speisen wie den folgenden niederließen: Entenstopfleber-Terrine, Wolfsbarsch mit Steinpilzen und Algen-Butter oder Erdbeeren aus Plougastel. ①②③

PLOUESCAT   170 □ C1

L'AZOU ✕
8 bis, Rue Général Leclerc
Tel. 98 69 60 16
Im Herzen der Region Léon steht dieses gastliche Haus samt kleinem Hotel, in dessen hübschem Restaurant man auch angenehm tafeln kann (im Sommer auch auf der Terrasse). Einige Offerten à la carte: Taschenkrebs mit Mayonnaise, Medaillon von der Lotte mit Krustentier-Coulis oder Filet von der Seezunge an Beurre blanc. Gute Weinkarte mit ca. 150 Positionen. ①②

PLOUGASTEL-DAOULAS   170 □ B2

LE CHEVALIER DE L'AUBERLAC'H ✕✕
5, Rue Mathurin-Thomas
Tel. 98 40 54 56
Eine wahre Augenweide ist das Interieur dieses von Alain Grosbois und Marc Gilot geführten Hauses. Helles Holz verleiht dem Speiseraum einen leichten Zirbelstuben-charakter, ein Kamin zieht die Blicke ebenso auf sich wie ein dekoratives altes Klavier oder die hübsch cremefarben eingedeckten Tische, auf die Speisen wie die folgenden aufgetragen werden: Salat mit gebratenem Speck und Ziegenkäse, Filet vom Kabeljau mit Beurre blanc oder Erdbeeren mit Zucker - alles klassisch, einfach, gut. ①②

PONT-AVEN   170 □ D4

MOULIN DE ROSMADEC ✕✕✕
Au bord de l'Aven
Tel. 98 06 00 22
Von den zahlreichen alten Mühlen, für die der Ort einst berühmt war, ist die "Moulin

de Rosmadec" sicher eine der schönsten und wie durch ein Wunder auch besterhaltenen. Sie liegt direkt am Flüßchen Aven, das sich über kleine Wehre sprudelnd an dem prächtig restaurierten Bruchsteingebäude aus dem 15. Jahrhundert vorbeischlängelt (siehe RASTEN & RUHEN). Öffnet man die schwere Pforte, so gelangt man in behaglich-rustikal eingerichtete Speiseräumlichkeiten samt dunklen Deckenbalken, hellem Holzfußboden, nostalgischem Kamin, hübschen Wandbildern und erlesen eingedeckten Tischen, auf die der freundliche Service uns Speisen wie diese auftrug: Flan von Lagustinen, Filet vom Petersfisch gegrillt auf Artischocken, Ragout von der Taube mit kleinen Gemüsen an Gänsestopflebersauce oder Grand Marnier-Soufflé. Bravo, Monsieur Sébilleau. ①②③

LA TAUPINIERE ✕✕✕
Route de Concarneau
Tel. 98 06 03 12
Die beste Küche des Departements bietet Guy Guilloux in einem strohgedeckten, in Blau erstrahlenden Landhaus samt gepflegtem Blumengarten, das ein Stückchen außerhalb des Ortes zu finden ist. Der Gast hat die Wahl zwischen zwei Räumlichkeiten, die durch Stufen voneinander abgetrennt sind. Der vordere Speisesaal ist in dunkleren Farben ziemlich klassisch gehalten, während sich der wintergarten-ähnliche Anbau in lichter Eleganz mit Farbakzenten en Bleu und gelb-beiger Wand präsentiert. Der Service steht unter Leitung der Dame des Hauses, die von jungen Herren unterstützt wird, wirklich exzellent. Vorab wurden uns neben besten Brötchen leckere Käse- und Fischtatar-Plätzchen gereicht, dazu tranken wir einen weißen Talbot von der mit erlesenen Kreszenzen bestens bestückten Weinkarte und ließen uns sodann die vom Patron in der einsehbaren Küche trefflich zubereiteten Gourmandisen der

Haute Cuisine wie die folgenden munden: Fricassé vom Kalbsbries mit Langustinenschwänzen, Filet von der Dorade grise mit schwarzen Oliven, Tarte Tatin mit Cassissauce oder eine traumhafte Crème brûlée. ①②③

POULLADEN   170 □ D3

LE LOUIS XIII   ✗
5, Rue de la Tour d'Auvergne
Tel. 98 93 54 22

Abseits der großen Touristenrouten empfängt Gérard Le Ster seine Gäste in einem kleinen Ort der Monts d'Arrée, genauer gesagt in seinem im Stil Louis XIII. eingerichteten Restaurant. Man sitzt behaglich auf schweren Stühlen samt floralem Polstermuster und kann sich erlesene Speisen wie diese munden lassen: Paté vom Kaninchen mit Nüssen, Filet vom Lachs gegrillt mit Fenchel und Ingwer oder Rochenflügel mit Senfsauce, Champignons und Nudeln. ①②

QUIMPER   170 □ C4

AUBERGE TI. COZ   ✗
Ty Sanquer, Ancienne route de Brest
Tel. 98 94 50 02

Eine Adresse für unkompliziertes Speisen mit einer empfehlenswerten Klassischen Küche, das ist die "Auberge tí. coz" vor

D.-P. Marrec vor seinem Restaurant

den Toren der Stadt an der D 770. Wir reservierten bei Monsieur Jean-Pierre Marrec einen Tisch und probierten Offerten wie Avocado-Salat mit frischen Meeresfrüchten oder Spieß von Jakobsmuscheln mit Gemüse. Sachkundig zusammengestellte Weinkarte. ①②

LA FLEUR DE SEL   ✗
1, Quai Neuf
Tel. 98 55 04 71

Wer mit dem französischen Speisekarten-Vokabular so seine Schwierigkeiten hat, ist in diesem am Ufer des Flüßchens Odet gelegenen und behaglich eingerichteten Restaurant an der richtigen Adresse. Denn auf Wunsch legt Patron Alain Le Gall auch eine Karte mit deutscher Übersetzung vor, auf der zu lesen sein kann: Austern-Salat mit Tomatenkompott und zerstoßenem Pfeffer, Entenbrüstchen mit Cidre aus Fouesnant oder Erdbeersuppe mit frischer Minze. ①②

L'AMBROISIE   ✗✗
49, Rue Elie Fréron
Tel. 98 95 00 02

Es macht Spaß, in diesem kleinen von Gilbert Guyon geführten Restaurant einzukehren. Denn das Ambiente ist überaus geschmackvoll gestaltet samt feiner Tafelkultur, die Weinkarte ist mit 200 erlesenen Kreszenzen bestückt, und die Küche zaubert aus den besten Zutaten der Region ein pfiffiges Mahl. Man degustiere z. B. die Crêpes aus dunklem Mehl gefüllt mit ausgelöstem Taschenkrebs, Filet vom Glattbutt mit Kardamon parfümiert oder Nüßchen vom Lammrücken mit Rosmarin gebraten. ①②

LA ROSERAIE DE BEL-AIR   ✗
Pluguffan, Bel-Air,
Ancienne route de Pont-l'Abbé
Tel. 98 53 50 80

Es zählt völlig zurecht zu den bretonischen Häusern, die als "Restaurant Caractère" klassifiziert werden. Denn die im Jahr 1828 errichtete "Roseraie" zeigt noch heute jene typisch-ländliche Bauweise mit massiven Steinen, unverputzt, innen wie außen. Das Interieur gefällt mit nostalgischem Kamin, viel Holz und feiner Tischeindeckung. Wer hier kulinarisch Station macht, darf sich auf Speisen wie diese freuen: Gratinierte Austern mit Champagner-Sabayon, Osso-Bucco von der Lotte mit Currysauce oder Frische Feigen in Cassis gebacken mit Kokoseis. ①②

LE CAPUCIN GOURMAND   ✗✗
29, Rue des Reguaires
Tel. 98 95 43 12

Christian Conchon hat jüngst das Interieur seines mitten im Stadtzentrum gelegenen Restaurants weiter verfeinert. Es präsentiert sich nun licht-elegant in warmen Beigetö-

Chr. Conchons "Capucin Gourmand"

nen. Wer hier kulinarisch Station macht, darf sich freuen auf Offerten wie Seezunge in Salzbutter gebraten oder Hummerragout mit Morcheln à la crème. Sehr gute Weinkarte. ①②③

LES ACACIAS   ✗✗
88, Boulevard Créach-Gwen
Tel. 98 52 15 20

Am Abend, wenn das Licht durch die breiten, hell erleuchteten Fensterfronten nach draußen dringt, kommt dieses moderne

Haus am schönsten zur Geltung. Der Speisesaal ist überaus großzügig geschnitten und zeigt jene Eleganz, die man von einem Feinschmecker-Restaurant erwartet samt originellem Kamin, bequemen Sesseln, strahlend weiß eingedeckten Tischen oder hübsch gerafften Gardinen. Philippe Hatté heißt der Gastgeber, der mit einer guten Küche zu überzeugen weiß. Lecker beispielsweise der Hummer-Salat mit Sherry-Essig, die Medaillons von der Lotte mit Pfifferlingen oder das Fricassé vom Kalbsbries in Trüffeljus. Dazu eine erstklassige Weinkarte mit ca. 200 Positionen. ①②

QUIMPERLE 170 ☐ D4

BISTRO DE LA TOUR ✗✗
2, Rue Dom-Morice
Tel. 98 39 29 58

Eine Mischung von nostalgischen Art Nouveau- bzw. Art Deco-Elementen erwartet den Gast in diesem von Bernard Cariou geführten Bistro. Eine große Theke fällt ebenso gleich angenehm ins Auge wie ein alter Plattenspieler oder hübsche Jugendstil-Lampen. Wer einen einfachen Geschmack hat und von daher nur das Beste wählt, sollte statt eines offenen Champagners als Aperitif hier ruhig mal eine ganze Flasche wählen; einige ältere Ruinarts werden zu erschwinglichen Preisen auf der mit über 400 Kreszenzen prall gefüllten Weinkarte aufgeführt. Die Küche des Patrons gibt sich klassisch, schnörkellos. Man probiere einfach mal die Stopfleber von der Ente, die Tarte von Jakobsmuscheln an

Klassische Eleganz im Restaurant "Les Acacias"

Fleischjus, den mit Dill marinierten Lachs oder den auf der Haut gebratenen und mit Estragon parfümierten Kabeljau. ①②

TY GWECHALL ▯◉▯
4, Rue Mellac
Tel. 98 96 30 63

Wer die Bretagne besucht hat und dabei in keiner Crêperie eingekehrt ist, war garantiert nicht wirklich dort gewesen. Gerade den mittäglichen Appetit haben wir schon oftmals mit dieser Spezialität des Landes "bekämpft". Pannen erlebt man dabei wahrlich selten; der Teig, egal ob aus hellem oder dunklem Mehl gebacken, gelingt fast überall, nur die Füllungen machen einen gewissen Unterschied, denn nicht immer kommen die Zuaten frisch vom Markt oder aus dem Meer, auch in der Bretagne ist das Geheimnis des Dosenöffnens bekannt. Langer Vorrede kurzer Sinn: Wir waren mehr als überrascht, gerade die Crêperie "Ty Gwechall" in allen möglichen Büchern als Geheimtip genannt zu finden, noch mehr verwundert, daß ein renommierter französischer Gastro-Guide die Küche mit umgerechnet zwei Kochlöffeln auszeichnete. Was machten Camille und Huguette Florit anders als all ihre crêpenden Kollegen? Auf diese zentrale Frage bekamen wir bei unserer Visite in

dem pittoresken, in der Oberstadt gelegenen Bruchsteinhaus eine klare Antwort: Nichts! Nur das Ambiente ist etwas feiner als in den meisten anderen Crêperien, und die kleinen Stübchen mit niedrigen Gewölben waren bis auf den letzten Platz gefüllt - nicht nur mit Touristen, sondern durchaus auch mit Einheimischen. Aber ansonsten schmeckten uns die bretonischen Pfannku-

chen lecker wie immer, von der Crêpe mit Schinken über die Crêpe mit Meeresfrüchten bis hin zur Crêpe mit Apfelmus, dazu die eine oder andere Flasche Cidre, da wird auch der verwöhnteste Feinschmecker nicht nein sagen können. Nur, dafür muß man nicht unbedingt eigens nach Quimperlé fahren. ①

ROSCOFF 170 ☐ C1

LE TEMPS DE VIVRE ✗✗
Place de l'église
Tel. 98 61 27 28

Im Erdgeschoß des Hotel "Ibis - Le Corsaire", aber unabhängig davon geführt, hat Jean-Yves Crenn sein Restaurant zur ersten Feinschmecker-Adresse der Stadt gemacht. Wer bei ihm einkehrt, darf sich auf Offerten wie Buchweizen-Crêpes gefüllt mit Langustinen oder Gebratenes Täubchen freuen. ①②③

STE-ANNE-LA-PALUD 170 ☐ B3

DE LA PLAGE ✗✗✗
Plage
Tel. 98 92 50 12

Finis terrae - hier wird es anschaulicher denn je. Denn das schneeweiße Hotel (siehe RASTEN & RUHEN) wurde am Ende einer kleinen Straße errichtet, direkt an der Bucht von Douarnenez. Das Restaurant präsentiert sich als großzügiger Wintergarten, der dem Hauptgebäude zum Strand hin angefügt wurde. Traumhaft der Blick auf die weite See, das Interieur ist klassisch-zeitlos in lichtem Weiß gehalten, die Tischeindeckung passabel, ebenso der Service. Vorab wurden uns wahrlich exzellente Weißbrötchen gereicht. Die Küche bot sodann eine handwerklich solide Leistung, die wir allerdings nur mit einigem Wohlwollen mit drei Kochlöffeln bewerten konnten. Wir verkosteten z. B. einen Rochen-Salat, einen im Ofen gebackenen Taschenkrebs mit fritiertem Lauch, ein Filet vom Wolfsbarsch oder ein gegrilltes Rinderfilet mit Sauce Béarnaise. Die Weinkarte bietet eine ganze Reihe überaus moderat kalkulierter Kreszenzen, toll aber auch die preisgünstigen Jahrgangs-Champagner, z. B. ein 83ger Tainger für gerade mal 100,–DM. Ineressant auch die vergleichsweise preiswerte Menü-Offerte mit Entenstopfleber, Gegrilltem Hummer, Steinbutt in Prat-Sauce (alternativ Rinderfilet in Graves-Sauce) sowie eine Desertauswahl. ①②③

KEIN BEDARF AN LUXUSHOTELLERIE ?

Drei Sterne, mithin gehobene Mittelklasse, das ist das höchste der Gefühle, was die Hotellerie im Departement Finistère dem Reisenden zu bieten hat. Klar, daß die Mehrzahl der besseren Adressen entlang der Küste gruppiert sind, während im Landesinneren fast nur einfache Häuser anzutreffen sind. Reizvoll ist allerdings die architektonische Bandbreite der Hotels, vom modernen Neubau über einstige Mühlen, Bauernhöfe bis hin zu früheren Herrensitzen, die aufwendig restauriert wurden und zeitgemäßen Komfort aufweisen. Gerade dieses westliche Departement der Bretagne ist ein beliebtes Urlaubsziel für Familien mit Kindern, die sich an den Sandstränden tummeln, oft ein Ferienhaus mieten oder sich - auch aus Kostengründen - mit einer nicht ganz so luxuriösen Hotelherberge zufriedengeben.

AUDIERNE   170 □ A4

AU ROI GRADLON ✴✴
3, Boulevard Manu-Brusq, ✉ 29770
Tel. 98 70 04 51   Fax 98 70 14 73
19 modern eingerichtete Zimmer und ein behagliches Restaurant, das bietet das direkt am Strand gelegene Hotel seinen Gästen. ①②

LE COURNOUAILLE ✴✴
Sur le port, ✉ 29770
Tel. 98 70 09 13
Ein kleines Hotel mit zehn Zimmern und 5 Appartements, direkt am Hafen gelegen, das ist das "Le Cournouaille". ①②

LE GOYEN ✴✴✴
Place Jean Simon, ✉ 29770
Tel. 98 70 08 88   Fax 98 70 18 77
Nur wenige Schritte vom Strand entfernt, erwartet dieses Traditionshaus, Relais & Châteaux-Mitglied, die Gäste. Es verfügt über 26 Zimmer und ein Appartement, die klassisch-luxuriös eingerichtet sind und einen schönen Blick auf den Hafen bieten. Eine Klasse für sich ist das Frühstück, das einen Vorgeschmack gibt auf die im Restaurant gebotenen Gaumenfreuden (siehe ESSEN & TRINKEN). ①②③

1925 im maurischen Stil erbaut "La Minaret" in Bénodet

BENODET   170 ☐ C4

DOMAINE DE KEREVEN ★ ★
Kéréven, ✉ 29950
Tel. 98 57 02 46
Ein neues Haus im traditionellen bretonischen Baustil, mitten im Grünen gelegen, das erwartet den Reisenden bei der Familie Berrou. Die 16 Zimmer und Appartements sind behaglich und komfortabel eingerichtet, ein gepflegter Garten lädt zum Sonnenbaden ein. Auf Wunsch Halbpension. ①②③

GWEL-KAER ★ ★ ★
3, Avenue de la plage, ✉ 29950
Tel. 98 57 04 38   Fax 98 57 14 15
"Schöne Aussicht", so die Übersetzung des Hotelnamens, kann man bei diesem direkt am Strand gelegenen Haus wahrlich

genießen - und sich zudem in 24 klassisch-komfortabel eingerichteten Zimmern rundum wohlfühlen. Restaurant compris. ①②③

KASTEL-MOOR & KER-MOOR ★ ★ ★
Avenue de la plage, ✉ 29950
Tel. 98 57 04 48   Fax 98 57 17 96
Zwei feine Häuser unter gleicher Leitung, das eine, "Kastel-Moor", im hinteren Teil des gepflegten Parks, das andere, "Ker-

Moor" (mit elegantem Restaurant), am Strand gelegen - da hat der Gast die Qual der Wahl. Genauso bei den ebenso großzügigen wie geschmackvoll eingerichteten Zimmern, insgesamt 83 an der Zahl. Tennis- und Squashplätze sind ebenso selbstverständlicher Standard wie ein beheiztes Schwimmbad. ①②③

LE MINARET ★ ★
Corniche de l'estuaire, ✉ 29950
Tel. 98 57 03 13
Das "Minaret", ein 1925 im maurischen Stil erbautes Haus, in dem einst so illustre Gäste wie der Pascha von Marrakesch verkehrten und dessen Gärten nach dem Vorbild der Alhambra in Granada gestaltet wurden, wurde inzwischen in ein kleines Hotel mit 20 teils modern, teils orientalisch eingerichteten Zimmern verwandelt. Angeschlossen ist ein Restaurant mit Klassischer und Regionaler Küche. ①②③

MENEZ-FROST ★ ★ ★
4, Rue J. Charcot, ✉ 29950
Tel. 98 57 03 09   Fax 98 57 14 73
Mitten im belebten Badeort und doch dank eines 8000 Quadratmeter großen Parks

völlig ruhig gelegen, das ist nur einer der Vorzüge des Hotels "Menez-Frost". Die 40 Zimmer sind komfortabel eingerichtet; auch zehn Appartements mit Küche für einen längeren Ferienaufenthalt, besonders für Familien mit Kindern geeignet, werden bereitgehalten. Schwimmbad, Sauna oder Tennisplatz verstehen sich hier von selbst. ①②③

BREST   170 ☐ A2

ATLANTIS ★ ★
157, Rue J. Jaurès, ✉ 29200
Tel. 98 43 58 58   Fax 98 43 58 01
Das moderne Hotel mit 80 Zimmern, zentral gelegen, ist mit zeitgemäßem Komfort eingerichtet und verfügt auch über ein Restaurant. ①②③

DE LA PAIX ★ ★
32, Rue d'Algésiras, ✉ 29200
Tel. 98 80 12 97   Fax 98 43 30 95
Eine ideale Herberge, um die Stadt zu erkunden, ist dieses moderne Haus mit seinen 25 komfortablen Zimmern. Auch die Haupteinkaufsstraße Rue de Siam liegt in Reichweite. ①②

NOVOTEL ★ ★
Kergaradec, ✉ 29200
Avenue du Baron Lacrosse
Tel. 98 02 32 83   Fax 98 41 69 27
Der Flughafen liegt in der Nähe und auch das Stadtzentrum ist in fünf Autominuten zu erreichen: Mit dieser verkehrsgünstigen Lage wirbt das moderne Hotel für seine 85 Zimmer und sein Restaurant mit Internationaler Küche. Im Sommer kann man sich im Freibad abkühlen. ①②③

PARC ★ ★
45, Rue Vieux St-Marc, ✉ 29200
Tel. 98 41 32 00   Fax 98 41 49 95
Ein jüngst errichtetes Haus in der Nähe des Fischerhafens, das ist das Hotel "Parc" mit seinen 40 modern eingerichteten Zimmern und umgebender Gartenanlage. ①②③

BRIGNOGAN   170 ☐ B1

CASTEL REGIS ★ ★
Promenade du Garo, ✉ 29890
Tel. 98 83 40 22   Fax 98 83 44 71
Man findet dieses Hotel auf einer kleinen Halbinsel, wobei die 24 Zimmer auf verschiedene Häuser verteilt sind, die durch einen blumengeschmückten Garten und einen Minigolf-Platz miteinander verbunden sind. Schön, daß auch ein Restaurant zum Anwesen gehört, in dem eine zwischen nouvelle und classique spielende Küche geboten wird. ①②③

CHATEAULIN   170 ☐ C3

AU BON ACUEIL ★ ★
Port Launay, ✉ 29150
Tel. 98 86 15 77   Fax 98 86 36 25
Ein hübsches Haus am Flüßchen Aulne, das seinem Namen dank einem wirklich freundlichen Empfang durch Madame Le Guillou wirklich Ehre macht. 52 geschmackvoll eingerichtete Zimmer garantieren eine angenehme Nachtruhe. Wer möchte, kann im angeschlossenen Restaurant regionale Spezialitäten probieren. ①②

CONCARNEAU   170 □ C4

GRAND HOTEL ★★
1, Avenue Pierre Guéguin, ✉ 29110
Tel. 98 97 00 28   Fax 98 97 00 89
Fraglos das Traditionshaus der Stadt, nur
einen Steinwurf von den Wehrmauern der
Altstadt entfernt. Die 33 Zimmer sind klassisch-zeitlos eingerichtet. ①②

LE GALION ★★
15, Rue de St-Guénolé, ✉ 29110
Tel. 98 97 30 16   Fax 98 50 67 88
Preisfrage: Was kann einem reisenden
Feinschmecker nach einem exquisiten Me-
nü in einem Restaurant von der Klasse des

"Le Galion" (siehe ESSEN & TRINKEN)
zum vollkommenen Glück noch fehlen?
Antwort: Eine behagliche Herberge, wo er
vor Ort sein müdes Haupt betten kann. Eh
bien, das mag sich auch Henri Gaonac'h
gedacht haben und richtete fünf Gästezimmer behaglich ein, die mit allem zeitgemäßen Komfort ausgestattet wurden. ①②③

LES SABLES BLANCS ★★
Plage des Sables Blancs, ✉ 29110
Tel. 98 97 01 39   Fax 98 50 65 88
Das Hotel der kurzen Wege, so könnte
man das moderne Haus nennen. Denn
zum Strand sind es nur einige Treppenstufen, die Altstadt ist gerade mal einen Kilometer entfernt. Man kann sein Haupt in
einem der 48 komfortabel eingerichteten
Zimmer betten, z. B. nach einem leckeren
Mahl im Restaurant "Les Sables Blancs",
dessen Küche wir durchaus einen Kochlöffel zugestehen können (z. B. für Medaillon
von der Lotte in Langustinencreme oder
Seespinne mit Mayonnaise). ①②

MODERN ★
5, Rue du Lin, ✉ 29110
Tel. 98 97 03 36
Man sollte den Namen des Hauses nicht
so ernst nehmen, schließlich wurde das
Gebäude im Jahr 1920 errichtet. Die
17 Zimmer sind mit ausreichendem Komfort ausgestattet. ①②

CROZON   170 □ B3

HOSTELLERIE DE LA MER ★★
Le Fret, ✉ 29160
Tel. 98 27 61 90   Fax 98 27 65 89
Eine Reihe von alten bretonischen Möbeln
sind der Stolz der Inhaber des an einem
idyllischen Fischerhafen gelegenen Hotels
mit seinen 25 modern eingerichteten Zimmern. Im klassisch-eleganten Restaurant
des Hauses wird eine ansprechende Küche geboten. ①②③

DOUARNENEZ   170 □ B3

AUBERGE DE KERVEOC'H ★★
Route de Kervéoc'h, ✉ 29100
Tel. 98 92 07 58   Fax 98 92 07 58
Ein alter Brunnen zieht die Blicke des an-
kommenden Gastes gleich auf sich. Er erinnert noch an die frühere bäuerliche Nut-
zung des aus zwei Häusern zusammen-
gesetzten Anwesens. Alles wirkt schmuck
und gepflegt, was auch für die 14 Zimmer
gilt. Eine Augenweide auch der Speisesaal
samt offenem Kamin und dunklen Deckenbalken. ①②

L'ABER-WRAC'H   170 □ A1

BAIE DES ANGES ★
Plage/Port, ✉ 29214
Tel. 98 04 90 04
Ein kleines, ruhiges Feriendomizil ist die-
ses familiär geführte Hotel, hübsch gele-

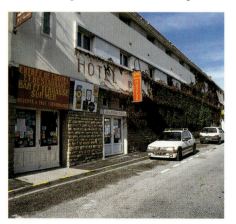

gen mit schönem Blick auf das Meer. Die
16 Zimmer sind einfach, aber geschmackvoll eingerichtet. ①②

LA FORET-FOUESNANT   170 □ C4

MANOIR DU STANG ★★★
✉ 29940
Tel. 98 56 97 37
Wahrlich ein prächtiges, sich auf einer
Fläche von 40 Hektar ausbreitendes Anwesen, dieses Herrenhaus aus dem
16. Jahrhundert mit seinen traumhaften
Gartenanlagen und kleinen Seen. Der
Landadel wußte dereinst halt zu leben.
Und sobald man die mit erlesenem alten
Mobiliar eingerichteten Zimmer (insgesamt
26) betritt, fühlt man sich ein wenig in jene
vergangenen Zeiten zurückversetzt. Ge-
speist wird am Abend in einem klassisch-
eleganten Saal. Tagsüber kann der Gast
seine Zeit mit Tennisspielen oder Dösen
auf der gepflegten Terrasse verbringen.
①②③

LANDERNEAU   170 □ B2

CLOS DU PONTIC ★★
Rue du Pontic, ✉ 29800
Tel. 98 21 50 91   Fax 98 21 34 33
Beim "Clos du Pontic" handelt es sich um
ein schönes, in einem Park gelegenes Anwesen, das 38 geschmackvoll eingerichtete Zimmer beherbergt. Das Restaurant
nicht zu vergessen, in dem Patron Jean
Saoût eine sehr empfehlenswerte Küche
bietet. ①②③

LANDIVISEAU   170 □ C2

L'ETENDARD ★★
8, Rue Général-de-Gaulle, ✉ 29400
Tel. 98 68 06 60
Eine gelungene Symbiose moderner und
traditionell-bretonischer Einrichtungselemente weisen die 23 Zimmer dieses familiär geführten Hotels auf. ①②

AU RELAIS DU VERN ★★
Vern, ✉ 29400
Tel. 98 24 42 42   Fax 98 24 42 00
Ein Relais, das hinter moderner Fassade
ein lichtes, von hellen Hölzern geprägtes
Innenleben birgt - 52 Zimmer, mit allem
zeitgemäßen Komfort ausgestattet. Schöner Garten, gepflegte Terrasse sowie für
den sportlichen Gast eine Tennishalle. Das
alles gehört mit zum Service-Angebot des
Hauses. ①②③

LOCRONAN 170 □ B3

MANOIR DE MOELLIEN ★★
✉ 29180
Tel. 98 92 50 40   Fax 98 92 55 21
Die zehn geschmackvoll ausstaffierten Zimmer, in einem Nebengebäude des Anwe-

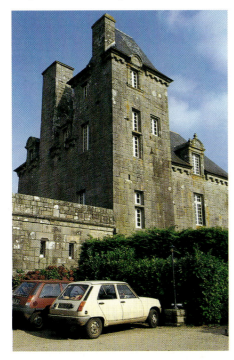

sens aus dem 17. Jahrhundert untergebracht, sind überaus begehrt - zumal auch die Küche zu überzeugen weiß. ①②③

MOELAN-SUR-MER 174 □ A1

LES MOULINS DU DUC ★★★
✉ 29350
Tel. 98 39 60 73   Fax 98 39 75 56
Eine alte Wassermühle, idyllisch am Flüßchen Bélon gelegen, wurde in ein exquisites Hotel samt Restaurant verwandelt. Die 22 Zimmer und fünf Appartements werden nicht nur Romantikern gefallen. Für Gesundheit und Fitness kann man in der Sauna oder im Schwimmbad einiges tun. ①②③

MANOIR DE KERTALG ★★★
✉ 29350
Tel. 98 39 77 77   Fax 98 39 72 07
Dieses schloßähnliche Hotel liegt in einem riesigen, 80 Hektar großen Park. Nach einem Aperitif auf der gepflegten Terrasse kann sich der Gast in eines der neun romantisch eingerichteten Zimmer geleiten lassen. ①②③

MORLAIX 170 □ D2

FONTAINE ★★
Route de Lannion - Aéropole, ✉ 29210
Tel. 98 62 09 55   Fax 98 63 82 51
Das "Fontaine" ist ein modernes Gebäude mit 38 komfortabel eingerichteten Zimmern. Im angeschlossenen Grill wird eine ansprechende Klassische Küche geboten. Relaxen kan der Gast im gepflegten Garten sitzend. ①②

MINIMOTE ST-MARTIN ★★
Centre Commercial St-Martin, ✉ 29210
Tel. 98 88 35 30   Fax 98 63 33 99
Die Fenster dieses eine Viertelstunde von der Innenstadt entfernt gelegenen, modernen Hotels sind schallisoliert. Was in den 22 Zimmern einen geruhsamen Schlaf garantiert. Die nahen Supermärkte wie Rallye machen Shopping hier zu einem beliebten Zeitvertreib. ①②

PLOMODIERN 170 □ B3

RELAIS PORZ-MORVAN ★★
✉ 29550
Tel. 98 81 53 23
Ein ehemaliger Bauernhof wurde sachkundig restauriert und in dieses schmucke Hotel verwandelt, in dem den Gästen zwölf hübsch eingerichtete Zimmer zur Verfügung stehen. ①②③

PLONEVEZ-PORZAY 170 □ B3

MANOIR DE MOELLIEN ★★
✉ 29127
Tel. 98 92 50 40   Fax 98 92 55 21
Marie-Andrée und Bruno Garet heißen die sympathischen Gastgeber in diesem kleinen Hotel, das in einem ehemaligen Herrenhaus aus dem 17. Jahrhundert eingerichtet wurde - zehn komfortable Zimmer. Der Sandstrand ist nur mal gerade drei Kilometer entfernt. ①②

PLOUESCAT 170 □ C1

LA CARAVELLE ★
20, Rue Calvaire, ✉ 29430
Tel. 9869 61 75   Fax 98 61 92 61
Ein freundliches Haus mit 17 modern-funktional eingerichteten Zimmern, das ist "La Caravelle" der Familie Créach; das angeschlossene Restaurant mit regionalen Spezialitäten nicht zu vergessen. Den Aperitiv kann man in der mit dunklem Holz ausstaffierten Bar einnehmen. ①②

PLOUGASTEL-DAOULAS 170 □ B2

KASTEL ROC'H ★★
Roc'h Kérézen, ✉ 29470
Tel. 98 40 32 00   Fax 98 04 25 40
Es bietet sich als ideales Quartier für Entdeckungsreisen im Departement Finistère an. Brest beispielsweise ist in fünf Autominuten zu erreichen. Die 45 Zimmer sind klassisch-zeitlos eingerichtet. ①②

PONT-AVEN 170 □ D4

MOULIN DE ROSMADEC ★★
Au bord de l'Aven, ✉ 29930
Tel. 98 06 00 22   Fax 98 06 18 00
Was kann romantischer sein, als in einer alten Mühle aus dem 15. Jahrhundert zu nächtigen - zumal nach einem trefflichen Mahl im angeschlossenen Restaurant (siehe ESSEN & TRINKEN). Monsieur Sébilleau hat es möglich gemacht, indem er in dem historischen Haus, das in einer ruhigen Gasse mitten im Ortszentrum liegt, vier chic-modern eingerichtete Gästezimmer einbauen ließ. Traumhaft das Frühstück mit Blick auf das idyllisch vorbeifließende Flüßchen Aven. ①②③

ROZ-AVEN ★★
11, Quai Théodore Botrel, ✉ 29930
Tel. 98 06 13 06   Fax 98 06 03 89
Für jeden Geschmack etwas, das bietet Yann Souffez in seinem Hotel. Denn die 25 Zimmer sind sehr unterschiedlich eingerichtet, von rustikal über klassisch-zeitlos bis hin zu modern. Wer möchte, kann auch die Küche des Patrons kennenlernen. ①②③

POULDREUZIC 170 □ B4

MOULIN DE BRENIZENEC ★★
Plozévet, ✉ 29710
Route de Pont L'Abbé
Tel. 98 91 30 33
Madame Cécile Le Guellec, die übrigens vorzüglich Deutsch spricht, hat ihr kleines Hotel mit zwölf hübschen Zimmern in einer Wassermühle aus dem 19. Jahrhundert eingerichtet; sehr schön auch der umgebende Park. ①②③

QUIMPER 170 □ C4

LA TOUR D'AUVERGNE ★★
13, Rue des Réguaires, ✉ 29000
Tel. 98 95 08 70   Fax 98 95 17 31
Ein traditionsreiches Haus, mitten in der

Stadt, nur 200 Meter von der Kathedrale entfernt, das ist das Hotel "La Tour d'Auvergne". Den Willkommenstrunk kann man in der im englischen Stil eingerichteten Bar einnehmen, um sich sodann in eines der 43 mit allem zeitgemäßen Komfort ausgestatteten Zimmer geleiten zu lassen. Restaurant mit Klassischer und Regionaler Küche. ①②③

LE GRIFFON ★★★
131, Route de Bénodet, ✉ **29000**
Tel. 98 90 33 33   Fax 98 53 06 67
Beim "Le Griffon" handelt es sich um ein ruhig vor den Toren der Stadt gelegenes, modernes Hotel, das 49 erlesen-elegant in

es einen Jogging-Pfad und Tennisplätze. Im Sommer locken die blauen Fluten eines Freibades samt schöner Sonnenterrasse. ①②③

Schönes Hallenbad im Hotel „Le Griffon" in Quimper

feinen Pastellfarben eingerichtete Zimmer birgt. Sauna und Hallenbad sind ebenso vorhanden wie ein hübsches Restaurant. ①②③

NOVOTEL ★★★
2, Rue du Poher, ✉ **29000**
Tel. 98 90 46 26   Fax 98 53 01 96
Das zwei Autominuten von der Innenstadt in einem gepflegten Park gelegene "Novotel" erfreut sich sowohl bei Geschäftsreisenden wie bei Urlaubern großer Beliebtheit. Es bietet 92 modern-komfortabel eingerichtete Zimmer und ein Restaurant mit ansprechender Küche. Direkt nebenan gibt

RIEC-SUR-BELON   174 ☐ A1

AUBERGE DE KERLAND ★★★
Pont du Guilly, ✉ **29340**
Route de Moellan
Tel. 98 06 42 98   Fax 98 06 45 38
In einem alten Bauernhaus, das sorgfältig restauriert wurde, stehen 17 exquisit eingerichtete Zimmer zur Verfügung. Wunderschön der Blick auf das Flüßchen Bélon, einladend die große Parkanlage. Dazu wird im Restaurant "Le Kerland" eine feine, klassisch regional ausgerichtete Küche geboten, die wir mit guten zwei Kochlöffeln bewerten konnten. ①②③

ROSCOFF   170 ☐ C1

ARMEN LE TRITON ★★
Rue du Docteur Bagot, ✉ **29680**
Tel. 98 61 24 44   Fax 98 69 77 97
Genau zwischen Strand und Innenstadt steht dieses moderne, im bretonischen Stil errichtete Hotel mit seinen 45 komfortablen Zimmern, einem gepflegten Park und Tennisplatz. ①②

GULF STREAM ★★★
Rue Marquise de Kergariou, ✉ **29680**
Tel. 98 69 73 19   Fax 98 61 11 89
Beim "Gulf Stream" handelt es sich um ein ruhiges, direkt am Strand gelegenes Hotel mit 32 komfortabel-modern eingerichteten Zimmern, einem gepflegten Garten, Schwimmbad und einem Restaurant, das eine gute Küche mit regionalen Spezialitäten offeriert. ①②③

LE BRITTANY ★★★
Boulevard Ste-Barbe, ✉ **29680**
Tel. 98 69 70 78   Fax 98 61 13 29
Ein Herrensitz aus dem 17. Jahrhundert, wunderschön restauriert und mit 25 teils klassisch, teils modern eingerichteten Zimmern samt Blick auf den Strand, das ist das Hotel "Le Brittany" mit angeschlossenem Restaurant sowie Schwimmbad und Sauna. ①②③

STE-ANNE-LA-PALUD   170 ☐ B3

DE LA PLAGE ★★★
Plage, ✉ **29550**
Tel. 98 92 50 12   Fax 98 92 56 54
Die Lage direkt am Strand mit Blick auf die Bucht von Douarnenez ist wirklich traumhaft. Und auch die exquisite Einrichtung der 26 Zimmer und vier Appartements wird dazu beitragen, einen Aufenthalt im Hotel "De la Plage" - Mitglied der Relais & Châteaux-Gruppe - zu einem unvergeßlichen Erlebnis zu machen. Baden im Meer oder im hauseigenen Schwimmbad, Promenieren im Park oder Frühstücken auf der gepflegten Terrasse, Tennisspielen oder Speisen in einem erstklassigen Restaurant (siehe ESSEN & TRINKEN) - was braucht's mehr zu stilvollen Ferien. Zudem eignet sich das Haus als ideale Ausgangsstation zur Erkundung der Cournouaille, egal ob man sich die Hafenstadt Douarnenez, die Halbinsel Crozon, die Pointe du Raz oder Quimper anschauen möchte. Zurück im Hotel, wird man sich dann vielleicht ein Gläschen Muscadet in der Bar gönnen. ①②③

Bestimmt ein lohnenswertes Ziel nicht nur für Freizeitkapitäne: Das Schiffsmuseum in Concarneau

FESTIVALS AM ENDE DER WELT

Natürlich steht das Meer auch in diesem Departement im Mittelpunkt aller sportlichen Freizeitbetätigungen, vom Segeln bis zum Tauchen. Aber auch Golf- oder Tennisfreunde kommen dank zahlreicher Anlagen auf ihre Kosten. Bei den Festivitäten stehen im Land der Kalvarienberge die Pardons (Wallfahrten) an der Spitze, jedoch werden auch andere kulturelle Veranstaltungen wie Musik- oder Folklore-Festivals in großer Zahl angeboten. Nicht nur für Selbstversorger, die im eigenen, gemieteten Ferienhäuschen wohnen, ist ein Bummel über einen der zahlreichen Märkte ein Vergnügen; da kann man nur neidisch anerkennen, wie sehr wir in deutschen Landen noch immer hinter dieser riesigen Frischeprodukt-Palette hinterherhinken. Zum Shopping fährt man am besten die größeren Städte wie Quimper, Brest oder Morlaix an; auf dem Lande wird diesbezüglich nur schwerlich etwas zu finden sein.

FESTE & VERANSTALTUNGEN

BREST

Salons des Vins et de la Gastronomie: November - Wein- und Gastronomie-Messe im Parc de Penfeld.

CHATEAUNEUF-DU-FAOU

Festival international de danses et traditions populaires: Mitte August - Internationales Tanz- und Musik-Festival. Pardon: 3. Sonntag im August - Notre-Dame des Portes.

CONCARNEAU

Fête des Filets Bleus: Die Woche vor dem vorletzten Sonntag im August - Fest der Blauen Fischernetze.

DOUARNENEZ

Festival de cinéma: Ende August - Filmfestival.
Festival international de folklore: Mitte August - Internationales Folklore-Festival.

FOUESNANT

Fête des pommiers: 3. Sonntag im Juli - Folklore, Cidre-Wettbewerb, Feuerwerk etc.
Pardon: 4. Sonntag im Juli - Ste-Anne.

GUINGAMP

Festival de la danse bretonne: Woche um den 15. August - Festival des bretonischen Volkstanzes.

LOCRONAN

Pardon: 2. Sonntag im Juli - La Petite

Troménie (La Grande Troménie nur alle sechs Jahre, dann Pilgerzug über zwölf Kiometer, 1995 wieder angesagt).
Festival de musique classique: Im Juli.

MORLAIX

Festival les arts dans la rue: Mitte Juli bis Mitte August jeden Mittwoch - die Innenstadt wird zur Bühne für künstlerische Aufführungen aller Art.

PONT-AVEN

Fête des Fleurs d'ajoncs: 1. Sonntag im August - Traditionsfest, Fest der Ginsterblüten, im Jahr 1905 vom berühmten bre-

QUIMPER

Festival de Cournouaille: Zwischen dem 3. und 4. Sonntag im Juli - eine Woche lang stehen bretonische Kunst und Traditionen im Mittelpunkt.
Sémaines musicales: August - Konzerte Klassischer Musik.

FREIZEIT & SPORT

Ile de Batz
Einschiffung: Carantec/Morlaix/ Plougasnou/Roscoff.
Ile de Sein: Einschiffung: Audierne.
Ile d'Ouessant/Molène
Einschiffung: Brest/Le Conquet.

chen Moden mitgemacht und überstanden hat.

BREST

LES DUBLINERS
28, Rue Mathieu-Donart
Typisches Pub mit irischer und bretonischer Musik.

Das Oceanopolis in Brest ist mit seiner futuristischen Architektur bestimmt nicht zu übersehen

Einblick in das Museum de Faienceries in Quimper, darunter ein sehenswertes Exponat

tonischen Barden Théodore Botrel initiiert.
Pardon: Letzter Sonntag im Juli - de Trémalo.

PONT-CROIX

Pardon: 15. August - Notre-Dame de Roscudon (Kleiner Pardon am 1.September).

PONT L'ABBE

Fête de la Tréminou: 4. Sonntag im September.
Fête des Brodeuses: 2. Sonntag im Juli.
Pardon: 3. Sonntag im Juli - des Carmes.

Iles Glénan
Einschiffung: Bénodet/Concarneau/ Fouesnant- Beg-Meil/Quimper.

NIGHTLIFE & TREFFPUNKTE

BENODET

LADY ANNE PUB
Clohars-Fouesnant, Place de l'église
Gemütliche Kneipe mit bretonischer und französischer Folklore-Musik.

LE YANNICK-CLUB
Route de Fouesnant
Eine Disco-Institution, die schon alle mögli-

LE MELODY
Guipavas, Pont Olivier
Die In-Disco der Stadt mit allerlei Beautiful people.

LE SINCLAIR
14, Rue Kéréton
Elegante Disco mit Besuchern jeglichen Alters, denen eine abwechslungsreiche Musik geboten wird.

CHATEAULIN

RUN AR PUNS
Route de Pleyben
In ländlicher Umgebung wird hier der Dernier Cri der Musik gespielt.

CONCARNEAU

LA TAVERNE DES KORRIGANS
2, Avenue du Docteur-Nicolas
Gemütliche Kneipe gegenüber der mauer-umschlossenen Altstadt mit prächtiger Dek-ken-Freskenbemalung.

MORLAIX

LE TY COZ
10, Venelle Au-Beurre
Genau der rechte Platz, um das heimische Coreff-Bier quasi aus der (Brauerei-) Quel-le zu trinken.

PLEYBEN

RUN AR-PUNS
Route de Châteaulin
Behagliche Kneipe in einem ehemaligen Bauernhof mit Jazz und Folk sowie einer Vielzahl von Bieren im Ausschank.

SHOPPING & MÄRKTE

AUDIERNE

POISSONERIE JEGOU
19, Rue Louis Pasteur
Eine erstklassige Adresse für Frischfisch, Schalen- und Krustentiere. Feinschmecker und Hobby-Köche finden hier alles, was zu einer oppulenten "Plateau Fruit de Mer" gehört.

BREST

COMPTOIR EXOTIQUE
Rue de Siam 79
Exquisites Feinkostgeschäft, von Marcel Kerjean geführt, von Caviar über Kräuter und Gewürze bis hin zu erlesenen Alko-holica.

L'ASTROLABE
4, Avenue Clémenceau
In der Nähe des Bahnhofs, an einer brei-ten, vielbefahrenen Straße liegt dieses Ge-schäft, das ausschließlich Literatur zu mari-timen Themen bereithält.

CAST

PATISSERIE
Rue du Kreisker
Feinste bretonische Galettes sind nur eine der leckeren Spezialitäten, die man hier probieren sollte.

DOUARNENEZ

LA MAISON DU KOUIGN AMANN
5, Rue Jean-Jaurès
Die berühmte bretonische Spezialität Kouign aman ist nur eine der Verführun-gen der süßen Art, die diese Patisserie samt Teesalon zu bieten hat.

PATISSERIE LE MOAN
Rue Jean-Jaurès
Feinste bretonische Backwaren; vor allem der klassische Kouign aman sollte hier ge-kauft werden.

Spezialitäten der Bretagne in Pont-Aven

FOUESNANT

CIDRERIE DE MENEZ BRUG
56, Hent Carbon Beg-Meil
Einer der bekanntesten Betriebe für die Herstellung des berühmten Cidre von Fouesnant; Besichtigung, Degustation oder auch Einkauf, wie man will.

BISCUITERIE DU MOUSTOIR
St-Evarzec, 9, Rue de Cornouaille
Bretonische Kuchen- und Crêpes-Bäckerei mit der Möglichkeit zur Besichtigung, zu Kostproben und natürlich auch zum Kaufen.

LESNEVEN

PATISSERIE G. LABBE
9, Rue Notre-Dame
Von Kuchen bis zu den Pralinés, diese Pa-tisserie wird zu Recht im weiten Umkreis gerühmt.

MORLAIX

AU FOUR ST-MELAINE
1, Venelle du Four
Sehr schönes Café, das vor allem für seine bretonischen Kuchen bekannt ist.

LA CAVE DES JACOBINS
4, Venelle des Halles
Exquisite Weinhandlung mit bretonischen Spezialitäten.

LA VIEILLE MAISON
27/28, Rue des Otages
Bretonisches Kunsthandwerk, von Fayencen aus Quimper bis zu Spitzen aus Pont l'Abbé.

PONT-AVEN

LA BOUTIQUE DE PONT-AVEN
9, Place de L'Hôtel de Ville
Top-Feinkostladen, von der Familie Péron geführt; egal ob Thunfisch oder Sardinen, alles ist Spitzenklasse.

LES DELICES DE PONT-AVEN
Eine renommierte Biscuiterie, die besichtigt werden kann und in der man köstliche Galette bretonne kaufen und verkosten kann.

LES GALETTES DE PONT
Direkt an der Brücke der Innenstadt steht dieses Hauses, in dem seit 1920 die be-rühmten Galettes hergestellt werden.

QUIMPER

LIBRAIRIE CALLIGRAMME
18, Rue Elie-Fréron
Eine der bestsortierten Buchhandlungen der gesamten Bretagne.

INFORMATIONEN & HINWEISE

COMITE DEPARTEMENTAL DU TOURISME
11, Rue Théodore Le Hars, BP 125
29104 Quimper cedex.

DIE BRETONISCHE RIVIERA

Morbihan - der Name stammt aus dem Bretonischen und bedeutet so viel wie "Kleines Meer". Ursprünglich ist damit nur das Binnenmeer des Golfs von Morbihan gemeint, das einen Durchmesser von ca. 20 Kilometern hat und mit der offenen See durch eine rund einen Kilometer breite Meerenge verbunden ist. Erdgeschichtlich ist das "Kleine Meer" noch vergleichsweise jung, entstanden durch eine kontinuierliche Absenkung des Bodens, was dazu führte, daß aus sanftem Hügelland ein bei Ebbe teils trockenliegendes Binnenmeer mit einer Vielzahl von Inseln und Inselchen (deren Zahl die der Tage des Jahres angeblich übersteigt, viele davon allerdings in Privatbesitz) entstanden ist, mit der Ile d'Arz und der Ile-aux-Moines flächenmäßig an der Spitze.

Doch inzwischen dient der Name Morbihan zur Bezeichnung eines wesentlich größeren Departements, an der Küste von La Roche-Bernard im Süden bis jenseits von Lorient im Norden reichend. Das Landesinnere nicht zu vergessen, das sich als welliges Hügelland mit einer Geist und Seele beruhigenden Heidelandschaft präsentiert, in der Wälder kaum anzutreffen sind und in der Ginster oder Heidekraut während der Blütezeit für leuchtende Farbtupfer sorgen. Auf einer Fläche von 6 823 Quadratkilometern leben heute ca. 620 000 Menschen, wobei die Landflucht unvermindert anhält und die Städte ständig weiter wachsen. Vannes, die Departements-Capitale, zählt derzeit ca. 45 000 Einwohner, Lorient gar deren 60 000.

Die Küste des Morbihan - das ist im Sommer die Haupturlaubsregion der Bretagne. Auf der Halbinsel Quiberon und rund um den Golf herrscht an den feinkörnigen Sandstränden dann Hochbetrieb; allerdings gibt es abseits davon noch unzählige Küstenstreifen, an denen es sich auch völlig ungestört baden läßt. Was den Reiz

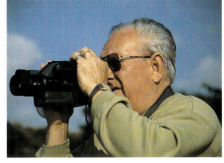

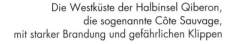
Die Westküste der Halbinsel Qiberon,
die sogenannte Côte Sauvage,
mit starker Brandung und gefährlichen Klippen

dieser bretonischen Küstenregion aus-macht, ist vor allem das milde Klima, das schon fast mediterran zu nennen ist, mit den entsprechenden Auswirkungen auf Flora und Fauna. Von Mai bis Oktober kann man auf strahlenden Sonnenschein vertrauen; Lorient rühmt sich damit, 2040 Sonnenstunden pro Jahr zu haben, womit es das zum Vergleich herangezogene süd-französische Toulouse (2038) hinter sich läßt. So ist der Golf von Morbihan bei-spielsweise eines der wichtigsten europä-ischen Vogelüberwinterungsquartiere, weshalb Vogelschutzgebiete eingerichtet wurden, die der Tourist im Sommer teil-weise besichtigen kann. Auf den Inseln wachsen Mimosen, Orangen- oder Zitro-nenbäume, auf der Halbinsel Rhuys und entlang des Golfs kommen Rhododendren, Kamelien oder Hortensien hinzu, landein-wärts sind es Kiefern, Eichen oder Kasta-nienbäume.

Kein Wunder also, daß schon die Stein-zeitmenschen, deren Herkunft bis heute unbekannt ist, die klimatischen Vorteile der Golf-Region zu schätzen wußten und uns hier ihre rätselhaften steinernen Zeugen hinterlassen haben. Mit den Kelten gelangt man dann im Morbihan auf sichereren historischen Boden, wobei die Veneter mit ihrer Hauptstadt Vannes von sich reden machten, selbst die mächtigen Römer ge-hörig ärgerten und erst von Julius Caesar im Jahr 56 v. Chr. besiegt und dem Römi-schen Reich eingegliedert wurden. Wäh-rend der Völkerwanderungszeit kamen die von den Angeln und Sachsen aus Britan-nien vertriebenen Kelten ins Land, das sie christianisierten; einige der Stammesfür-sten wurden zu hochverehrten Heiligen, die noch heute in den Pardons, den breto-nischen Wallfahrten, verehrt werden.

Und wieder stand Vannes im Mittelpunkt der bretonischen Geschichte, und zwar im Jahr 826, als der aus dieser Stadt stammende Graf Nominoë von Ludwig dem Frommen zum Herzog der Bretagne ernannt wurde und damit seine Unabhängigkeit vom Frankenreich erwarb. Nominoës Sohn Eripoë ging gar noch einen

tionsregierung und deren zentralistische Bestrebungen (z. B. Angriffe auf die bretonische Sprache); sie fand zudem in royalistischen Kreisen Zulauf. Nachdem ihr Begründer, der Marquis de la Rouerie,

wagen. Statt der 100 000 angekündigten Royalisten gingen auf der Halbinsel Quiberon allerdings nur etwa 10 000 Streiter vor Anker. Auch Cadoudal war mit seinen Männern zur Stelle, doch die neuen Verbündeten wurden von den Revolutionstruppen unter General Hoche, der von der geplanten Aktion rechtzeitig erfahren hatte, in eine Falle gelockt, erbarmungslos niedergemetzelt und alle Gefangenen in Quiberon, Auray und Vannes exekutiert. Cadoudal gelang jedoch die Flucht, und er stellte eine neue Guerilla-Truppe zusammen, die aber 1799 wieder von Napoleons Truppen geschlagen wurde. Bonaparte wollte Cadoudal bezähmen, indem er ihm einen hohen Posten im französischen Militär anbot. Doch - der später zum bretonischen Freiheitshelden hochstilisierte - Cadoudal ließ sich nicht kaufen; er hatte vielmehr ein Attentat auf Napoleon vorbereitet, das ihm jedoch zum Verhängnis wurde, weil er verhaftet und im Jahr 1804 hingerichtet wurde.

Die Alignements (Menhir-Steinreihen) von Le Ménec - Zeugen der Megalithkultur

Schritt weiter, nahm im Jahr 851 den Königstitel an und machte Vannes zur Hauptstadt der Bretagne. Nach dem Tod des letzten bretonischen Königs Alain Barbe-Torte im Jahr 952 setzte auch im Gebiet des heutigen Morbihans ein politischer und wirtschaftlicher Niedergang ein, der seinen Höhepunkt in den Wirren des bretonischen Erbfolgekriegs fand. Und auch da war das Gebiet von Morbihan wieder Schauplatz der entscheidenden Schlacht. Jean de Montfort siegte 1364 bei Auray über Charles de Blois und konnte eine Dynastie etablieren, unter der das Land wieder aufblühte.

In den folgenden Jahrhunderten fanden die wichtigsten Ereignisse der bretonischen Geschichte außerhalb des Morbihans statt, das aber im Zuge der Französischen Revolution wieder voll auf die historische Bühne zurückkehrte. Und dafür stand ein Name, Georges Cadoudal (1771-1804), aus dem Örtchen Kerléano (bei Auray) stammend, der als letzter "Chouan" in die Geschichte einging. Die Bewegung der "Chouans" (benannt nach dem Ruf des Käuzchens, "chat-huant", mit dem sich die Anhänger verständigten) richtete sich gegen den Terror der Revolu-

gestorben war, setzte sich Cadoudal an die Spitze der Aufständischen. 1795 wollte man den großen Coup landen und gemeinsam mit aus England und Deutschland zurückgekehrten royalistischen Emigranten den Angriff gegen die Revolutionstruppen

Mit dem Sieg des Pariser Zentralismus setzte eine regelrechte Unterdrückung und Ausmerzung bretonischer Traditionen, Kultur und Sprache ein, wovon natürlich auch die Region Morbihan betroffen war, denn sie gehört zum Sprachgebiet der Basse-Bretagne ("Nieder-Bretagne"), in dem das Bretonische, im Unterschied zu dem östlichen, direkt an Frankreich angrenzenden Gebiet der Haute-Bretagne ("Hoch-Bre-

Das idyllische Tal der Oust bei Josselin mit dem Château de Rohan

tagne"), damals noch sehr verbreitet war. Heute sprechen von den 2,8 Millionen Bretonen Schätzungen zufolge nur noch ca. 500 000 Menschen die heimische Sprache, die dem Keltischen wesentlich näher-steht als dem Französischen. "Ausspucken und Bretonisch sprechen verboten", das stand noch bis zum Ersten Weltkrieg an den von Franzosen geleiteten bretonischen Amtsstuben geschrieben. Und in der Schule herrschten noch rauhere Sitten, denn wer verbotenerweise ein bretonisches Wort gebrauchte, bekam ein Hufeisen um den Hals gehängt und wurde damit dem öffentlichen Gespött preisgegeben. Das ist gottlob Schnee von gestern, Bretonisch wird in höheren Schulen oder an den Unis wieder gelehrt; aber es scheint doch mehr als ungewiß, ob sich die Sprache in unserer Zeit auf Dauer wird behaupten können, trotz allem Regionalismus und der verschiedenen keltischen Zirkel, die ihre Aufmerksamkeit vornehmlich der Musik, dem

Place Henry IV. in Vannes' Altstadt

Tanz oder den alten Trachten widmen. Und ob ausgerechnet die rechtsradikale Front National die Rettung sein kann, die zuletzt im Morbihan, besonders im Gebiet um Carnac und Quiberon, mehr als 30% der Stimmen auf sich vereinen konnte, darf doch mehr als bezweifelt werden; aber vielleicht war das auch nur ein Heimbonus für Jean-Marie Le Pen, der aus La Trinité-sur-Mer stammt.

Das berufliche Leben der Menschen des Morbihan wird geprägt vom Fischfang,

von der Landwirtschaft und natürlich vom Tourismus. Wobei das Geschäft mit den Urlaubern ein saisonales Vergnügen ist. Denn außerhalb der Hauptreisemonate Juli

Top-Produkte auf dem Wochenmarkt (Sarzeau)

und August geht es im Departement vergleichsweise ruhig zu, selbst die Fremdenverkehrsämter haben sich teilweise darauf eingerichtet und ihre Büros in den Wintermonaten geschlossen. Im Sommer strömen die Touristen, vor allem aus Frankreich, England und Deutschland, dann aber um so zahlreicher. Wer sich nicht in den Hotels einquartieren möchte, findet entlang der Küste zahlreiche Ferienwohnungen bzw. -häuser und natürlich auch Campingplätze. Für viele Einheimische ist es selbstverständlich, im Sommer das eigene Heim zu räumen, in einen Anbau (oft eine ausgebaute Garage) oder in eine provisorische Hütte im Garten, "Cabane" genannt, umzuziehen und das Maison dann zu vermieten; so kann zwar schnell der Kontakt zu den Morbihanern hergestellt werden, es kann aber auch einige Probleme für diejenigen Touristen geben, die wenigstens im Urlaub mal ihre absolute Ruhe haben möchten - da ist gegebenenfalls zu raten, sich vorab genau zu informieren, ruhig diesen Sachverhalt auch von sich aus anzusprechen, denn die französischen Ferienhaus-Vermittler verschweigen dies schon mal ganz bewußt (Auskunft für alle Logie-Wünsche erteilt der Service de réservation Loisirs-Accueil unter der Telefon-Nummer 97 42 61 60.

Die Anreise ist bequem dank eines gut ausgebauten Straßennetzes - via Autoroute L'Océane (Paris-Rennës) und Route Nationale 24 (Rennes-Ploermel-Vannes-Lorient) -, eines Anschlusses an den TGV - der für die Strecke Paris-Vannes beispielsweise 3 Stunden und 15 Minuten braucht - oder des Flughafens in Lorient. Auch im Morbihan selbst kommt man - vor allem in der

Küstenzone - sehr zügig voran über die RN 165, die autobahnähnlich ausgebaut ist, ohne daß der Urlauber dafür die sonst hohen französischen Mautgebühren berappen müßte.

Der Fischfang, früher der dominante Wirtschaftszweig, ist natürlich auch im Morbihan in eine gewisse Krise geraten. Die Küstengewässer wurden viele Jahre gnadenlos überfischt. Worunter die traditionellen kleinen Kutterbootsbesitzer mindestens ebenso zu leiden hatten und haben wie unter der Konkurrenz durch die modernen Hochseeschiffe mit ihren Grundschleppnetzen, die weit hinausfahren, z. B. in die Irische See oder in den Golf von Biscaya, und die im Morbihan eigentlich nur von Lorient, einem der wichtigsten französischen Fischereihäfen schlechthin, auslaufen. Hatte früher der Thunfisch die Spitzenstellung im Fangergebnis eingenommen, so hat er inzwischen die Pool-Position dem Kabeljau abtreten müssen, der in der Regel nicht mehr eingesalzen oder getrocknet, sondern sofort auf den Schiffen tiefgefroren wird. Die Konservenindustrie nicht zu vergessen, die in Etel und auf der Halbinsel Quiberon ihre Hochburgen hat und vornehmlich Sardinen in Öl einlegt (für Wurstwaren ist übrigens der Ort Plouharnel bekannt). Stichwort Lorient: Hier hat sich die internationale Werftenkrise noch nicht so stark bemerkbar gemacht, denn vor Ort werden die Zerstörer für die französische Kriegsmarine gebaut.

Ruhige See im Hafen von Quiberon

Können die Küstenfischer mit ihrem Fang den lokalen Markt mit Seezunge, Steinbutt, Makrelen, Sardinen oder Rochen nur mehr schlecht als recht beliefern, so haben sie sich mit dem Fang von Krustentieren ein einträgliches Zusatzgeschäft eröffnet, wobei aber auch hier der Wettbewerb mit der Hochseefischerei sehr hart ist. Zumal die Großen eine Art Vorratshaltung betreiben, indem sie die auf dem weiten Meer gefangenen Tiere nach der Rückkehr in Meerwasserbecken vor der Küste aussetzen. Manche Küstenfischer nehmen - gegen entsprechende Bezahlung - Touristen mit an Bord, die den Profis bei der Arbeit zuschauen oder sich auch ihren Fisch selbst fangen können.

man sich schon einen Tag vorher anmelden (Info z. B.: Office de Tourisme d'Arzon, Tel. 97 53 81 63 oder Syndicat d'Initiative de Muzillac, Tel. 97 41 53 04).

Zur Spitzenposition der bretonischen Landwirtschaft im Rahmen der französischen Staatsgrenzen trägt auch das Departement Morbihan seinen Teil bei. Wobei neben dem Getreide natürlich auch hier vor allem der Gemüseanbau blüht, egal ob es sich dabei um Blumenkohl,

Die frischen Grundprodukte vom Land und aus dem Meer werden nach Paris oder auch ins benachbarte europäische Ausland exportiert, aber selbstverständlich auch in der heimischen Küche verarbeitet, nicht nur in den privaten Haushalten, sondern auch in den Restaurants, vom einfachen Bistro bis hin zu den Gourmet-Tempeln; letztere gibt es gerade im Morbihan in vergleichsweise großer Zahl, alle schön und leicht erreichbar an der Küste entlang gruppiert. Eine Spezialität der Küstenregion ist dabei die Cotriade, die bretonische Version der berühmten Bouillabaisse, die ihrer südfranzösischen Schwester in nichts nachsteht; werden nur kleine Fische darin verarbeitet, wird die Suppe Godaille genannt. Bekannt sind auch die Wurstwaren des Morbihan, vor allem die Andouille von Guéméné oder die Andouillette von Auray. Ansonsten findet man auf den Speisenkarten all jene Gerichte, die in der gesamten Bretagne die Herzen der Feinschmecker höher schlagen lassen; Hummer oder Languste sollten auf jeden Fall probiert werden, zumal diese Tiere nicht nur taufrisch auf den Tisch kommen, sondern preislich auch wesentlich günstiger angeboten werden können als nach dem weiten Transport in deutschen Landen. Noch leckerer aber ist wohl das weiße Fleisch der Seespinne (araignée): Wer diese Gourmandise im Morbihan nicht verkostet, ist selber schuld; den Lachs aus dem Flüßchen Blavet oder die Forelle aus dem Flüßchen Scorff nicht zu vergessen.

Da macht das Einkaufen Spaß: Markttag in Jasselin

Neben den Krustentieren muß natürlich auch den Schalentieren eine wichtige wirtschaftliche Bedeutung beigemessen werden. Und hier ganz besonders der Austern-Kultur, die im Morbihan zentral darin besteht, die Austernlarven zu züchten, die dann nach einer gewissen Wachstumsphase an die Mastparks in der gesamten Bretagne weiterverkauft werden. Aber es gibt natürlich auch im Morbihan selber Austernparks, z. B. in den Flüßchen Etel oder Penerf bzw. entlang der Golf-Küste. Wer will, kann sich auf die "Route de l'huître" begeben und sich von Austern-Produzenten durch ihre Parks führen lassen, Degustation inclusive, allerdings sollte

Zwiebeln, Kartoffeln (besonders lecker die von der Halbinsel Quiberon), Rübchen (navets), Artischocken oder Karotten handelt. Auch die Zucht von Milchkühen und Schweinen ist einträglich, während die Apfelplantagen, die das bretonische Nationalgetränk, den Cidre, liefern, in diesem Departement eher rückläufig sind. Einige Bauernhöfe laden die Urlauber zur Besichtigung ihres Betriebs ein, z. B. Paule und Germain Bernard in Languidic, die sich auf Geflügelzucht (auch Gänsestopfleber) spezialisiert haben oder die Abbaye du Bas in Campénéac, wo die Ziegenaufzucht und die Herstellung des feinen Käses vorgestellt werden.

Ein einmaliges Erlebnis ist eine bretonische Hochzeit, bei der auf dem Lande noch immer (fast) das gesamte Dorf eingeladen wird. Da kann man nicht nur in plateaus de fruits de mer nur so schwelgen, sondern auch die Trachten bewundern, die heute eigentlich nur noch zu festlichen Anlässen, z. B. auch den Pardons, getragen werden. Die Männer haben einen breitrandigen, gebänderten Hut auf dem Kopf und ihre Brust ziert eine bestickte Weste. Das ist überall in der Bretagne gleich, aber bei den Frauen gibt es regionale Unterschiede. Im Morbihan wird über dem schwarzen Kleid ein bis zu den Schultern reichendes Schürzenoberteil getragen, und als Kopfbedeckung dient eine Haube, die die Stirn beschattet.

Unter den zahlreichen Pardons des Morbihans ragt derjenige von Ste-Anne d'Auray (25./26. Juli) klar heraus. Der

Kult der Heiligen Anna wurde einst von den Kreuzrittern aus dem Orient nach Europa gebracht. Doch die Legende will es so, daß die Mutter der Jungfrau Maria aus der Bretagne stammte, von dort nach Palästina auswanderte und nach der Geburt ihrer Tochter auf der Flucht vor ihrem brutalen Ehemann wieder zurück nach Armorica kam, wo sie sogar Besuch von ihrem Enkel Jesus erhalten haben soll.

Hafen des ruhigen Fischerdörfchens Sauzon auf der Belle-Ile

Besonders gefördert wurde der Annen-Kult durch die Herzogin Anna Anfang des 16. Jahrhunderts, wodurch die Mutter der Jungfrau Maria zur Schutzpatronin der gesamten Bretagne aufstieg. Auch wenn speziell dieser große Pardon inzwischen längst zu einer Touristenattraktion geworden ist - Spötter sprechen gar von einem bretonischen Lourdes -, so kann man dabei immer noch viel von der tiefen bretonischen Frömmigkeit spüren. Denn die Tradition schreibt vor, daß jeder gläubige Bretone wenigstens einmal in seinem Leben an einem Pilgerzug teilnehmen muß - begleitet von den Klängen der bombarde, der bretonischen Oboe, und dem biniou, dem bretonischen Dudelsack -, ansonsten er sein Versäumnis nach dem Tode mit langsamem Sargvorrücken nachholen muß.

Der Besuch eines Pardons oder eines der lokalen Volksfeste, den "Fest Noz", ist natürlich nur eine von vielen Freizeitbeschäftigungen, die sich dem Reisenden im Departement Morbihan bieten. Mindestens ebenso reizvoll ist das Schlendern durch die pittoresken Altstadtgassen von Gemeinden wie Vannes, Josselin, Pontivy oder Auray. Das Fehlen großer Metropolen hat eben auch seine Vorteile, alles ist überschaubar, und man stößt gleichsam automatisch auf die Hauptsehenswürdigkeiten, sofern man sich nicht ohnehin einfach nur auf ein gemütliches Shopping beschränken möchte. Beim Betrachten der Kirchen, Kathedralen, Häuser oder Schlösser wird immer wieder das Hauptbaumaterial überraschen, der Granit. Seine Härte ist der Grund dafür, daß sich die Handwerker in der Regel mit vereinfachten Formen und Verzierungen zufriedengeben mußten. Stilistisch mag - wie in den übrigen bretonischen Regionen - das fast vollständige Fehlen romanischer Bauten auffallen. Aber in jenen Zeiten wirtschaftlicher Not war an solche Großobjekte im Morbihan nicht zu denken: Die Gotik bestimmt das Erscheinungsbild der Kirchen, oftmals verschönert durch Renaissance-Ornamentik.

Auch kulturell wird im Morbihan dem Reisenden einiges geboten, vom Keltischen Festival in Lorient bis hin zu traditionellen Theater- und Tanzveranstaltungen. Wer den stillen Teil des Morbihans abseits der Küste erkunden möchte, kann dies durch Mieten eines Hausboots tun. 260 Kilometer schiffbare Kanäle und Flüsse können befahren werden, eine kurze Einweisung genügt, und schon mag man sich wie ein kleiner Kapitän der See fühlen. Der Spaß ist allerdings nicht ganz billig, für vier Personen sind für eine Woche ca. 6000 Francs zu zahlen; ein Einschiffen ist in Josselin, Rohan, Muzillac oder Serent möglich. Wer das sichere Land nur kurzzeitig verlassen und Profis das Steuer überlassen möchte, sollte sich für eine Schiffs-Rundfahrt durch den Golf von Morbihan entscheiden, wobei die Schiffe von Vannes, Port-Navalo, Arzon, Locmariaquer, Auray oder Le Bono in See stechen. Von den vielfältigen Möglichkeiten zur sportlichen Betätigung ganz zu schweigen: Tennis, Golf, Reiten, Wassersport in allen Varianten und Variationen (Tauchen, Kanu, Kayak, Surfen, Segeln etc.), für jeden Geschmack dürfte etwas Passendes zu finden sein. Und wer im Urlaub etwas für seine Gesundheit tun möchte, kann sich in einem der Thalasso-Therapie-Institute die Heilkräfte des Meeres zunutze machen.

Ausdruck der bretonischen Frömmigkeit:
Die Pardons (hier St-Cornély in Carnac'h)

DAS RÄTSEL DER MENHIRE

"Über Carnac wurde mehr Unsinn geschrieben, als es dort Menhire gibt." Dieser Meinung von Gustave Flaubert kann sich der heutige Besucher der geheimnisumwitterten Steinreihen eigentlich nur anschließen. Fragt sich nur, welche der um die steinernen Zeugen der Megalithkultur (griechisch: megas = groß, lithos = Stein) kreisenden Deutungstheorien nun der Wahrheit am nächsten kommen und welche eben nur Phantasiegespinste staunendratloser Wissenschaftler sind. Denn noch immer zählen die Menhire (bretonisch: maenhir = langer Stein), die nirgendwo auf der Welt in solch großer Zahl anzutreffen sind wie an der Morbihan-Küste und den dahinterliegenden Landes de Lanvaux, zu den ungelösten Rätseln der Menschheitsgeschichte.

Obelix kann leider nicht weiterhelfen bei der Suche nach den Schöpfern dieser frühen, monumentalen Meisterwerke in Stein - obwohl man noch bis ins 19. Jahrhundert den Kelten den Ruhmeslorbeer aufs stolze Haupt gesetzt und in romantischer Verklärung geheiligte Stätten der Druiden daraus gemacht hatte. Doch die neuere Forschung brachte unmißverständlich zutage, daß die Steine einer viel früheren Epoche entstammten, dem Spät-Neolithikum, daß sie zwischen 4500 und 2000 v. Chr. aufgestellt wurden und damit älteren Ursprungs sind als die berühmten ägyptischen Pyramiden. Der Zeitrah-

men war also abgesteckt, nur das Problem der Urheberschaft widersteht bis heute jedem Erklärungsversuch. Sicher, es handelte sich um ein Steinzeit-Volk, das sich um 5000 v. Chr. im Gebiet des heutigen Morbihan niederließ. Ob aus Afrika oder Asien stammend, ob über die See oder den Landweg eingewandert - nichts Genaues weiß man nicht. Warum gerade diese Region zur Seßhaftwerdung gewählt wurde, das wurde mit einem Sonnenkult in Verbindung gebracht. Die Menschen seien bis an den westlichsten Rand der damaligen Welt gezogen, um der Sonne und dem göttlichen Jenseits möglichst nahe zu kommen. Eine schöne Theorie, nur wäre dann das Gebiet des heutigen Finistère, das noch ein Stückchen weiter in den Ozean hineinragt, eigentlich ein noch viel idealeres Kultzentrum gewesen.

Das Megalith-Volk muß jedenfalls schon eine beachtliche gesellschaftliche Organisations-Struktur und ein nicht unerhebliches Verständnis bautechnischer Zusammenhänge besessen haben. Denn die Aufstellung der riesigen Zahl von Menhiren und weiterer Stein-Denkmäler war beileibe kein Kinderspiel. Der größte, heute leider zerbrochene Menhir von Locmariaquer wog immerhin 350 Tonnen. Dieser steinerne Koloß mußte zunächst einmal mit primitiven Werkzeugen - Holzkeilen, die in den Stein getrieben und anschließend mit Wasser übergossen wurden ? - aus dem Fels

herausgesprengt und dann über größere Strecken zu seinem Bestimmungsort transportiert werden - mittels rollender Baumstämme samt Menschen- und/oder Tierkraft? Und erst die frühe architektonische Glanzleistung des Baus der Dolmen (bretonisch: dol = Tisch, men = Stein), der Grabkammern, bei denen genau berechnet und austariert werden mußte, wie die Decksteine auf den senkrecht aufgestellten Tragsteinen aufzuliegen hatten, damit die Standfestigkeit gewährleistet war.

Neben den Menhiren, einzeln stehenden Steinen mit einer Höhe bis zu 20 Metern, und den Dolmen, die häufig noch mit einem Gang erschlossen wurden (z. B. der sogenannte Tisch der Kaufleute bei Locmariaquer), gibt es noch weitere Megalith-Denkmäler. Bei den Alignements sind die Menhire in Reihen angeordnet, bei den Cromlechs (bretonisch: kramon = Krümmung, lech = Stein) stehen sie in einem Halbkreis, auch die Anordnung im Viereck kommt vereinzelt vor. Die Dolmen, die heute beim Betrachter tatsächlich die Assoziation Tische (für Riesen) hervorrufen können, waren ursprünglich unter Hügeln, Tumuli, aus Feldsteinen und Erde verborgen, die heute jedoch größtenteils abgetragen sind. Bei den Cairns oder Fürstenhügeln wurden die Gänge und Grabkammern ganz sorgfältig mit Bruchsteinen umkleidet. Im Norden der Bretagne sind die, oft mit Gravuren versehen, Allées Couvertes (Langgräber) zu besichtigen.

Liegt der Sinn und Zweck der Dolmen und Tumuli als Grabanlagen auf der Hand, so ist der Antrieb zur Errichtung der Menhire, die, wegen ihrer phallischen Gestalt, im Volksglauben lange Zeit als Fruchtbarkeits-Symbole angesehen wurden, völlig ungeklärt. Noch größere Rätsel als die einzelstehenden Menhire geben dabei die offenbar systematisch angelegten Steinreihen auf; einige der gängigsten Deutungstheorien zur Auswahl: Sonnenkult, Teile eines riesigen astronomischen Observatoriums, Kalender zur Bestimmung von Aussaat und Ernte, Wegweiser für die in den Golf von Morbihan einfahrenden Schiffe, Throne für die Seelen der Verstorbenen/Totenkult etc.

DER ZAUBER DER MEGALITHEN

Am Meer und zum Meer hin drängt sich hier alles. Etwas seltsam, denn der Golf von Morbihan ist nur ein vergleichsweise kleiner Flecken im Gesamtgebiet des Departements. Aber das milde Klima, mehr mediterran denn atlantisch geprägt, zieht eine große Zahl von Touristen an, die die schönsten Tage des Sommers an den zahllosen Badestränden verbringen oder die Inseln aufsuchen, von denen es mehr geben soll als Tage im Jahr. Und als Abwechslung zur Sonnenanbeterei hält das Küstenhinterland mit den Megalithen ebenso rätselhafte wie sehenswerte Zeugen einer längst vergangenen Zeit bereit, wofür der Name Carnac so etwas wie ein Synonym darstellt. Auch die beiden größeren Städte, die als einzige des Departements in die Kategorie "Stadt der Kunst und der Geschichte" eingestuft wurden, sind in diesem meernahen Landstreifen anzutreffen: Vannes und Auray, die beide den Besucher mit mittelalterlichem Charme begrüßen. Doch auch das Landesinnere hat dem Touristen einiges zu bieten, nicht nur eine beschauliche Landschaft, sondern auch kleine Marktflecken, die mit unerwarteten Kostbarkeiten auftrumpfen können, z. B. Josselin mit seinem wunderschönen Schloß oder Rochefort-en-Terre mit seinem original erhaltenen Stadtbild des 16. und 17. Jahrhunderts; beide tragen die Auszeichnung "Städtchen mit Charakter" mit vollem Recht.

Das Château de Suscinier (Rhuys)

AURAY   174 □ B1

Auray, das ist eines der geschichtsträchtig-sten Städtchen der Bretagne. Denn hier am Ufer des Flüßchens Loch wurde z. B. im Jahr 1364 der bretonische Erbfolge-krieg entschieden, als der von den Eng-ländern unterstützte Jean de Montfort sei-nen Verwandten Charles de Blois besieg-te. An die Schlacht erinnert heute noch die **Chartreuse d'Auray** (Karthause von Auray), die man drei Kilometer vom Stadt-zentrum entfernt in Richtung Baud erreicht. An gleicher Stelle, einem einstmaligen Sumpfgebiet, fand 1795 ein neuerliches blutiges Gemetzel statt, als nach der Nie-derschlagung des Aufstandes der königs-treuen "Chouans" rund 1000 Gefangene einfach füsiliert wurden - eine Kapelle in griechischer Tempelform gedenkt der "Chouans" auf dem **Champ des Martyrs** (Feld der Märtyrer). Der Anführer der Aufständischen, der berühmte Georges Cadoudal, konnte allerdings fliehen. Der Bauernsohn und fanatische Anhänger des Königs sorgte auch in der Folgezeit für jede Menge Anschläge und wurde offen-bar so gefährlich, daß ihn Napoleon durch Zuweisung eines hohen Ranges in der Armee bezähmen wollte. Es war wohl ein Fehler, dieses letzte Angebot abzuleh-nen, denn Cadoudal wurde 1804 in Paris hingerichtet.

Nur geringfügig friedfertiger war ein anderes Ereignis der Stadtgeschichte, mit dem bereits die einstige Bedeutung des Hafens deutlich wird. Denn dort - im Stadt-teil St- Goustan - ging 1776 Benjamin Franklin an Land, um französische Unter-stützung im amerikanischen Unabhängig-keitskrieg zu erbitten. Hier finden sich noch heute die prächtigsten Häuser, er-baut von Bürgern, die sich mit dem Han-del von indischem Tuch und Holz ihren Wohlstand erworben hatten - Kulisse z. B. für Philippe de Brocas Film "Les Chouans". Vom hübschen **Place St-Sauveur** mit Ge-bäuden aus dem 15. Jahrhundert gelangt man in pittoreske Gassen wie die **Rue Neuve** oder die **Rue du Petit-Port** mit mittel-alterlichen Giebelhäusern. Für manchen Jachtbesitzer spielt sich hier noch immer das wahre Leben ab, doch die Einheimi-schen zieht es mehr ins Zentrum, das über die den Loch überspannende Brücke, die **Pont de St-Goustan**, zu erreichen ist. Alles spielt sich rund um die Kirche **St-Gildas** aus dem 17. Jahrhundert mit ihrem Renais-

sance-Portal ab. Kneipen, Restaurants, Fischhalle, Einkaufstraße - hier kann man sich entspannt das bunte, quirlige Treiben anschauen, gottlob mal nicht so touristisch überladen wie andernorten. Auray hat ein Flair, das man nur schwer beschreiben kann, das man eben erleben muß. Sechs Kilometer von Auray entfernt Richtung Lan-desinneres liegt der wohl wichtigste Wall-fahrtsort der Bretagne, **Ste-Anne d'Auray**. In diesem Dorf herrscht nicht nur beim Großen Pardon am 26. Juli Hochbetrieb, sondern auch an ganz normalen Tagen kann man eine mehr oder weniger große Pilgerschar antreffen, die zur Mutter der Jungfrau Maria beten will - in einer Kirche aus dem 19. Jahrhundert. Dort wird eine Reliquie verwahrt, die den Grundstein für den Pilgerstrom gelegt hat. Der Bauer Yves Nicolazic erzählte seinen Mitbürgern 1623 von einer Erscheinung der Heiligen Anna, die ihm aufgetragen habe, eine Kir-che zu bauen. Doch erst als zwei Jahre später eine Annen-Statue gefunden wurde, die 1796 verbrannte (ein Rest wurde in

BAUD   174 □ B1

Das Dörfchen liegt auf einer Anhöhe, ein-gerahmt von den Flüßchen Blavet, Evel und Tarun. Und es wäre trotz einer Quelle, die Augenleiden heilen soll, nicht weiter erwähnenswert, wenn nicht zwei Kilometer außerhalb eine seltsam anmutende 2,20 Meter hohe Statue auf einem Sockel stehen würde, **Venus de Quinipily** genannt, deren Herkunft unbekannt ist, in der jedoch eine ägyptische, römische oder auch keltische Göttin vermutet wird. Da sich um sie heid-nische Kultformen (Fruchtbarkeitssymbol) rankten - so rieben sich die bretonischen Frauen ihre Bäuche an dem Granit, wurde sie mehrfach in den Blavet geworfen, doch danach stets wieder geborgen. 1696 er-hielt sie endgültig ihren heutigen Platz.

BELLE-ILE-EN-MER   174 □ B3

Die Königin der Feen soll, so die bretoni-sche Sage, die Insel erschaffen haben. Und zwar bei ihrer Flucht vor bösen Wi-

Ein Fährschiff läuft aus dem Hafen Le Palais (Belle-Ile) aus

einer neuen Statue eingearbeitet), wurde ihm Glauben geschenkt und die erste Ka-pelle errichtet. Wer will, kann sich auch noch den Kirchenschatz und das integrier-te **Musée du Costume Breton** (Bretonisches Trachtenmuseum) ansehen.

dersachern, denn sie warf traurig ihre Kro-ne in das Meer, den Golf von Morbihan, der sich durch die Tränenflut der anderen Feen gebildet hatte. Und die Krone wurde schließlich zur Belle-Ile, der, wie der Name schon verrät, schönsten und mit einer Flä-

che von 84 Quadratkilometern auch größten bretonischen Insel (Länge: 17 Kilometer, Breite: 5-10 Kilometer). Sie kann auf eine bewegte Geschichte zurückblicken. Im 6. Jahrhundert wurde das 63 Meter aus dem Meer herausragende schiefrige Plateau erstmals von irischen Mönchen besiedelt - und es blieb bis ins 16. Jahrhundert ruhig und friedvoll. Doch danach entwickelte sich die Insel zum Zankapfel zwischen Frankreich und England. Nach den Herzögen Condi de Retz verliebte sich mit Nicolas Fouquet, Finanzminister von Louis XIV., schon in der damaligen Zeit ein VIP in die Insel - und legte dort sein dem Staatssäckel entzogenes Geld an. Ende des 19. Jahrhunderts gaben sich berühmte Künstler und Schriftsteller hier ein Stelldichein und ebneten mit ihrer schwärmerischen Beschreibung des Eilandes den Weg für den beginnenden Tourismus. Wer ließ sich nicht alles von der schönen Insel mit ihrem fast mediterranen Charme samt Palmen und Zypressen, ihrem Wechselspiel von Tälern und Buchten, zerklüfteten Felsen und Sandstränden inspirieren: Proust, Gide, Dumas, Flaubert, Colette oder Matisse, Dérain, Courbet und Claude Monet; Sarah Bernhardt nicht zu vergessen, die sich an der westlichen Spitze der Insel sogar ein Fort errichten ließ.

Die Fähre von der Halbinsel Quiberon kommend geht an der Nordseite der Insel, dort wo die eigentlichen Sandstrände sind, vor Anker, genauer gesagt in **Le Palais,** dem Hauptort der Insel, der in den Monaten Juli und August über Besuchermangel wahrlich nicht zu klagen braucht. Unübersehbar thront die Zitadelle (**Citadelle Vauban**) über dem Hafen, einstmals Abwehrbollwerk, später Gefängnis - mit solch illustren "Gästen" wie Karl Marx -, heute historisches Museum (**Musée Historique**). Hübscher und in der Saison auch etwas ruhiger ist das Fischerdörfchen **Sauzon**, die zweite von insgesamt vier etwas größeren Gemeinden der Insel. Hier kann man im Dezember und Januar bei der "Ernte" einer sehr seltenen Meeresschneckenart, den **pousse-pieds** (ähneln im Aussehen menschlichen großen Zehen) zuschauen, die fast ausschließlich nach Spanien, wo sie hochgeschätzt werden, exportiert werden.In **Locmaria**, das wegen seiner feinen Sandstrände bekannt ist, erinnert ein alter Kirchturm an die 78 frankokanadischen Familien, die nach ihrer Vertreibung aus der Neuen Welt von Louis XV.

hier angesiedelt wurden. Über die Hauptroute der Insel, die D 25, die sich einmal längs über die Belle-Ile erstreckt, gelangt man auch schnell nach **Bangor**, einem ruhigen Bauerndorf mit hübschen, weißfarbenen Häusern.

Noch weitaus sehenswerter als die vier genannten Dörfer ist allerdings die Südküste der Belle-Ile, **Côte Sauvage** (Wilde Küste) genannt, an der sich schroffe Felsen, Klippen und Sandstrände abwechseln. Ein beliebtes Fotomotiv sind die **Aiguilles de Port-Coton**, gischt-umtoste Felsennadeln, sowie die **Grotte de l'Apothicairerie**, die ihren Namen einstmaligen Kormoran-Nestern verdankt, die Apothekentöpfen ähnlich sahen.

BIGNAN   174 ☐ C1

Bignan, das ist ein kleines Dorf, das vor allem wegen seines mutigen Chouans, Pierre Guillemot, einem wichtigen Mitstreiter des Aufständischen-Führers Cadoudal, berühmt geworden ist. Sehenswert sind das Langgrab und der Dolmen von **Kergonfalz** sowie im benachbarten **St-Jean-Brévelay** die alte Eiche, unter der sich die Legende nach schon Julius Caesar ausgeruht haben soll, und der Dolmen **Roh-Koh-Koed**. Doch das allein würde wohl kaum eine Fahrt gen Bignan rechtfertigen, viel interessanter ist da schon die nahe, über die D 123 zu erreichende **Domaine de Kerguéhennec**, auf derem 170 Hektar großen Territorium sich ein botanischer Garten, ein Zentrum zeitgenössischer Kunst (**Centre d'Art Contemporain**, vor allem zeitgenössische Skulpturen werden hier ausgestellt) sowie das **Château de Kerguehennec** aus dem 18. Jahrhundert befinden. letzteres ist mit seinen symmetrischen Nebengebäuden um einen weiten Hof gruppiert, der Haupttrakt wird von zwei vorspringenden Pavillons flankiert.

BRANFERE   174 ☐ C2

Eltern werden an einem Besuch des zoologischen Gartens, der auf die Initiative von General de Gaulle und André Malraux hin gegründet wurde, wohl nicht herumkommen. Denn die Kids werden garantiert eines der vielen Hinweisschilder an den Straßen entdecken. Und dann führt kein Weg mehr an Branféré vorbei, wo auf einer Fläche von 50 Hektar 2000 Tierarten zu besichtigen sind.

CARNAC   174 ☐ B2

Carnac - das ist wohl der weltweit bekannteste Ort der Bretagne. Was er natürlich seinen steinernen Zeugen der Megalith-Kultur verdankt, die es zwar auch anderswo, z. B. in Spanien, Irland oder vereinzelt praktisch über das gesamte bretonische Küstengebiet verteilt, gibt, doch nicht

Künstlerisches Kleinod im St-Cornély (Carnac)

in dieser gigantischen Zahl wie eben um den magischen Platz an der Morbihan-Küste. Mehr als 3000 Menhire sind hier über zehn bedeutendere Fundstellen verteilt, die Jahr für Jahr von Touristenheeren bestaunt werden. Im Sommer kann man sich daher wie auf dem Jahrmarkt fühlen, noch weniger auf den großflächigen, eingezäunten Megalith-Feldern als vielmehr in den drei Ortsteilen Carnac-Plage, Carnac-Bourg sowie Carnac-Ville. Am schönsten ist eine Reise nach Carnac daher allemal im Frühjahr, wenn es ruhig und vergleichsweise menschenleer ist. Zwischen blühenden Ginsterbüschen herzuschreiten und den Nieselregen über sich ergehen zu lassen - so kann der Besucher in das noch immer ungelüftete Geheimnis der Obelixschen Hinkelsteine (siehe DAS RÄTSEL DER MENHIRE) viel eher eintauchen. Es ranken sich eine ganze Reihe von Legenden um diese Steine, die einzeln stehend als Menhir, in Reihen als Alignements und im Kreis oder Halbkreis angeordnet als Cromlech bezeichnet werden. Die Grabanlagen nicht zu vergessen, die sowohl als Tumulus (Grabhügel) als auch als Dolmen (Langgrab) auftauchen können. Ein Heer von römischen Legionären, verflucht und in Stein verwandelt vom Heiligen Kornelius, dem auch die örtliche Kirche **St-Cornely,** einer der schönsten Renaissance-Bauten des Departements, geweiht ist, das ist einer der sagenhaften Erklärungsansätze. Oder Gargantua soll sich in diesem Gebiet die Schuhe gereinigt haben, wobei die herabfallenden Erdbrocken zu riesigen Steinen geworden sind (wissenschaftlichere Deutungsversuche siehe DAS RÄTSEL DER MENHIRE). Auffallend ist allemal, daß die Steinreihen in westlicher Richtung, zum Meer hin, immer höher werden und bis zu vier Meter aus dem Boden hervorragen, während die kleinsten Menhire gerade mal eben 60 Zentimeter erreichen.

Die bedeutendste Steinallee - einfach den Hinweisschildern Route des Alignements folgen - ist diejenige von **Le Ménec** mit nicht weniger als 1099 in elf Reihen über 1167 Meter Länge und 100 Meter Breite angeordneten Menhiren. Ein Stückchen weiter auf der D 196 gelangt man sodann zu den Alignements von **Kermario,** diesmal sind es 982 Menhire in zehn Reihen. Und wem danach immer noch nach Menhiren zumute ist, der kann sich auch noch die Steinallee von **Kerlescan** ansehen (540 Menhire in 13 Reihen) oder einfach sein eigenes, kleineres Megalith-Feld querfeldein suchen.

Interessant ist fraglos auch die Besichtigung des **Tumulus St-Michel,** einem 120 Meter langen, 60 Meter breiten und zwölf Meter hohen Grabhügel mit zwei Grabkammern und ca. 15 Steinkistengräbern, der wegen seiner Größe und kostbaren Fundstücke (Schmuck, Beile, Keramik), die vor Ort zusammen mit rund 500 000 Exponaten im sehenswerten prähistorischen **Musée James Miln - Zacharie Le Rouzic** (Place de la Chapelle) ausgestellt sind, für ein Fürstengrab gehalten wird. Als Alternative bietet sich ein Abstecher zum **Tumulus de Kercado** an, in dem ebenfalls ein Fürst seine letzte Ruhestätte gefunden haben soll.

DAMGAN   174 ☐ D2

Ein typisches Feriendorf wie viele andere, das ist Damgan, das sich ob seiner wei-

ßen Dünen rühmt. Einzige Sehenswürdigkeit ist der Vorort **Penerf** wegen seiner Austernkulturen, die bereits im Jahr 1858 angelegt wurden. Am Hafen kann der Besucher nicht nur die leckeren Muscheltiere verkosten und dazu ein Gläschen Muscadet trinken, sondern sich - auf Voranmeldung - im **Maison de l'Huître** auch eingehend mit der Austernzucht vertraut machen lassen.

ERDEVEN   174 ☐ B1

Wer dem Rummel in Carnac entgehen möchte, kann sich hier, direkt an der D 781, die zweitgrößte Steinallee an-

Auf dem Zwiebelmarkt in Erdeven

schauen, die **Alignements de Kerzerho,** wo sich in zehn Reihen 1129 Menhire aneinanderreihen. Einen Besuch lohnen hier auch eine Wassermühle aus dem Jahr 1805, die **Moulin à Vent de Narbont,** oder die imposanten Dünen an den Stränden von **Kerhilio** und **Kerminihy.**

HENNEBONT   174 ☐ B1

Früher spielte in dem Städtchen, das im Zweiten Weltkrieg stark gelitten hat, die Eisenindustrie eine wichtige Rolle - dokumentiert im **Musée des Forges** (Inzinac-Lochrist). Heute ist Hennebont bekannt durch seinen Lachsreichtum im Flüßchen Blavet und seine Pferdezucht, im Gestüt (**Haras Nationaux**) werden nicht weniger als 140 Zuchthengste gehalten. Das Gelände, das sich auf dem Territorium des ehemaligen Klosters La Joie befindet, kann besichtigt werden (Rue Victor-Hugo). Nach einem Spaziergang im Botanischen Garten der Stadt (**Parc de Kerbihan**), der Pflanzen aus fünf Kontinenten vorweist, kann man noch die Reste der Stadtmauer oder die spätgotische **Basilique Notre-Dame-de-Paradis** aufsuchen.

ILE DE GAVRINIS   174 ☐ C2

Von Larmor-Plage sticht das Schiff in See, das nach einer viertelstündigen Fahrt an dem 14 Hektar großen Granitfelsen am Eingang des Golfs von Morbihan anlegt. Hier ist das bedeutendste Megalith-Denkmal der Bretagne zu bestaunen, der **Cairn**

Windmühle in Erdeven

Eine trutzige Anlage am Ufer der Oust: Das Schloß der Familie Rohan in Josselin

de Gavrinis, ein Hügelgrab, sechs Meter hoch, das durch einen 14 Meter langen Gang erschlossen wird. 23 der insgesamt 29 Tragsteine sind mit Ornamenten geschmückt, die den Archäologen bis heute Rätsel aufgeben.

JOSSELIN   171 □ C4

Fünf Kilometer in Richtung Ploërmel dokumentiert die **Pyramide de Mi-Voie** den Platz für eine Schlacht, mit der das kleine Städtchen in die bretonische Geschichte einging. Denn dort, mitten in der Heide, fand 1351 der legendäre "Kampf der Dreißig" **(Combat des Trentes)** statt. Es standen sich dort einen Tag lang zur Entscheidung über die bretonische Herzogskrone je 30 Ritter von Charles de Blois (von Frankreich unterstützt, hatte sich in Josselin verbarrikadiert) und von Jean de Montfort (von den Engländern protegiert,

hatte sich in Ploermel verschanzt) im Kampf Mann gegen Mann gegenüber - die Schlacht endete mit einem Sieg der französischen Partei.

Doch mindestens ebenso gegenwärtig wie dieses Scharmützel ist in Josselin das **Château de Rohan,** eines der bezauberndsten Schlösser Frankreichs, dessen wehrhaft-trutzige Türme und Mauern sich im Wasser des Flüßchens Oust spiegeln.

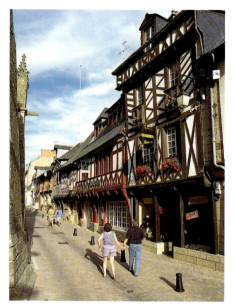

Romantische Fachwerkhäuser in Josselin

Unzählige Male belagert, mehrfach erstürmt und zerstört, hat es dank der Familie Rohan, die heute wieder im Schloß lebt und nur einige Räumlichkeiten der Öffentlichkeit zugänglich gemacht hat, immer wieder zu alter Pracht zurückgefunden. Ganz gemäß dem alten Familienleitspruch: "Roi ne puis, prince ne daigne, Rohan suis" ("König kann ich nicht, Prinz mag ich nicht, nur Rohan will ich sein"). Und der Name Rohan ist es denn auch, der den Großteil der Touristen nach Josselin lockt. Und trotz des Gedränges, das im Sommer hier stets herrscht, verweilen sie dann meist doch länger, weil ihnen das Flanieren durch die mittelalterlichen Gassen so gut gefällt. Und nicht nur das, gibt es doch neben dem Schloß noch weitere Sehenswürdigkeiten zu besichtigen, z. B. die Kirche **Notre-Dame-du-Roncier** und vor allem das **Musée des Poupées** (3, Rue des Trente) mit einer kostbaren, 500 Exponate zählenden Puppensammlung aus dem 17. und 18. Jahrhundert (Collection Rohan). Für Speis und Trank ist zudem mit einer Vielzahl von Cafés, Bars und Restaurants gesorgt.

KERNASCLEDEN 171 □ A4

Ein Hieronymus Bosch hätte sie nicht anschaulicher darstellen können, die Schrecken der Hölle, wie sie in einer Wandmalerei über dem südlichen Querschiff der prächtigen **Kapelle** von Kernascléden aus dem 15. Jahrhundert dargestellt sind. Keine Frage, ein solches architektonisches

Meisterwerk hätte das Dörfchen niemals finanzieren können, und richtig, der Auftraggeber war die Familie Rohan. Deren adlige Kollegen traten in den Jahren 1718 bis 1720 im benachbarten **Château de Pont-Callec** auf den Plan, als sie dort eine Konspiration gegen Philippe von Orleans vorbereiteten - und nach deren Aufdeckung mit dem Tode bestraft wurden.

LA ROCHE-BERNARD 174 □ D2

Der Ort war einstmals die erste protestantische Hochburg der Bretagne, wovon heute in den romantischen Pflastersteingassen noch die alten Häuser aus dem 16. und 17. Jahrhundert Zeugnis ablegen, als die malerisch an einem Hügel über dem Tal der Vilaine angelegte Stadt infolge des Edikts von Nantes dank ihrer Schiffswerften und ihres lebhaften Handels aufblühte. Auch heute noch wird der kleine Hafen

Der sogenannte Tisch der Kaufläute - eine einstige Grabkammer in Locmariaquer

von zahlreichen Schiffen angelaufen, allerdings handelt es sich dabei um Vergnügungsjachten, die die fotogene Bucht zu schätzen wissen, über die sich eine mächtige Hängebrücke spannt. Im **Musée de la Vilaine maritime**, im Château des Basses-Fosses beheimatet, wird ein Überblick über die Entwicklung der Schiffahrt auf der Vilaine gegeben (interessant die originalgetreue Schiffskajüte).

LE FAOUET 170 □ D4

Der jüngste französische Soldat, gerade mal fünfzehnjährig, der im Ersten Weltkrieg an die Front kommandiert wurde, stammte aus diesem verschlafenen Örtchen - und man hat ihm auf der Grande Place ein Denkmal gesetzt. Doch gleich daneben wird die Aufmerksamkeit des Touristen durch eine Sehenswürdigkeit ersten Ranges beansprucht, die 1542 erbauten **Halles** (Markthallen). Wie überhaupt Le Faouët zu gefallen weiß, schließlich hat sich sein Erscheinungsbild seit dem 17. Jahrhundert nur unwesentlich verändert. Seit Eröffnung des Pariser Musée d'Orsay ist auch die **Ecole du Faouët,** eine bislang wenig beachtete Malerschule des 19. Jahrhunderts, stärker in den Blickpunkt der Öffentlichkeit geraten, die Werke sind im **Musée de Peinture** (Couvent des Urselines, Place des Halles) zu besichtigen.

Schließlich lohnen in der Umgebung die **Chapelle St-Fiacre** mit einem der schönsten Giebelglockentürme der Bretagne und einem prächtigen spätgotischen Lettner sowie die **Chapelle St-Barbe** im spätgotischen Flamboyant-Stil einen Besuch. Die **Abbaye de Langonnet** nicht zu vergessen, ein im 17./18. Jahrhundert wiederaufgebautes Kloster, das noch einen schönen Kapitelsaal mit prächtigem Gewölbe birgt.

LIZIO   174 □ D1

Lizio ist ein Marktflecken, der allein schon durch seine urtümlichen Bruchsteinhäuser bezaubert und früher Station auf dem Pilgerweg nach Santiago de Compostela war. Genau das richtige für kleine Handwerksateliers (siehe TIPS & TRENDS) - sehenswert auch das **Ecomusée des vieux Metiers** (Heimatmuseum der alten Berufe) - oder die berühmten Gites Ruraux, ländliche Ferienherbergen, von denen es nicht weniger als 60 gibt.

LOCMARIAQUER   174 □ C2

General Eisenhower hatte vorgeschlagen, sich hierhin zurückzuziehen, für den Fall, daß die Landung in der Normandie im Jahr 1944 ein Fehlschlag werden sollte. Nur gut, daß Locmariaquer von einer solchen Truppeninvasion verschont geblieben ist, denn die Folgen für die kostbaren Megalith-Denkmäler wären wohl nicht absehbar gewesen. Den größten Menhir der Welt, **Le Grand Menhir** genannt, hätten die Soldaten allerdings nicht umwerfen können, denn der liegt schon lange, in vier Teile zerbrochen, auf dem Erdboden. Rätselhaft, wie dieser riesige Fels, 350 Tonnen schwer und über 20 Meter lang, transportiert werden konnte. Noch ungeklärt, aber wahrscheinlich ist, daß er mit dem zweiten bedeutenden Steindenkmal, dem **Table des Marchands,** in symbolischem Zusammenhang stand. Beim "Tisch der Kaufleute" handelt es sich um eine Grabkammer (Dolmen), die ursprünglich wohl von einem Hügel geschützt wurde und die mit den auf 17 Tragsteinen ruhenden drei schweren Deckplatten einer gigantischen Tafel nicht unähnlich sieht. Weitere Hügelgräber wie der **Dolmen du Mané Lud** oder der **Dolmen du Mané-Rethual** vervollständigen das beeindruckende megalithische Kultur-Ensemble.

LORIENT   174 □ A1

Die größte Stadt des Departements ist leider auch eine der häßlichsten. Sie teilte das Schicksal von Brest, denn auch sie wurde Ende des Zweiten Weltkriegs fast völlig zerstört, als die Alliierten die U-Boot-Stellungen der deutschen Besatzer bombardierten. Und der Wiederaufbau erfolgte dann leider genauso schmucklos in funktionalem Beton, wie der Tourist es kopfschüttelnd in der Finistère-Hafenstadt zur

Kenntnis nehmen muß. Dabei klingt der Name so wunderschön exotisch, von L'Orient (der Orient) abgeleitet, denn die Stadt war eine Gründung der Ostindischen Handelsgesellschaft (Compagnie des Indes), die von hier aus ab dem Jahr 1666 ihre Geschäfte mit Indien und China abwickelte und große Hafenanlagen errichtete, die unter Napoleon zu einem Flottenstützpunkt ausgebaut wurden. Auch

Lohnenswerte Freizeitbeschäftigung: Rundfahrt durch den Golf von Morbihan

heute ist Lorient noch ein Kriegshafen mit einer wichtigen U-Boot-Basis, doch der ganze Stolz der Einwohner ist der **Fischereihafen Keroman**, die Nr. 1 der Grande Nation; er kann besichtigt werden, am besten am Morgen, wenn die Ladung gelöscht und der Fang in der riesigen Auktionshalle versteigert wird.

MALESTROIT   174 □ D1

Das Städtchen kann nicht mit einer Vielzahl von Sehenswürdigkeiten aufwarten - und wird daher in den gängigen Guides bestenfalls kurz abgehandelt. Allein die schönen alten Häuser um die Kirche St-Gilles würden fraglos nicht unbedingt einen Halt rechtfertigen. Aber nur wenige Schritte von diesem Ortszentrum entfernt kann man, auf alten Steinbrücken stehend, einen Blick auf die idyllische Oust werfen, die hier in Schleusen und Wehren gestaut ist - ein Traum für Romantiker.

Der Ernst des Lebens tritt dem Besucher dann im nahen **St-Marcel** wieder vor Augen in Gestalt des **Musée de la Résistance Bretonne** (Museum der bretonischen Résis-

tance, drei Kilometer westlich auf der D 321). Kein leichter Stand für einen Deutschen, denn die Besatzertruppen hatten das Dorf im Jahr 1944 als Vergeltungsmaßnahme für einen Aufstand in Schutt und Asche gelegt. Nach soviel Nachdenklichem wird man sich in entgegengesetzter Richtung fahrend vielleicht auf einen Spaziergang im nahen **Missiriac** mit den beiden Schlössern **Château le Bois-Ruault**

sowie **Château du Cleyo** freuen oder in **Caro** die aus Sandstein und Schiefer erbauten alten Häuser und das **Château Bodel** bewundern.

PLOERMEL   171 □ C4

Vom Glanz früherer Jahre, als der Ort Stammsitz der Montfort-Familie, dem mittelalterlichen Herzoggeschlecht der Bretagne, war, ist wenig geblieben. Nur der Durchgangsverkehr ist enorm, darunter befinden sich auch eine ganze Reihe von Touristen, die Ploërmel als Etappe auf dem Weg von oder zu dem nahen Fôret de Paimpont, dem Brocéliande-Wald, benutzen. Ein Blick auf die gotische Kirche **St-Armel** und ein kurzes Schlendern durch die **Rue Beaumanoir** mit einem sehenswerten Haus aus dem 15. Jahrhundert, dem **Maison des Marmousets**, das dürfte auf der Sightseeing-Tour mehr als genügen.

PONTIVY   171 □ B4

Zwei bedeutende Namen der französischen Geschichte stehen für Pontivy und haben das Stadtbild nachdrücklich geprägt. Da ist zum einen die Herzogsfamilie von Rohan, die ihren Hauptsitz zwar im nahen Josselin hatte, es sich dennoch nicht nehmen ließ, hier im 15. Jahrhundert ein sehenswertes **Château** zu errichten, um das herum sich die mittelalterliche Altstadt entwickelte. Letztere gefällt - vor allem in der **Rue du Pont** oder der **Rue du Fil** - noch immer mit ihren Fachwerkhäusern. Auf dem hübschen **Place du Martray** mit Häuserfassaden aus dem 18. Jahrhundert findet montags der Markt statt.

Willen des Korsen zufolge der bretonische Handelsschwerpunkt am **Canal de Nantes à Brest** werden. Es wurde in Napoléonville umbenannt und erhielt eine schachbrettartig angelegte "Neustadt", die inzwischen jedoch harmonisch mit der Rohan-Gründung verbunden wurde. In der Umgebung lohnen die Kapelle **St-Mériadec** in **Stival** oder die Kapelle **La Houssaye** durchaus einen Abstecher.

Rochefort-en-Terre - Kleinod mit Häusern aus dem 16./17. Jahrhundert

Doch die Rohans hatten Pontivy nicht so tief in ihr Herz geschlossen wie ein noch weitaus berühmterer Franzose, Napoleon Bonaparte. Dem hatte gefallen, wie nachdrücklich sich die Bürger der Stadt für die Ideen der Revolution eingesetzt hatten. Aber das war natürlich noch nicht alles, schließlich gab es auch zentrale strategische Interessen, denn vor der Küste lauerten englische Schiffe, es schien sinnvoll, einen Binnenschiffahrtsweg von Nantes nach Brest anzulegen. Pontivy sollte dem

PORT-LOUIS 174 □ A1

Kaum zu glauben, welch wichtige Rolle dieses zu Ehren von Louis XIII. umbenannte Dorf zu Anfang des 17. Jahrhunderts spielte, als es kurzzeitig zum wichtigsten Handelszentrum der Bretagne aufstieg. Die Wehrmauern und vor allem die **Zitadelle** erinnern an diese Blütezeit; letztere beherbergt eine ganze Reihe von Museen: Das Heimatmuseum (**Musée du Port-Louis et de la citadelle**), das Marinemusem (**Musée de**

l'Arsenal), das Museum der Schiffs-Artillerie (**Musée des armes navales**) und vor allem das einzigartige Museum der Ostindischen Kompanie (**Musée de la Compagnie des Indes**). Schließlich hatte die wichtige Handelsgesellschaft hier zunächst ihren Sitz genommen, bevor sie im Jahr 1666 ins benachbarte Lorient umzog, was ausschlaggebend für den wirtschaftlichen Niedergang der Stadt war, die heute vor allem vom Fischfang und Tourismus lebt.

QUELVEN 171 □ B3

Man würde es kaum vermuten, daß ausgerechnet dieser kleine Flecken einer der höchstverehrten Orte im bretonischen Landesinnern ist und mit einem der meistbesuchten Pardons (15. August) geehrt wird. Doch schon das Äußere der von alten Granithäusern umstandenen **Kapelle** aus dem 15. Jahrhundert läßt mit seiner Pracht im gotischen Flamboyant-Stil erkennen, daß es sich hier wohl um mehr als nur eine einfache Kultstätte handelt. Das Allerheiligste ist eine thronende Madonna, die aufgeklappt werden kann und dann in zwölf Reliefs Szenen aus der Leidensgeschichte Christi zeigt.

QUESTEMBERT 174 □ D1

Für Feinschmecker ist es ein absolutes Muß, zu diesem kleinen Ort zu pilgern. Beherbergt er doch das beste Restaurant der Bretagne (siehe ESSEN & TRINKEN). Und auch kunsthistorisch Interessierte kommen auf ihre Kosten, ist hier doch eine der frühesten überdachten **Markthallen** Frankreichs zu entdecken, für deren Errichtung im Jahr 1552 nicht weniger als 176 Kubikmeter Eichenholz verarbeitet wurden.

QUIBERON 174 □ B2

Nur eine schmale Straße, die vielbefahrene D 768, führt vom Festland nach Quiberon, einer 14 Kilometer langen Halbinsel, die dem Touristen zwei völlig verschiedene Gesichter zeigt. Anschmiegsam und freundlich an der Ostseite mit langen, feinen Sandstränden, an denen entlang sich Hotels und Kneipen ablösen, schroff, zerrissen und zerklüftet im Westen, an der **Côte Sauvage**, der Hauptsehenswürdigkeit mit Grotten, Felsen, Klippen und tollen Fernblicken, z. B. von der **Pointe du Percho** oder dem **Beg er Goalennec.** Das war's denn auch schon fast aus dem Sightseeing-

Blickwinkel. Es gibt auf dem Weg vom Festland bei **Plouharnel** noch ein etwas kitschiges Museum, **Le Galion**, eine moderne Nachbildung eines alten Segelschiffs mit einer Muschelsammlung und kunsthandwerklichen Muschelarbeiten. Und gleich gegenüber erinnert das **Musée de la Chouannerie** an einen dunklen Punkt der französischen Geschichte, der sich 1795 hier abspielte, als aufständische Royalisten von Revolutionstruppen auf der Halbinsel eingekesselt und tausende Aufständische massakriert wurden. Die Inselstädtchen bzw. -dörfer selbst sind nicht weiter sehenswert, der Hauptort **Quiberon** ist in der Saison hoffnungslos überlaufen, auch von Touristen, die sich im vorgelagerten Hafen **Port-Maria** zu den Inseln Belle-Ile, Houat oder Hoëdic einschiffen wollen. **St-Pierre-Quiberon** versucht mit einigen Megalithen auf sich aufmerksam zu machen, den **Alignements de Kerbourgnec**, die allerdings in so unmittelbarer Nachbarschaft zu Carnac kaum jemanden interessieren dürften. Also außer Shopping, Flanieren und Baden, das übrigens nur an der Halbinsel-Ostseite erlaubt ist, nichts gewesen? Richtig, wenn es nicht auch noch die Thalassotherapie gäbe, bei der die Heilkräfte des Meerwassers zur Behandlung verschiedener Leiden genutzt werden und für die gerade die Halbinsel Quiberon sehr bekannt ist.

ROCHEFORT-EN-TERRE   174 □ D1

Das kleine Dorf wurde auf einem Felsvorsprung errichtet und thront dadurch gewissermaßen über den tiefen und bewaldeten Tälern zweier Flüsse, Arz und Gueuzon. Rochefort ist einer der touristisch bekanntesten Orte der Bretagne - mit entsprechend hoher Besucherfrequenz. Beim Schlendern durch die Gassen, in denen fast ausschließlich Wohnhäuser des 16. und 17. Jahrhunderts die Blicke auf sich ziehen - ein wahrlich sehenswertes architektonisches Ensemble - wird neben der Vielzahl kunsthandwerklicher Ateliers sogleich auch die Blumenpracht auffallen. Rochefort zählt zu den schönsten blumengeschmückten Flecken Frankreichs - und darf inzwischen gar nicht mehr am alljährlichen Blumen-Wettbewerb ("Village fleurie") teilnehmen, weil es sonst stets den Sieg davontragen würde. Es ist eben schon ein rechtes Kleinod, das viel einem amerikanischen Maler, Alfred Trafford Klofts, verdankt. Er verliebte sich in das

Dörfchen, baute das in den Revolutionswirren zerstörte **Château** wieder auf (samt integriertem Museum) und setzte sich für eine Bewahrung des überkommenen architektonischen Gesamtbildes von Rochefort samt der hübschen **Eglise Notre-Dame-de-la-Tronchaye** ein.

Was die Zahl der in und um Rochefort parkenden Autos noch erheblich vergrößert, ist ein Spektakel erster Ordnung, das drei Kilometer entfernt in **Malansac** Tag für Tag (April bis Mitte Oktober von 10 bis 18 Uhr, sonntags von 14 bis 18 Uhr) veranstaltet wird. Denn im **Parc de Préhistoire de Bretagne**, der in einem ehemaligen Schiefersteinbruch mit allerlei kleinen Seen und Schluchten eingerichtet wurde, kann

der Besucher Auge in Auge mit riesigen Dinosauriern treten. Für Kinder ein absolutes Muß. Und auch die Erwachsenen werden mit einem gewissen Kribbeln vor einem 15 Meter messenden Tyranosaurus oder einem neun Meter langen Triceratops und Stegosaurus stehen. Dazu gibt es eine ganze Reihe von Szenerien, die die Entwicklungsgeschichte des Menschen vom Homo Erectus bis zum Menschen der Megalith-Kultur dokumentieren.

SARZEAU   174 □ C2

Sarzeau, das ist der touristische Mittelpunkt der Halbinsel von Rhuys, die - zehn Kilometer lang und im Schnitt zwei Kilometer breit - den Golf von Morbihan im

Das Rathaus von Vannes mit Reiterstandbild des Feldherrn Richemont

Die prächtigen arkadengesäumten Gärten der Präfektur von Vannes am Nordufer des Golfs von Morbihan

Süden einrahmt. Das milde Klima lockt heute die Sommerfrischler in Scharen an. Und auch früher war Rhuys schon ein bevorzugtes Fleckchen Erde. So hatten sich die bretonischen Herzöge das **Château de Suscinio** als Sommerresidenz errichten lassen, das, obwohl nur noch als (sorgsam restaurierte) Ruine erhalten, mit seinen sechs Türmen noch immer etwas von seiner einstigen Pracht erraten läßt und fraglos, vor allem abends, einer der romantischsten Plätze der Bretagne ist. Sarzeau selbst bietet wenig Sehenswertes, wenn man vom **Château de Truscat** absieht, das

aber leider nicht öffentlich zugänglich ist. Doch die D 780 führt schnell zum **Tumulus de Tumiac**, einem beeindruckenden 20 Meter hohen Hügelgrab. Bei seinem Besteigen sollte man sich daran erinnern, daß schon Julius Caesar die erhöhte Plattform erklommen hatte, um die Seeschlacht gegen die Veneter im Jahr 56 v. Chr. quasi von einem Logenplatz aus verfolgen zu können. **Arzon** und **Port-Navalo** sind nette Bade- bzw. Hafenorte. Interessant wird es erst wieder in **St-Gildas-de-Rhuys**, hat hier doch der berühmte mittelalterliche Philosoph Pierre Abélard in einem Kloster

Zuflucht vor seinen ihn der Häresie beschuldigenden Gegnern und Trost wegen seiner unglücklichen Liebe zu Héloise gesucht (die bekannten "Briefe" an seine Geliebte wurden hier redigiert). Die Kirche **St-Gildas** könnte sicherlich einiges über die Leiden Abélards berichten, zählt sie doch zu den wenigen Zeugnissen romanischer Baukunst in der Bretagne; sie birgt zudem in der Sakristei einen der kostbarsten bretonischen Kirchenschätze mit Reliquienschreinen aus dem 14. und 18. Jahrhundert, einem smaragdverzierten Kreuz aus vergoldetem Silber.

VANNES   174 □ C1

Geschichtsträchtig ist sie schon, die Cité am Golf von Morbihan mit ihren derzeit 45 000 Einwohnern. War sie doch schon Hauptstadt des keltischen Stammes der Veneter, die mit ihren schnellen Segelbooten die römischen Galeeren eine Zeitlang zum Narren halten konnten, bevor ihnen Julius Caesar im Jahr 56 v. Chr. den Garaus machen ließ. Doch auch unter römischer Herrschaft entwickelte sich die Darioritum getaufte Hafenstadt wieder prächtig und stellte im Frühmittelalter mit Nominoë den ersten Herzog der Bretagne, dessen Sohn Erispoë nicht nur den Königstitel annahm, sondern Vannes auch zu seiner Capitale machte. Was für die bretonische Unabhängigkeit hier so vielversprechend begonnen hatte, sollte in Vannes mit der Angliederung an Frankreich im Jahr 1532 auch wieder zu Ende gehen. Das war's dann aber auch für viele Jahrhunderte - denn erst der neuzeitliche Tourismus hat die Stadt aus ihrem Dämmerschlaf wieder aufgeweckt.

Es fällt gar nicht schwer, Vannes oder besser seiner Altstadt eine Liebeserklärung abzugeben. Denn hier erwarten den Besucher Gassen, in denen die Zeit stillgestanden zu haben scheint. Allerdings ahnt man davon noch recht wenig, wenn man sich dem Zentrum über die Hauptverkehrsader, der **Rue Thiers,** nähert. Am besten parkt man den Wagen gleich am Place de la République, von dem aus sich die Altstadt über die **Rue Le-Hellec** erschließen läßt. Oder man versorgt sich, der Straße Richtung Hafen folgend (auch dort ein großer Parkplatz), im Fremdenverkehrsamt erst einmal mit dem nötigen Info-Material, das sich am **Place Gambetta** in einem der zahlreichen Cafés bzw. Bars sichten läßt - mit Blick auf die unzähligen Jachten oder die hier, genauer an der benachbarten **Promenade de la Rabine,** ihre Rundfahrt durch den Golf startenden Schiffe der Vedettes Vertes.

Die Besichtigung der Altstadt, die im Westen durch einen Mauerring (**Remparts**) mit vorgelagertem Fachwerk-**Waschhaus** (samt Schieferdach) und Gartenanlagen im französischen Stil eingerahmt wird, beginnt man vom Hafen aus am besten nach Durchschreiten der **Porte St-Vincent.** Nun kann man sich einfach treiben lassen, eine Gasse (größtenteils autofrei) ist so pittoresk

wie die andere. Eine ganze Reihe von Geschäften verraten mit ihren Auslagen, daß man hier auch auf eine kaufkräftige Klientel setzt.

Die Hauptroute durch die Altstadt startet mit der **Rue St-Vincent,** die fast ausnahmslos von Häusern aus dem 17. Jahrhundert eingerahmt wird, die für die von Louis XIV. 1675 von Rennes nach Vannes ins Exil geschickten bretonischen Parlamentarier errichtet wurden. Der anschließende **Place du Poids-Public** ist Mittwoch- und Samstagmorgen Schauplatz eines bunten Blumen- und Gemüsemarktes. Am **Place des Lices,** früher ein Turnierplatz, kann man vielleicht etwas verweilen und sich zum Beispiel

Altstadt von Vannes mit mittelalterlichen Büsten vannes et sa femme

einen exquisiten Antiquitätenladen anschauen. Nun sind die Museen nicht mehr weit, doch bevor man die Pforte des **Musée de la Préhistoire** (interessant vor allem die Funde aus den Megalithgräbern) im Château Gaillard aus dem 15. Jahrhundert betritt, sollte man beim Einbiegen von der **Rue Bienheureux-Pierre-René-Rogue** in die **Rue Noé** das Eckhaus beachten, das von zwei mittelalterlichen Büsten, **Vannes et sa femme** getauft, geschmückt wird, deren Bedeutung umstritten ist (Firmenschild, frühe Werbung oder einfach nur

Selbstdarstellung des Hausinhabers und seiner Frau?).

Nur wenige Schritte sind es nun zu den Museen, zunächst zum **Musée des Sciences Naturelles** (Naturkundemuseum) im einstigen Hôtel de Roscanvec (17. Jahrhundert, 19, **Rue des Halles**), sodann zum **Musée de la Cohue,** in dem nicht nur interessante Wechselausstellungen stattfinden, sondern auch das **Musée des Beaux-Arts** (vor allem Gemälde und Graphiken aus dem 19. und 20. Jahrhundert mit themenmäßigen Bezug auf die Bretagne) sowie das **Musée du golfe et de la mer** (Exponate über das Fischerleben am Golf von Morbihan) ihre Schätze zeigen.

Spätestens am **Place Henri IV.**, der mit seinen Giebelfachwerkhäusern aus dem 15. bis 17. Jahrhundert vielleicht der allerschönste Flecken der Altstadt ist, wird man der **Cathédrale St-Pierre** ansichtig, deren Stilgemisch, bedingt durch eine lange Bauzeit, allerdings nicht jedermanns Sache sein dürfte. Zurück am Jachthafen, kann man den Aufenthalt in Vannes mit einem Besuch des eineinhalb Kilometer in Richtung Conleau entfernten **Aquariums** oder des gegenüberliegenden **Palais des Automates** (Spielzeugpuppen) beschließen.

DAS NEUE ZEITALTER DER KLASSISCHEN KÜCHE

Die bretonische Küche - das ist zunächst einmal eine an der Haute Cuisine klassisch ausgerichtete Küche, natürlich ohne die schweren Saucen; trotz und gerade wegen einiger (Nouvelle Cuisine-) Ausnahmen von dieser güldenen Regel, die in den normalen Haushalten sowieso ihre Gültigkeit hat. Die Verspieltheiten der Nouvelle Cuisine, die gerade in deutschen Landen noch ungezählte Anhänger hat, die Beilagen-Orgien mit einem pürierten Mousse hier oder einem im Herzform ausgestochenen Gemüse da finden nicht statt. Die großen und kleinen Chefs beschränken sich im wesentlichen auf das Produkt selbst, lassen ihm weitestgehend seinen Eigengeschmack - bei der Frische der Zutaten die einzig richtige Wahl - und fügen meist nur eine einzige Beilage hinzu, die dann aber nicht nur optisch-zierenden Charakter hat, sondern eine aromatisch-wohlschmeckende Ergänzung darstellt. Diese Aussagen könnten natürlich jedem kulinarischen Kapitel voranstehen; doch sie haben gerade im Departement Morbihan ihre besondere Berechtigung, weil hier, genauer in Questembert, der Hochmeister der Klassischen bretonischen Küche beheimatet ist, Georges Paineau, der seit 1963 in seinem "Le Bretagne" stilbildend und wegweisend für viele inzwischen renommierte Kollegen ist. Die Küche der Zukunft, die wird in der Bretagne wohl schon längst geboten, wahrlich selten auf dem hohen Niveau eines Paineau. Aber für deutsche Herdzauberer und Feinschmecker würde sich ein Besuch in Questembert eher lohnen als die Pilgerfahrten zu manch hochdekoriertem, aber verspielt-kreativen Pariser Gourmet-Tempel - auch im noch immer zentralistischen Frankreich werden die richtungsweisenden Trends längst mehr und mehr in den Provinzen gemacht.

Die Krone der bretonischen Küche präsentiert von Herve Le Calvez (L' Azimut, Trinite-sur-Mer)

ARRADON 174 □ C1

L'ARLEQUIN ✗✗
Parc Botquelen
Tel. 97 40 41 41
Allein schon die Parkanlagen mit alten Bäumen und leuchtenden Hortensien würden einen Ausflug gen Arradon, sieben Kilometer außerhalb von Vannes (via D 101) gelegen, rechtfertigen. Doch da gibt es eben auch noch ein elegantes, von der Farbe Rot dominiertes Restaurant samt schöner Terrasse und guter Küche, die man bei Speisen wie diesen auf die Probe stellen kann: Knusprig gebratener Hummer mit Artischocken, Rücken vom jungen Kaninchen parfümiert mit Thymian und Fenchel oder Crème brûlée. ①②

AURAY 174 □ B1

LA CLOSERIE DE KERDRAIN ✗✗
20, Rue Louis Billet
Tel. 97 56 61 27
Es vermittelt noch viel vom Charme vergangener Zeiten, dieses adlige Landhaus aus dem 16. Jahrhundert, einige Meter östlich des belebten Stadtzentrums um die Kirche St-Gildas gelegen. Und einer grünen Oase

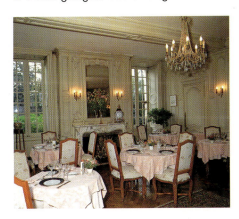

gleich, schmiegt sich der gegen die Straße durch hohe Mauern abgetrennte Garten um das historische Gebäude, in dem Martine und Fernand Corfmat ihre Gäste empfangen. Im Sommer ist der Tisch auf der gepflegten Terrasse gedeckt, aber der Gast kann natürlich auch in dem eleganten Restaurant samt feinster Tafelkultur und üppigem Blumenschmuck Platz nehmen. Wir kehrten hier ein, um uns Speisen wie diese munden zu lassen: Gebratener Steinbutt mit Rosmarin und Zitrone, Salat von Hummer und Langustinos in Hummeröl oder Gebratene Taube mit Schalotten. ①②③

HENNEBONT 174 □ B1

CHATEAU DE LOCGUENOLE ✗✗✗
Route de Port-Louis
Tel. 97 76 29 04
Als wir vor einigen Jahren erstmals in diesem hochherrschaftlichen Schloß zu Gast waren, wurden wir beim Tafeln von einem Helikopter überrascht, der in dem 100 Hektar großen Park landete, um einen

Traumhaft die Lage und erlesen die Speisen: Château de Locguénolé

Gourmet hierhin zum noblen Speisen zu transportieren. Das Ambiente fanden wir jüngst wieder unverändert vor (nur die Zimmer werden offenbar immer noch verschönert, siehe RASTEN & RUHEN), wir wurden wieder treppabwärts in den großen Speisesaal gebeten, in dem eine riesige Tapisserie die Blicke sogleich auf sich zieht. Ganz comme il faut der Service, und auch die Tischeindeckung ließ nichts zu wünschen übrig. Neu allerdings der Küchenchef, den Madame de la Sablière inzwischen verpflichtet hatte, Denis Gros, ein junger Maître, der für Offerten wie diese verantwortlich zeichnete: Taschenkrebs mit Schalotten-Salat an Corail-Sauce, Gebratene Makrele auf Chicorée oder Warmes Soufflé von Dörrpflaumen. ①②③④

LORIENT 174 □ A1

L'AMPHITRYON ✗✗✗
127, Rue du Colonel Muller
Tel. 97 83 34 04
Das einzige, was hier trist ist, ist die Umgebung. Denn mitten im Gewerbegebiet, ca. 3,5 Kilometer nordöstlich von Lorient gelegen (und am schnellsten über die D 765 zu erreichen), würde man wohl kaum die mit Abstand beste kulinarische Adresse der Stadt erwarten. Doch schon das in hellem Bruchstein errichtete Äußere des "Amphitryon" wirkt überaus vertrauenerweckend. Und hatten wir vermutet, daß wir bei unserem mittäglichen Besuch - mitten in der Woche, so fern der City - wohl mit die einzigen Gäste sein würden, so konnten wir uns nach Öffnen der Pforte nur wundern. Alle Tische besetzt, ein gemütlicher, fast ländlicher Rahmen für feines Tafeln. Kamin, Steinfußboden, dunkles Holz, dazu erlesen eingedeckte Tische und geschmackvoller Bilderwandschmuck, das ließ kulinarische Vorfreuden aufkommen, die von der Küche des Patrons Jean-Paul Abadie voll und ganz erfüllt wurden. Sehr freundlich auch die Dame des Hauses, Véronique Abadie, die sich vorbildlich um den Service kümmerte und auch ein mehr

als passables Deutsch spricht. Bei ihr gaben wir - passend zu einer feinen Flasche Weißwein von der mit Top-Kreszenzen bestens bestückten Karte - Speisen wie diese in Auftrag: Seespinne mit in Estragon sautierten Artischocken, Hummer-Ravioli mit einer Muschel-Safran-Essenz oder ein Dessertteller "Tout au chocolat". Ein abschließender Café versteht sich hier von selbst, schließlich findet man nicht allerorten eine spezielle Kaffeekarte mit verschiedenen Offerten. ①②③

LA TRINITE-SUR-MER   174 ☐ B2

L'AZIMUT   ✕✕
1, Rue de Men-Dû
Tel. 97 55 71 88
Hervé Le Calvez scheint mit seiner Küche auf dem Vormarsch. Schön, daß er zusätzlich sein über dem Hafen gelegenes Restaurant weiter verfeinert und um eine Ter-

rasse erweitert hat. Wer hier einkehrt, kann sich - neben der Lektüre der mit 625 Kreszenzen prall gefüllten Weinkarte - auf Offerten wie diese freuen: Entenstopfleber gebraten mit altem Pineau, Milchlamm gebraten auf Holzkohlenfeuer oder Warme Rhabarbertarte mit Karameleis. ①②

LA ROCHE-BERNARD   174 ☐ D2

AUBERGE BRETONNE   ✕✕✕
2, Place Duguesclin
Tel. 99 90 60 28
Jacques Thorel führt eines der von Frankreichs Gastro-Kritikern höchstgelobten Restaurants der Bretagne (z. B. eines von nur insgesamt drei mit zwei Sternen in der roten Bibel ausgezeichneten Häusern). An diesem Anspruch muß er sich dann aber auch messen lassen - und da kamen uns bei unserer Visite hinter den dekorativen Backsteinmauern (samt Gästezimmern, siehe RASTEN & RUHEN) doch einige Bedenken. Übrigens nicht nur uns selbst, sondern wie es der Zufall so wollte - die gastronomische Welt ist ja so klein -, entdeckten wir ein bekanntes, hochdekoriertes deutsches Gastronomie-Ehepaar, das sich von der Küche auch etwas mehr versprochen hatte. Sicherlich waren alle Gerichte handwerklich perfekt zubereitet, aber es fehlte doch der gewisse Pepp und Pfiff, den Feinschmecker in Restaurants dieser Klasse einfach voraussetzen. Das Ambiente sehr originell, ist der Speisesaal doch, einem Kloster-Kreuzgang ähnlich, um einen Gemüsegarten angelegt. Ein Traum und eine Fundgrube zugleich die Weinkarte mit stolzen mehr als 1500 Kreszenzen bzw. 38 000 Einzelflaschen, die auf Wunsch sachkundig vom Service unter Leitung von Solange Thorel kommentiert werden. Aus unseren Kostproben: Hummer-Galette mit Steinpilzen, Rippe vom Milchkalb mit Morchelragout, Filet vom Wolfsbarsch auf der Haut gegrillt mit einer Art Speck-Butterbrot oder Apfel-Soufflé auf Aprikosensauce. ①②③④

MUZILLAC   174 ☐ D2

DOMAINE DE ROCHEVILAINE   ✕✕✕
Billiers, Pointe de Pen-Lan
Tel. 97 41 61 61
Wenn es partout nicht mehr weitergeht, wenn man meint, schon hier im Süden das finis terrae erreicht zu haben, dann steht man an der Pointe de Pen-Lan vor der "Domaine de Rochevilaine" (siehe RASTEN & RUHEN). Keine Angst, einfach nur eintreten, auch wenn das weitläufige Anwesen wie ein typisches bretonisches Dorf mit verschiedenen Häusern aussieht. Der große Speisesaal würde sich mit seiner zeitlosklassischen Eleganz kaum von demjenigen anderer vergleichbarer Hotels unterscheiden, wenn, ja wenn hier nicht der traumhafte Panoramablick auf das Meer und

das Mündungsdelta der Vilaine hinzukäme. Man fühlt sich gleichsam auf einem Schiffsbug stehend - und läßt sich erst nach und nach losreißen, um einen Blick in die von Küchenchef Patrice Caillault zusammengestellte Speisenkarte zu werfen. Wie wär's mit Galette von Hummer und Kartoffeln, Gebratene und leicht geräucherte Taube und zum süßen Abschluß die bretonische Dessert-Spezialität Kouign amann. ①②③

QUESTEMBERT   174 ☐ D1

LE BRETAGNE   ✕✕✕✕✕
13, Rue St-Michel
Tel. 97 26 11 12
Seit mehr als 30 Jahren wird in diesem Haus, dessen Fassade romantisch mit wildem Wein begrünt ist und das Mitglied in der renommierten Relais & Châteaux-Gruppe ist (siehe RASTEN & RUHEN), eine Haute Cuisine auf höchstem Niveau geboten. Dafür steht ein Name, Georges Paineau, ein wahrer Herzzauberer, dem inzwischen der nicht minder begabte Schwiegersohn Claude Corlouer zur Seite steht. Es fällt wahrlich recht schwer, bei diesem Top-Restaurant nicht ins reine Schwärmen zu verfallen. Wer die Klassische Küche zu schätzen weiß, wird dem "Le Bretagne" sogar noch den Vorzug vor dem schärfsten Konkurrenten um die bretonische Küchenkrone, dem Restaurant "Bricourt" in Cancale, geben. Hier stimmt einfach alles. Schon das Ambiente weiß zu gefallen. Wobei der Gast wählen kann zwischen zwei grundverschiedenen Räumlichkeiten. Wer es mehr gediegen-konservativ mag, reserviere einen Tisch im vorderen, mit kostbarem Holz rundum verkleideten Gourmet-Tempel. Doch wesentlich origineller sitzt man nebenan im wintergartenähnlichen Anbau, dessen Decke und Balken in gewagtem Pink (!) erstrahlen. Keine Angst vor kräftigen Farben also, was kein Wunder ist, denn die zweite große Leidenschaft des Georges Paineau neben dem Kochen ist das Malen. Und auch da hat er längst Profi-Niveau erreicht, wie die zahlreichen Bilder im Restaurant und auch im behaglichen Eingangsbereich (samt Aperitif-Sitzgruppe) nachdrücklich beweisen. Im Sommer kann man zudem noch auf einer kleinen, zum gepflegten Garten hin gelegenen Terrasse zum Dinieren Platz nehmen, auch hier gibt es natürlich feinste Tischeindeckung und bequeme Sessel samt roséfarbenem Bezug. Der Service unter Leitung von Michèle

Paineau und Tochter Claude Corlouer-Paineau zählt mit zum Besten, was in europäischen Spitzenhäusern angetroffen werden kann. Klar, daß auch die Weinkarte keinerlei Kennerwünsche unerfüllt läßt. Wenn es überhaupt etwas zu kritisieren gibt, dann allein der Sachverhalt, daß uns bei mehreren Besuchen stets das gleiche Amuse-bouche gereicht wurde; aber die drei Meeres-Gaumenschmeichler mundeten uns dennoch stets superb. Sensationell

Le Blay geführten Restaurants schon lange zu schätzen. Denn was der kochende Patron in dem elegant-rustikal eingerichteten Speisesaal samt dekorativem Mauerwerk und schönem Blumenschmuck auf die erlesen eingedeckten Tische aufträgt, ist wahrlich sein Geld wert, z. B.: Ravioli vom Taschenkrebs in Bouillon von Krustentieren, Bretonischer Hummer an Sauce-Corail oder Gratin von Birnen und Trauben mit Portwein. ①②

reits trefflich der von der superben Weinkarte gewählte Tropfen, ein (in deutschen Restaurants selten anzutreffender) weißer Mas de Daumas-Gassac. Köstlich dann die folgenden Gaumenfreuden wie: Feine Creme von Krustentieren und Fleisch der Seespinne in deren Panzer serviert, Filet von der Streifenbarbe (rouget de roche, die feinste Meerbarbe schlechthin) auf mit Koriander parfümierten Artischocken und Tomaten, Gebratener bretonischer Hummer in einer Corail-Buttersauce oder einer traumhaften Crème brûlée. Chapeau, Monsieur Bernard Rambaud, wahrlich eine kulinarische Galavorstellung. ①②③

LE RICHEMOND/REGIS MAHE ✕✕✕
Place de la gare
Tel. 97 42 61 41

Ein Bahnhofsrestaurant der etwas anderen, feinschmeckerischen Art, das hat der junge, aus Paris in seine bretonische Heimat zurückgekehrte Régis Mahé vor einigen Jahren etabliert. Von außen wirkt das "Le Richemond" ziemlich unscheinbar, das Interieur ist dann aber recht geschmackvoll in einem Neo-Renaissance-Stil mit Anklängen an einen mittelalterlichen Rittersaal gehalten. Die durch Arkadenbögen durchbrochenen Wände schmücken einige Wappen, über dem Kamin zieht ein den namensgebenden Ritter zeigendes Holzrelief die Blicke auf sich, die Decke zieren Holzbalken, der Teppichboden präsentiert sich in dezentem Dunkelgrün. Erlesen die Tischeindeckung mit Christofle-Silber, Limoges-Porzellan und leider etwas plumpen Gläsern, alles auf weißer Überdecke auf goldfarbenem Untergrund angerichtet, wobei die güldene Farbe auch bei den Vorhängen und den Streifen auf den dunkelblauen Stühlen wieder aufgegriffen wird. Der Service agierte etwas jugendlich-jovial und reichte uns wortlos als Amusebouche eine Auster samt leckeren Brötchen. Die Küche des jungen Patrons zeigte sich überaus sattelfest, sehr klassisch orientiert, wobei sich der deutsche Gourmet vielleicht ein bißchen mehr pfiffige Kreativität wünschen würde. Aber wohlgemerkt, alle Speisen waren tadellos zubereitet, wie zum Beispiel: Salat von Langostinen, Seezunge Müllerin mit Kartoffeln samt Kapern und Mozzarella, Filet (Pavé) vom Milchkalb mit Gemüsen der Saison oder Schokoladenkuchen auf Karamel-Spiegel. Dazu ein wohlgefüllter, ausgezeichneter Weinkeller, was will das Kennerherz mehr? ①②③

Nicht nur ausgesuchtes Interieur und behagliche Atmosphäre findet man im Le Bretagne

günstig die Menü-Offerten, da stimmt das Preis-Leistungsverhältnis, hochpreisig wird's erst beim Bestellen à la carte. Die Küche verwendet ausschließlich Produkte der Region und legt das Schwergewicht eindeutig auf Fisch und Meerestiere, wobei sich bei allen Offerten Tradition und Lehren der Neuen Küche in unnachahmlicher Weise verbinden und traumhafte, kräftig-ausdrucksstarke Geschmacksaromen herbeizaubern. Wir möchten am liebsten gleich wieder gen Questembert fahren, um uns beglücken zu lassen mit Gourmandisen wie: Duo von Kammuscheln (pétoncles) und Artischocken parfümiert mit Koriander und Kurkuma, Steinbutt mit gebratenen Schalotten an Kalbs-Jus, Kalbskopf mit knusprigem Spinat an gekräuterter Sauce, Würstchen gefüllt mit Schweinsfuß und Ochsenschwanz oder Warmes Soufflé von schwarzer Schokolade. ①②③④

VANNES   174 ☐ C1

LA MORGATE ✕✕
21, Rue de la fontaine
Tel. 97 42 42 39
Ein sehr gutes Preis-Leistungsverhältnis, das wissen die Stammgäste dieses von Daniel

LE PRESSOIR ✕✕✕
Ste-Avé, 7, Rue de l'hospital
Tel. 97 60 87 63
Der ehemalige Bauernhof, in dem Bernard Rambaud sein wunderschönes Restaurant etabliert hat, liegt etwa fünf Kilometer außerhalb der Stadt (über N 767) im Vorort Ste-Avé. Doch das "Le Pressoir" ist leicht zu finden, liegt es doch auf dem Weg zu den städtischen Kliniken (einfach diesen Hinweisschildern folgen). Der Gast hat die Wahl zwischen zwei Speiseräumen, einem kleinen Vorraum samt Bruchsteinmauerwerk bzw. Blumentapeten, rotem Steinfußboden, rotfarbener Decke samt Holzbalken, altem Ofen samt Digestifs (große Auswahl) sowie honorigem Deko-Gestühl (wohl aus einstiger Kirche), daran schließt sich ein größerer, wintergartenähnlicher Anbau mit luftigem Blumendekor an. Die Tafelkultur nur vom Feinsten, der Service unter Leitung der Dame des Hauses, Christiane Rambaud, ohne Fehl und Tadel. Schon der Küchen-Auftakt war mehr als vielversprechend, wurde uns doch als kleiner Gruß neben viererlei Brötchen, Brot, Butter und Käsegebäck ein raffiniertes Amusebouche kredenzt: Püriertes Ei mit Sauerrahm und Kaviar. Dazu mundete be-

THALASSO-THERAPIE IN TOPHOTELS

Das Château de Locguénolé - Traumdomizil in einem weitläufigen Park gelegen

Es ist sicherlich etwas verwunderlich, daß der anspruchsvolle Gast in diesem Departement gleich die Wahl zwischen vier Tophotels hat. Dabei gibt es im Morbihan eigentlich keine rechte Metropole, die ein zahlungskräftiges Publikum mit einer Vielzahl von Attraktionen anziehen könnte. Auch mondäne, historisch gewachsene Seebäder sind nicht zu entdecken. An den Stränden des Morbihan ist eben nicht die Schickeria zuhause, sondern in der Mehrzahl sind es Familien mit Kindern, die hier die schönsten Tage des Jahres verbringen und sich ein Ferienhaus oder ein nicht zu kostspieliges Hotelzimmer mieten; das Landesinnere ist schnell zu erreichen und die Sehenswürdigkeiten dort sind so zügig "abzuhaken", daß sich eine gesonderte Übernachtung in der Regel gar nicht lohnt. Aber drei der angesprochen Nobelherbergen profitieren vom Gesundheitsbewußtsein wohlhabender Urlauber, die sich die heilenden Kräfte des Meeres in den Thalasso-Therapie-Instituten zunutze machen möchten; die Institute wurden den Tophäusern angeschlossen und diese konnten dank der betuchten Klientel den Standard in erheblichem Maße steigern; einige Gourmet-Tempel nicht zu vergessen, die auch ein anspruchvolle Hotellerie pflegen.

ARZON   174 □ C2

MIRAMAR ★★★★
Port du Crouesty, ✉ 56640
Tel. 97 67 68 00   Fax 97 67 68 99
Fraglos eines der schönsten Hotels der Bretagne, dessen ungewöhnliche Architektur, einem riesigen Passagierschiff ähnlich,

Luxusherberge und Gesundheitsfarm (Thalasso-Therapie): Das Hotel "Miramar"

beeindruckt. Der schneeweiße Ozeandampfer bietet so ziemlich alles, was man von moderner Hotellerie heute erwarten kann - und sogar etwas mehr, wie ein Institut für Thalasso-Therapie, in dem sich der Gast die heilenden oder auch nur belebenden Kräfte des Meeres unter ärztlicher Aufsicht zunutze machen kann. Die 120 Zimmer und Suiten öffnen sich zum Meer hin mit großzügigen Balkonterrassen. Sie sind luxuriös eingerichtet in den Farben Beige, Grün und Blau und vollklimatisiert. Man braucht die Anlage eigentlich gar nicht zu verlassen: Vom Shopping in Boutiquen, Speisen in eleganten Restau-

rants (darunter eines für Schonkost) bis hin zu sportlichen Aktivitäten wie Schwimmen (im mit Meerwasser gefüllten Frei- oder Hallenbad), Golf, Tennis, Segeln, Reiten oder Sauna ist alles möglich. ①②③④

AURAY   174 □ B1

FAIRWAY ★★★
Ploemel, Golf de St-Laurent, ✉ 56400
Tel. 97 56 88 88   Fax 97 56 88 28
Der 27 Loch-Golfplatz liegt direkt vor diesem modernen Haus, dessen 42 Zimmer in Pastellfarben eingerichtet sind und allesamt über einen Balkon verfügen. Schwimmbad, Sauna oder Solarium können als Fitmacher ebenso genutzt werden wie Tischtennisplatten oder Fahrräder. Im Restaurant wird eine ansprechende klassisch-internationale Küche geboten. ①②

LOCH ★★
La Forêt, 2, Rue Guhur, ✉ 56400
Tel. 97 56 48 33   Fax 97 56 63 55
Schön gelegen auf einem Hügel über dem Flüßchen Loch, kann der Gast sich in diesem modernen Haus samt gepflegtem Park in 30 hübsch eingerichteten Zimmern entspannen. Auch für das leibliche Wohl ist gesorgt, bietet das Restaurant "La Sterne" doch eine Küche, die durchaus mit einem guten Kochlöffel zu bewerten ist (Salat von Jakobsmuscheln oder Seezunge "Müllerin" mit bretonischer Butter). Danach kann sich der Gast zum Entspannen auf die Terrasse oder in den Garten zurückziehen. ①②

BADEN   174 □ C2

LE GAVRINIS ★★
Toul-Bronche, ✉ 56870
Tel. 97 57 00 82   Fax 97 57 09 47
Für Golfspieler dürfte dieses moderne, in Weiß erstrahlende Hotel ein kleines Eldorado sein. Denn drei Kilometer vom Haus entfernt steht ihnen in Baden selbst der 18 Loch-Platz zur Verfügung. Doch auch die übrigen Gäste werden das von der Familie Justum sehr persönlich geführte "Gavrinis" zu schätzen lernen, sind die 19 Zimmer doch mit allem zeitgemäßen Komfort ausgestattet und verfügen größtenteils auch über Balkon bzw. Loggia. Entspannen kann man sich bei einer Partie Boule, beim Speisen im feinen Restaurant oder beim Sonnenbaden auf der Terrasse bzw. im gepflegten Garten. ①②

BELLE-ILE-EN-MER   174 □ B3

CASTEL CLARA ★★★★
Port-Goulphar, ✉ 56360
Tel. 97 31 84 21   Fax 97 31 51 69
Dort, wo die Belle-Ile am schönsten ist, wurde dieses der Relais & Châteaux-Gruppe angeschlossene Haus errichtet. Der Gast blickt auf die unendliche Weite des Ozeans und kann sich hier natürlich allen Freuden hingeben, die der Wassersport zu bieten hat. Aber auch Golfen, Tennis oder Fahrradfahren gehören zu den beliebten

Freizeitbeschäftigungen im "Castel Clara". Für Gesundheit und Fitness ist gesorgt mit Sauna, Solarium sowie einem Institut für Thalasso-Therapie. Die insgesamt 43 Zimmer und Suiten, raffiniert und elegant in

Pastelltönen gehalten, bieten höchsten Komfortstandard. Da will auch die Küche nicht nachstehen und offeriert im lichten Restaurant Speisen, die mit guten zwei Kochlöffeln zu bewerten sind, z. B. Muschelgratin mit Curry oder Navarin von der Lotte mit Meeresalgen. ①②③④

DE BRETAGNE ★★
Le Palais, Quai Macé, ✉ 56360
Tel. 97 31 80 14 Fax 97 31 51 69
Im Hotel "De Bretagne" kann der Gast das bunte Treiben auf den Schiffen beobachten, liegt es doch direkt am Hafen. Die 32 Zimmer sind mit zeitlos-klassischem Mobiliar ausstaffiert. Wer will, kann auch im angeschlossenen Restaurant speisen. ①②

BUBRY   171 □ A4

AUBERGE DE COET-DIQUEL ★★
✉ 56310
Tel. 97 51 70 70 Fax 97 51 73 08
Wer die absolute Ruhe sucht, wird in diesem kleinen Haus garantiert auf seine Kosten kommen. Mitten im Wald, idyllisch am Ufer eines Flüßchens gelegen, wo einst eine alte Mühle stand, das ist die "Auberge de Coet-Diquel" mit ihren 20 komfortablen Zimmern. Ein kleiner Park lädt zum Entspannen ein, für sportliche Aktivitäten stehen Schwimmbad und Tennisplatz zur Verfügung. ①②

CARNAC   174 □ B2

L'ARMORIC ★★
53, Avenue de la poste, ✉ 56340
Tel. 97 52 13 47 Fax 97 52 98 66
Ein kleines Hotel, in strahlendem Weiß, erwartet den Gast gleich hinter dem Strand. Es wird umgeben von einem Park und verfügt über 25 modern eingerichtete Zimmer und eine Terrasse. Im Restaurant wird eine klassisch-regionale Küche angeboten. ①②

LE DIANA ★★★
21, Boulevard de la plage, ✉ 56340
Tel. 97 52 05 38 Fax 97 52 87 91
Jüngst wurde das am großen Strand von Carnac gelegene Hotel komplett renoviert und zeigt sich seitdem in einem noch freundlicheren, fast schon südländischen Gewand. Die 33 Zimmer und drei Studios sind behaglich in lichten Pastellfarben eingerichtet und verfügen über allen zeitgemäßen Komfort. Sauna, Solarium und Tennisplatz gehören zum Anwesen. Das Restaurant mit einer zwischen Klassik und

Nouvelle angesiedelten Küche öffnet sich zu einer gepflegten Terrasse mit Blick auf das Meer. ①②③

ERDEVEN   174 □ B1

AUBERGE DU SOUS-BOIS ★★
Route de Pont-Lorois, ✉ 56410
Tel. 97 55 66 10 Fax 97 55 68 82
Umgeben von einem Pinienwald, so präsentiert sich dieses kleine Hotel mit seinen 21 modern-rustikal im bretonischen Stil ein-

gerichteten Zimmern. Angeschlossen ist ein Restaurant mit Klassischer Küche, die man sich im Sommer auch auf der Terrasse servieren lassen kann. Zur Ortsmitte sind es ca. 500 Meter, dort stehen Tennisplätze oder ein Fahrradverleih zur Verfügung, der Sandstrand liegt vier Kilometer entfernt. ①②

CHATEAU DE KERAVEON ★★★
✉ 56410
1,5 km östlich via D 105
Tel. 97 55 68 55
Beim "Château de Keravoén" handelt es sich um ein fürstliches Anwesen aus dem 18. Jahrhundert, in dem 17 Zimmer und 3 Appartements sowie ein kleines Restaurant eingerichtet wurden. Der umgebende Park lädt zum Flanieren ein; wer es sportlicher mag, kann sich in die Fluten des Schwimmbades stürzen oder zum vier Kilometer entfernten Golfplatz fahren. ①②③

GUIDEL   174 □ A1

LA CHATAIGNERAIE ★★★
Route de Clohars-Carnoet, ✉ 56520
Tel. 97 65 99 93
Einst von den Besitzern als feudales Landhaus mit gepflegtem Park geplant, wurde "La Châtaigneraie" inzwischen in ein kleines Hotel mit zehn feinen Zimmern umgewandelt. Ein Restaurant wird der Gast nicht vermissen, hat er doch die Möglichkeit, bei Vormerkung am Vortag ein leckeres Abendmahl zu erhalten. ①②③

HENNEBONT   174 □ B1

CHATEAU DE LOCGUENOLE ★★★★
Route de Port-Louis, ✉ 56700
Tel. 97 76 29 04 Fax 97 76 39 47
Wer würde nicht davon träumen, ein solch prächtiges Schlößchen zu besitzen, das fünf Kilometer außerhalb von Hennebont in einem riesigen, baumbestandenen Park über dem Meeresarm Blavet liegt. Ein ganzes Stück von der Straße zurückversetzt, was einen absolut geruhsamen Aufenthalt gewährleistet, kann man sich ein Stück dieses Wunschtraums erfüllen, indem man sich in einem der insgesamt 22 luxuriös eingerichteten Zimmer bzw. Appartements einquartiert. Antikes Mobiliar wechselt mit modernem Inventar, behagliche Balken alternieren mit eleganter Holzverkleidung. Natürlich kann man sich zum Lesen in der Bibliothek niederlassen oder sich im Bridge-Saal verlustieren. Auch die Fitness kommt nicht zu kurz bei Sauna, beheiztem

Freibad, Tennisplatz oder Fahrrad-Verleih. Das Frühstück kann man in diesem Relais & Châteaux-Haus auf der Veranda einnehmen, vielleicht besser nicht ganz so üppig, sofern man mittags noch im Gourmet-Restaurant (siehe ESSEN & TRINKEN) dinieren möchte. ①②③④

ILE-AUX-MOINES   174 □ C2

SAN FRANCISCO ★★
Le Port, ✉ 56780
Tel. 97 26 31 52   Fax 97 26 35 59
Nicht die amerikanische Traumstadt war
der Namensgeber für dieses schöne, alte
Backsteinhaus, sondern die Franziskane-
rinnen, die hier einst ihr Monasterium betrieben. Die lichten Zimmer mit Blick auf
den Golf von Morbihan sind modern eingerichtet. Das Frühstück kann der Gast an
schönen Tagen auf der Terrasse einnehmen. Auch ein Restaurant darf nicht fehlen, in dem Speisen wie Rochenflügel mit
Kapern oder Salat von Geflügellebern à la
carte zu lesen sein können. ①②③

JOSSELIN   171 □ C4

DE FRANCE ★
Place Notre-Dame, ✉ 56120
Tel. 97 22 23 06   Fax 97 22 35 78
Beim "De France" handelt es sich schon
um einen größeren Komplex mitten in der
historischen Altstadt. Denn neben dem Restaurant mit einer empfehlenswerten Küche
und dem Hotel beherbergt das schmucke
einstige Relais de Poste auch noch eine
Kneipe bzw. ein Terrassen-Café. Die 20
Zimmer sind - wiewohl teilweise etwas be-
engt - sauber und komfortabel eingerichtet.
Die Küche ist mit einem Kochlöffel zu bewerten, lecker z.B. der Steinbutt in Beurre
blanc oder der Gegrillte Lachs. ①②

LA ROCHE-BERNARD   174 □ D2

AUBERGE BRETONNE ★★
2, Place Duguesclin, ✉ 56130
Tel. 99 90 60 28   Fax 99 90 85 00
Feinschmecker, die im Gourmet-Restaurant
des Hauses getafelt (siehe ESSEN & TRIN-
KEN) und anschließend vielleicht noch
einen Digestif in der chicen, großzügigen
Bar eingenommen haben, finden bei
Jacques Thorel vor Ort zwölf geschmackvoll, jüngst komplett neu eingerichtete Zimmer, die zudem wegen der ruhigen Lage
der "Auberge Bretonne" eine ungestörte
Nacht garantieren. Eine Klasse für sich ist
das Frühstück, das auf Wunsch auch im
Chambre selbst serviert wird. In der angeschlossenen Boutique können (nicht nur)
kulinarische Mitbringsel für zu Hause erworben werden. ①②③

LE MANOIR DU RODOIR ★★★
Nivillac, ✉ 56130
Tel. 99 90 82 68   Fax 99 90 76 22
Eine alte Schmiede hat ein vermögendes
Unternehmer-Ehepaar in sein Herz ge-
schlossen und mit großem finanziellen
Aufwand in ein feines Hotel mit 26 ge-
schmackvoll eingerichteten Zimmern und
einem integrierten Restaurant verwandelt.
①②③

LORIENT   174 □ A1

MERCURE ★★★
31, Place Jules Ferry, ✉ 56100
Tel. 97 21 35 73   Fax 97 64 48 62
Im Herzen der Stadt, nicht weit vom Hafen
und dem Kongreß-Zentrum entfernt, bietet
dieses moderne Haus seinen Gästen in 58
Zimmern allen zeitgemäßen Hotel-Komfort,
eine ansprechende Küche inbegriffen.
①②③

NOVOTEL ★★★
Centre hôtelier Kerpont-Bellevue, ✉ 56100
Tel. 97 76 02 16   Fax 97 76 00 24
Außerhalb der Stadt an einem kleinen Hafen errichtet, gefällt das Haus mit seiner
traditionell-bretonischen Bauweise. 88 modern eingerichtete Zimmer werden bereitgehalten beim Sonnenbaden auf der Terrasse oder im baumbestandenen Park
kann sich der Gast den nötigen Appetit für
die Restaurant-Küche holen. ①②③

Ein fürstliches Anwesen:
Das "Château de Keravoén"

MUZILLAC   174 □ D2

DOMAINE DE ROCHEVILAINE ★ ★ ★
Billiers, Pointe de Pen-Lan, ✉ **56130**
Tel. 97 41 61 61   Fax 97 41 44 85
Ein kleines Dörfchen scheint es zu sein, die
"Domaine de Rochevilaine". Denn am Ende der Pointe de Pen-Lan entdeckt man
rund 20 Häuser, die allesamt im typisch
bretonischen Stil errichtet sind, verbunden
durch Gärten und blumengeschmückte Terrassen. Und doch handelt es sich dabei
um ein originelles Hotel-Restaurant (siehe
ESSEN & TRINKEN). Am schönsten wohnt
der Gast hier natürlich in den Zimmern mit
Blick über die Weite des Ozeans, aber
auch die übrigen - insgesamt 40 - wohnlichen Räumlichkeiten bieten allen zeitgemäßen Komfort, auch wenn einige für den
deutschen Geschmack etwas antikisch-anti-
quiert gehalten sind. Sauna, medizinische
Bäder, alles ist im Programm, ebenso wie
Freibad, Tennis, Fahrradfahren oder Reiten. Der nächste 18 Loch-Golfplatz ist allerdings 20 Kilometer entfernt. Wer mag,
kann den Tag mit einem Frühstück auf der
Terrasse beginnen, den Strand direkt zu
Füßen. ①②③④

PLOEMEUR   174 □ A1

LES ASTERIES ★ ★
1, Place FFL, ✉ **56270**
Tel. 97 86 21 97   Fax 97 86 34 33
Man findet es ganz leicht, indem man sich
an der örtlichen Kirche orientiert, dieses
moderne Hotel mit seinen behaglich eingerichteten 36 Zimmern und einem hübschen
Restaurant. Golfer haben die Wahl zwischen zwei Plätzen in zwei bzw. sechs
Kilometer Entfernung. ①②

QUESTEMBERT   174 □ D1

LE BRETAGNE ★ ★ ★
13, Rue St-Michel, ✉ **56230**
Tel. 97 26 11 12   Fax 97 26 12 37
Schon allein die Mitgliedschaft in der
Gruppe der Relais & Châteaux-Häuser
bürgt für hohen Hotel-Komfort. Der Eingang liegt mitten im gepflegten Garten -
dort können auch die Autos geparkt werden -, zu den elf Zimmern und drei Appartements gelangt man über einen verglasten
Treppenaufgang. Alle wohnlichen Räumlichkeiten wurden jüngst auf modernsten
Standard gebracht, einige verfügen zudem über einen Balkon zum Garten hin.
Zur sportlichen Ertüchtigung oder zur Er-

kundung der Region können Fahrräder gemietet werden, ein Tennisplatz wartet in
einer Entfernung von 200 Metern vom
Haus auf die Freunde des weißen Sports.
Interessant die dem Gourmet-Restaurant
(siehe ESSEN & TRINKEN) angeschlossene Bou-tique, in der das Angebot von feinem Essig oder leckerer Marmelade bis
hin zu exquisiter Mode oder teuren Par-
füms reicht. ①②③④

QUIBERON   174 □ D1

LA PETITE SIRENE ★ ★
15, Boulevard René Cassin, ✉ **56170**
Tel. 97 50 17 34   Fax 97 50 03 73
Blick auf das Meer, ruhig gelegen, 14
klassisch-zeitlos eingerichtete Zimmer und
Studios, das ist das Hotel "La Petite Si-
rène", dem auch ein elegantes Restaurant
angegliedert ist. ①②③

SOFITEL THALASSA ★ ★ ★ ★
Pointe du Goulvars, ✉ **56170**
Tel. 97 50 20 00   Fax 97 50 07 34
Gesundheit und Fitness werden in diesem
modernen Haus mit seinen 116 luxuriös in
Pastellfarben eingerichteten Zimmern und
17 Appartements großgeschrieben. Tennis, Schwimmbad oder Sauna sind selbstverständlich, und auch ein Institut für Thalasso-Therapie kann vom Gast in Anspruch
genommen werden. Im Restaurant "Le Thalassa" wird eine klassisch-regionale Küche
geboten, die durchaus mit zwei Kochlöffeln einzustufen ist. ①②③④

ROCHEFORT-EN-TERRE   174 □ D1

CHATEAU DE TALHOUET ★ ★ ★
Pluherlin, ✉ **56220**
Tel. 97 43 34 72   Fax 97 43 35 04
Wohnen hinter historischen Mauern ist
hier angesagt. Denn das "Château de Talhouet" wurde im 16. bzw. 17. Jahrhundert erbaut. Die heutigen Besitzer haben
es in ein kleines Hotel umgewandelt und
stellen ihren Gästen acht mit antikem Mobiliar eingerichtete Zimmer zur Verfügung.
Zum fürstlichen Logieren gehört natürlich
auch ein entsprechender Park, der sich auf
einer Fläche von 20 Hektar ausbreitet; das
noble Restaurant nicht zu vergessen, in
dem Hausgemachte Gänsestopfleber, die
Lotte in Safransauce oder das Rinderfilet in
Pfeffersauce zu den Spezialitäten gehören,
die von einem überaus aufmerksamen Service, der auch bei der Weinauswahl behilflich ist, kredenzt werden. ①②③④

STE-ANNE-D'AURAY   174 □ C1

L'AUBERGE ★ ★
56, Route de Vannes, ✉ **56400**
Tel. 97 57 61 55
Neben seinem Hauptberuf als Küchenchef
- sein Restaurant verdient zwei Kochlöffel
für Speisen wie Steinpilzsuppe mit gebratener Taubenbrust oder Gebratener Hummer mit Kartoffeln - betätigt sich Jean-Luc
Larvoir auch noch als Hotelier. Was ihn
allerdings angesichts der vergleichsweise
kleinen Zahl von Zimmern - deren sechs -
nicht allzu sehr belastet. Aber diese Bleibe
hat was für sich, schon die Blumen vor den
Fenstern sind entzückend und scheinen darauf hinzuweisen, daß auch beim Zimmer-
dekor viel durch die Blume gesagt wird.
①②

VANNES   174 □ C1

AQUARIUM ★ ★ ★
Parc du Golf, ✉ **56000**
Tel. 97 40 44 52   Fax 97 63 03 20
Das Äußere wirkt schon ziemlich futuri-
stisch, bei Vannes bester Hotel-Adresse,
dem "Aquarium", so benannt nach der na-
hegelegenen Sehenswürdigkeit. Die 48

Zimmer sind etwas nüchtern-funktional gehalten, was aber durch einen schönen Ausblick auf die See ausgeglichen wird. Im Restaurant "Dauphin" wird eine passable
Klassische Küche geboten. ①②③

KEIN PARDON BEIM WASSERSPORT

Die Küste des Departements Morbihan bietet natürlich alle Möglichkeiten zur sportlichen Betätigung rund um das nasse Element, egal ob man sich für Segeln, Tauchen, Surfen oder Kanufahren interessiert. Sehr beliebt, wie überall in der Bretagne, ist aber auch der Fluß-Tourismus, z. B. kann der Urlauber als Bootskapitän die Flüßchen Oust oder Blavet befahren. Auch die Hobbyfischer finden hier gute Bedingungen vor, egal ob am Meer oder an einem Binnengewässer; wer will, kann auch mit den Berufsfischern in See stechen. Auch Freunde des Reit-, Golf- oder Tennissports kommen voll auf ihre Kosten.Und was wäre die Bretagne ohne die religiösen Feste, die sogenannten Pardons (Prozessionen), die natürlich gerade im Morbihan in großer Zahl veranstaltet werden, von den lokalen weltlichen Festivitäten, kulturellen Festivals und vor allem den "Fest Noz" gar nicht zu sprechen. Das Einkaufen wird leicht gemacht dank vieler Märkte, die teilweise auch am Sonntagmorgen geöffnet sind; beim Shopping muß man allerdings für exquisitere Luxuswaren schon etwas länger suchen.

FESTE & VERANSTALTUNGEN

ARZON

Les Mercredis du Jazz: Im Maison du Port in den Sommermonaten jeden Mittwochabend Jazz-Sessions.

CARNAC

Grande Fête des Menhirs: Mitte September.
Pardon: 2. Sonntag im September - St-Cornély.

Das Museumsschiff "Le Galion" bei Plouharnel auf der Halbinsel Quiberon

ELVEN

Spectacle son et lumière: Juli und August - Feuerwerk- und Musik-Veranstaltungen (1993 z. B. unter dem Motto Tristan & Isolde).

GOURIN

Fête de la crêpe: Juli, ein Fest rund um den bretonischen Pfannkuchen.
Fête des Montagnes Noires (Fest der Schwarzen Berge): Anfang Mai.
Pardon: Ende September - St-Hervé.

Oldtimer-Rally "des 100"

GUIDEL

Festival des Sept Chapelles: Mitte Juli bis Anfang August, ein Musikfestival mit Klassik und Folklore.

JOSSELIN

Pardon: 8. September - Notre-Dame du Roncier; einer der bekanntesten und meistfrequentierten des Departements.

LANESTER

Festival de Théatre du pont du Bonhomme: Mitte Juli, Theatervorführungen vor der malerischen Kulisse von stillgelegten Schiffen und Booten.

LARMOR-PLAGE

Bénédiction des correaux: Sonntag vor oder nach dem 24. Juni - Fest der Segnung des Meeresarms zwischen der Insel Groix und der Küste samt großer Schiffsprozession.

LE FAOUET

Fest der Heiligen Barbara: 4. Dezember.
Pardon: 26. Juni - Heilige Barbara.
Pardon: Ende August - St-Fiacre.

LORIENT

Festival Les Océanes: Theater- und Musikfestival in der Woche vor dem 14. Juli.
Festival interceltique: Jeweils in den ersten beiden August-Wochen veranstalten Künstler aus den keltischen Ländern wie Bretagne, Irland, Schottland oder Galicien ein berühmtes Folklore-Festival rund um den Fischereihafen (Informationen zum Programm: 2, Rue Paul-Bert).

STE-ANNE D'AURAY

Pardon: Der wohl berühmteste Pardon der Bretagne, an dem sich Jahr für Jahr am 25./26. Juli eine unzählige Schar von Pilgern und Schaulustigen einfinden.

SARZEAU

Festival de Suscino: Die ersten 14 Tage im August - Musikfestival in der ehemaligen Burg der Herzöge der Bretagne.

VANNES

Festival de Jazz: Ende Juli.
Fêtes historiques de Vannes (Historisches Fest von Vannes): Anfang Juli.
Grandes Fêtes D'Arvor: 13.-15. August, traditionelle bretonische Musik und Tänze, die den ganzen Reiz der Region sinnlich erfahrbar machen.

SPORT & ERLEBNIS

INSEL-TOUREN

Belle-Ile-en-Mer
Einschiffung: Gare Maritim de Port Maria (Quiberon).
Abfahrt: Port de Le Palais + Port de Sauzon - Fahrtzeit ca. 30-45 Minuten.
Hoëdic/Houat
Einschiffung: Gare Maritim de Port Maria (Quiberon).
Abfahrt: St-Gildas (Houat)/Port de l'Argol (Hoedic) - Fahrtzeit ca.1 Stunde (Houat) bzw. 1.45 Stunde (Hoëdic).
Ile-aux-Moines
Einschiffung: Port-Blanc - Fahrtzeit ca. 5 Minuten.
Ile d'Arz
Einschiffung: Conleau-Vannes - Fahrtzeit ca. 15 Minuten.
Ile de Groix
Einschiffung: Lorient - Fahrtzeit ca. 45 Minuten.

NIGHTLIFE & TREFFPUNKTE

CARNAC

LE STIRWEN
Versteckt im Wald, bietet diese Disco mal nicht Neon-Outfit, sondern bretonisches Behagen.

CREDIN

LE WELCOME
Bellevue
Nachtleben im Night-Club bis zum Abwinken; was will man auch sonst tun, die Bürgersteige werden hier ohnehin schon in der Dämmerung hochgeklappt.

Préhistoric Parc in Rochefort-en-Terre

LOCMALO

NIGHT-CLUB L'ECURIE
Auch auf dem Lande kann der Bär los sein, siehe diese Disco zwischen Réguiny und Rohan.

LORIENT

GALWAY INN
18, Rue de Belgique
Ein fürwahr gemütliches irisches Pub, in dem es allerdings nicht nur Guinness zu trinken gibt.

LE SYMBOLE
Ploemeur, Alte Mühle am See von Ter
Auf drei Ebenen darf sich in dieser Disco ausgetobt werden, nicht nur Tanzen ist angesagt, sondern auch Billard oder Videospiele stehen auf dem Programm.

PLOUHINEC

CAFE-CABARET DE LA BARE
am Hafen von Magouer
Gemütliche Kneipe mit bretonischer Musik, zur Abwechslung darf's auch mal Rock sein.

QUIBERON

LE SQUALE
Grande plage
Vor oder nach einem Spielchen im Casino ist die noble Disco sicher der ideale Ort zum Entspannen.

VANNES

L'ATLANTIDE
vor der Stadt Richtung Baud-Ste-Anne d'Auray
Feiner Nachtclub mit einem Raum für die Kids und Young Generation sowie zwei Sälen für die etwas älteren Semester.

SHOPPING & MÄRKTE

AUDIERNE

POISSONERIE JEGOU
19, Rue Louis Pasteur
Erstklassige Adresse für Frischfisch und Meeresfrüchte wie Langustinen oder Meerbarben.

ARZON

FUMAGE ARTISANAL
23, Rue Centrale
An einem Eckhaus zur Hauptstraße hin bietet Patrick Chauchard besten Räucherfisch, z. B. Rilettes vom geräucherten Lachs, auch zu kaufen am Port du Crouesty, 13, Quai des Cabestans.

AURAY

BRULERIE D'ALRE
8, Rue R. J. M. Barré
Neben bretonischen Kuchen-Spezialitäten kann man sich hier mit zahlreichen Kaffee-Sorten und über 90 verschiedenen Tees eindecken.

LA COTRIADE
23, Rue Clémenceau
Erstklassiges Fisch- und Feinkostgeschäft an der Haupteinkaufsstraße.

PAIN GOURMANDE
2, Rue Aristide Briand
Nicht nur bestes Brot kann man in dieser Bäckerei kaufen, sondern auch eine feine Patisserie oder frisch zubereitete Snacks probieren.

GUEMENE-SUR-SCORFF

MICHEL GUILLEMOT
2, Rue Joseph-Pères
Ein Fleischerei-Fachgeschäft mit erstklassiger Ware, vor allem die Andouille ist schier unwiderstehlich.

GUIDEL

LA MANUFACTURE DE BONNETERIE LORIENTAISE
Gewerbegebiet des Cinq Chemins
Eine interessante Adresse für Schnäppchenjäger, die ihren neuen Pulli ab Fabrik bis zu 30% billiger kaufen möchten.

JOSSELIN

LA SAVONNERIE
32, Rue des Trente
Ein origineller Laden mit Schwämmen in allen möglichen und unmöglichen Variationen. Wer mag und Bedarf hat, kann dazu auch gleich die adäquat gestalteten Seifen erwerben.

LA GACILLY

AUX PRODUITS DU TERROIR ET REGIONAUX
Rue Piétonne
Ein schönes Geschäft, im Hof der Kunsthandwerker gelegen, das alle regionalen Gourmandisen offeriert, vom Cidre über Honig bis hin zu Gâteaux bretons.

Archeoscope von Le Menec

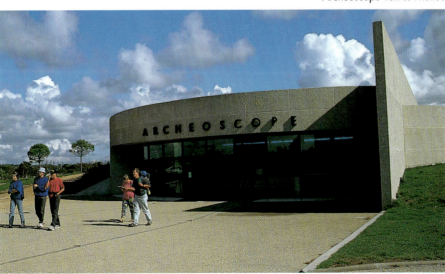

LIZIO

CIDRERIE DU TERROIR
Ste-Catherine

Ein lohnenswerter Besuch bei einem kleinen Cidre-Produzenten, Degustation gratis, Einkaufen möglich.

COURS DES ARTISANS

Mitten im malerischen Dorf gelegen, führt eine schmale Gasse zu einem pittoresken Laden, in dem Bleisoldaten und Puppen angeboten werden.

PLOERMEL

LE VIEUX MANOIR
Route de Taupont

Wer alte, antike Kleider oder Textilien reparieren lassen möchte, ist bei Patricia Hood, deren Atelier täglich geöffnet ist, an der rechten Adresse.

QUIBERON

LE ROUX
18, Rue de Port-Maria

Schon die appetitlichen Auslagen im Schaufenster lassen jeden Widerstand schmelzen und die Rücksicht auf Figur und Kalorien vergessen. Und Henri Le Roux trägt die Titel Chocolatier und Caramélier wahrlich zurecht.

RIGUIDEL
38, Rue de Port Maria

Feiner Traiteur, wo man neben Austern oder der berühmten Andouille auch und besonders einen superben kouign aman, die bretonische Butterkuchen-Spezialität, erwerben kann.

ROCHEFORT-EN-TERRE

POTERIE/SAVONNERIE/MAROQUINERIE
Rue du porche

Die Touristen überschwemmen den kleinen

Ort in der Saison regelrecht; da ist es kein Wunder, daß sich entlang der Hauptstraße ein kunsthandwerkliches Geschäft an das andere anschließt. Für jeden Geldbeutel und Geschmack ist garantiert etwas dabei.

SARZEAU

A LA RECHERCHE DU PASSE
St-Colombier

In diesem für seine (sogenannten) Antiquitätenläden bekannten Vorort von Sarzeau lohnt es, in dem "Passé"-Geschäft zu stöbern, denn hier kann man alte Bücher oder auch Stiche finden.

VANNES

ANTIQUITES FINES
Place des Lices

Endlich mal ein Antiquitätengeschäft, das wirklich exquisite Exponate zu entsprechenden Preisen feilbietet.

BOUCHERIE CHEVALINE
4, Rue des Orfèvres

Pferdefleisch vom Metzger, beste Qualität, für all diejenigen, die diese Köstlichkeit in deutschen Landen bislang vergeblich gesucht haben.

J. P. GOISSET PARFUMERIE
6, Place Henri IV./1, Rue des Chanoins

Beinahe jeden Duft dieser Welt findet man in dieser exquisiten Parfümerie in einem pittoresken, alten Fachwerkhaus am berühmtesten Platz der Altstadt.

LA MUCHE A PAIN
Place des Lices

Brotsorten, bretonische versteht sich, so viele und verschiedene man sich vorstellen kann - in bester Qualität.

LA TAPENADE
23, Rue des Halles

Wunderschönes, altes Haus mit exquisiter Feinkost, von Gewürzen über Galettes bretonnes, allerlei Brotsorten, Cidre oder den echten Chouchen findet man hier alles, was das Herz des Einheimischen und Touristen so begehrt.

Weite Sandstrände
an der Nordseite der Belle-Ile-en-Mer

LE CHATEAU DE CARTES
Ruelle de la poissonerie

Ein Geheimtip und eine echte Trouvaille für alle, die das spielen nicht lassen können; denn dieser Spezialladen bietet mehr als 200 verschiedene Kartenspiele feil. Süchtigmachend!

PATISSERIE
Rue de la monnaie

Genau gegenüber der Kathedrale kann man sich hier weltlichen Genüssen zuwenden in Gestalt feinster Kuchen, Pralinen und anderer Leckereien.

INFORMATIONEN & HINWEISE

COMITE DEPARTEMENTAL DU TOURISME DU MORBIHAN
Hôtel du Département
B.P. 400, 56009 Vannes CEDEX.

DAS SÜDLICHE VERSPRECHEN

Schon der Name des Departements scheint jegliche Bindungen zur Bretagne zu leugnen. Und auch in der offiziellen, vom französischen Tourismus-Ministerium verteilten Hochglanzbroschüre wird man das Land um Nantes vergeblich unter den bretonischen Departements suchen. Es ist offenkundig, daß die Pariser Zentrale ihrem per Federstrich in den 60er Jahren geschaffenen und von der Rest-Bretagne abgetrennten Kunstprodukt auch auf diese Weise eine gewisse Eigenständigkeit, ein neues Selbstwertgefühl vermitteln möchte. Die meisten deutschen Autoren, die in den letzten Jahren Reisebücher über die Bretagne verfaßt haben, sind dieser Pariser Vorgabe brav gefolgt, haben allerdings -

verschämt? - wenigstens die Stadt Nantes und die Halbinsel Guérande der Bretagne zugeschlagen. Mit Logik hat das wenig zu tun, denn die mondänen Badeorte La Baule, Le Pouliguen oder Pornichet sind genauso untypisch bretonisch wie die einstige Hauptstadt der Bretagne selbst. Und wenn man schon, vor allem aus historischen Gründen, das südliche Nantes mit einbezieht, dann sollten doch zumindest auch die nördlich der Loire, viel näher an den vier übrigen bretonischen Departements gelegene Gebiete namens Pays Nantais, Pays d'Ancenis, Pays des Trois Rivières (mit dem Forêt de Gavre, dem größten Waldgebiet der Bretagne, und der Gemeinde Blain, einem schon in der

Römerzeit wichtigen Handelszentrum) sowie Pays de Châteaubriant (letzteres früher bekannt durch seine Eisenhütten, der letzte Hochofen wurde 1884 geschlossen) ebenfalls berücksichtigt werden. Jetzt noch die beiden südlich von Nantes gelegenen Regionen, Pays de Retz und Pays du Vignoble Nantais, wegzulassen, scheint wenig sinnvoll, ist ersteres doch eine Fortsetzung des Sumpflandes der Halbinsel Guérande und das zweite die südliche Verlängerung des Weinanbau-Gebiets des Muscadet, mit der im italienischen Klassizismus erstrahlenden Stadt Clisson als touristischem Mittelpunkt.

Haus eines Schleusenwärters im regionalen Naturpark von Brière

In diesem Buch wird auf die historische Bretagne abgehoben, die fraglos noch in den Herzen und Köpfen der Einheimischen präsent ist - wie lange noch, diese Frage kann wohl niemand beantworten. Vornehmlich wirtschaftliche Überlegungen hatten zur Abtrennung des Departements geführt, das seine Handelsbeziehungen schon immer weit über die bretonischen Grenzen hinaus geknüpft hatte und heute von den fünf historischen bretonischen Departements mit seiner ca. einer Million Einwohnern klar die ökonomische Nr. 1 darstellt. Das Land um Nantes zeichnet eine gewisse Zwitter-Position aus, sowohl klimatisch und landschaftlich als auch architektonisch gesehen, nicht mehr nördlich, noch nicht ganz südlich, mithin ein ideales Bindeglied und ein Schmelztiegel zwischen Bretagne und Vendée/Poitou sowie ein Übergangsscharnier auch gen Osten, zum Departement Maine-et-Loire.

bar. Und dabei steht natürlich Nantes im Mittelpunkt, das Schauplatz zahlreicher großer und kleiner Ereignisse der bretonischen Historie war. Im 1. Jahrhundert hatten es die Namneter zu ihrem Sitz gewählt, auch die Gallier und selbst die Römer wußten die exponierte Lage der Stadt später zu schätzen, die im frühen Mittelalter Kulisse erster blutiger Scharmützel zwischen den französischen Königen und den bretonischen Herzögen werden sollte. Doch zuvor nahmen die Normannen Nantes 843 im Sturm und planten von hier aus ein Jahrhundert lang Verwüstungszüge durch die gesamte Bretagne. Die Rettung nahte im Jahr 939, als der junge, aus seinem englischen Exil zurückgekehrte Stammesführer Alain Barbe-Torte die Eindringlinge vernichtend schlug und sich in Nantes, seiner Hauptstadt, zum Herzog erheben ließ. Im 11. und 12. Jahrhundert wurden bereits die Wurzeln für die später noch viel deutlicher hervortretende Rivalität zwischen den mächtigen Lokalfürsten von Rennes und Nantes um die Vorherrschaft in der Bretagne gelegt.

Fachsimpelei zwischen erfahrenen Seebären an der Küste bei Le Croisic

Die bretonische Geschichte wäre ohne Berücksichtigung des Departements Loire-Atlantique nur sehr unvollständig darstell-

Die folgenden Jahrhunderte sahen ein kontinuierliches Wachsen des Wohlstandes der Stadt, was sich im Jahr 1434 unter Jean V. in der Grundsteinlegung für die heutige Kathedrale dokumentierte. Die Schattenseiten der Epoche wurden in der Person des adligen, hochangesehenen Kindermörders Gilles de Rais deutlich, der 1440 in Nantes verbrannt wurde (siehe REISEN & ERLEBEN). Ein früher Höhepunkt in der Stadtgeschichte und der bretonischen Historie allgemein war dann die Regentschaft von Herzog François II., der z. B. die Universität gründete und 1466 das neue Schloß erbauen ließ, in dem seine Tochter, die Lichtgestalt der gesamten bretonischen Geschichte, Anne de Bretagne, geboren wurde. Annes Kindheit und frühe Jugend waren von schweren Auseinandersetzungen zwischen der Bretagne und Frankreich gekennzeichnet. Denn gegen die Herrschaftsansprüche der französischen Regentin Anne de Beaujeu hatte sich in der Bretagne eine Oppositionsgruppe um den Herzog von Orléans gebildet, die von François II. tatkräftig unterstützt wurde. Letzterer beging den Faux Pas, seine erst elfjährige Tochter Anne 1486 mit Maximilian I. von Österreich zu verloben - in den Augen der französischen Regentin eine eindeutige Kampfansage, bestand doch die Gefahr, daß der zukünftige deutsche

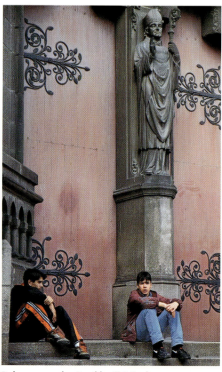

Relaxen vor der Basilika St-Nicolas

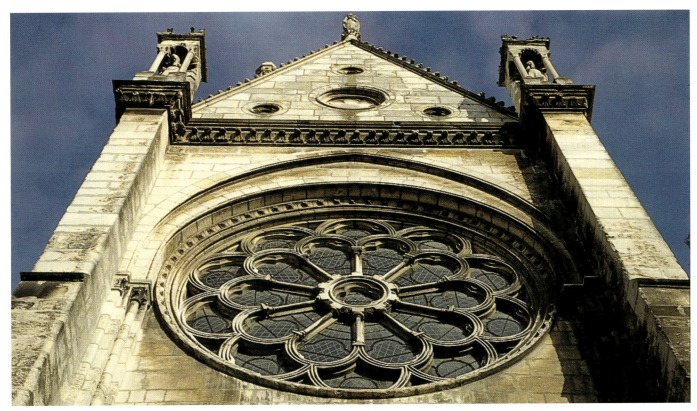

Nach dem Vorbild der Pariser Notre-Dame im neogotischen Stil errichtet: St-Nicolas in Nantes

Kaiser nach der Übernahme der burgundischen Besitzungen an der Ostgrenze Frankreichs und in den Niederlanden durch seine erste Ehe mit Maria von Burgund nun auch noch die Bretagne dem Habsburger-Reich einverleiben konnte. Die Entscheidungsschlacht war unausweichlich, das Heer der französischen Regentin trug 1488 den Sieg davon, François mußte das demütigende Zugeständnis machen, daß seine Tochter Anne nur mit Einwilligung Frankreichs heiraten dürfe.

Der Stachel der Schmach schien so tief zu stecken, daß François II. kurze Zeit später starb und die zwölfjährige Anne seine Nachfolge antreten mußte. Diese einmalige Chance wollte sich die französische Krone nicht entgehen lassen, und König Charles VIII. warb, angetrieben von seiner Schwester Anne de Beaujeu, um die Hand der bretonischen Herzogin, um auf diese Weise endlich in den Besitz der Bretagne zu gelangen. Nun war guter Rat gefragt, denn die Ablehnung des französischen Ansinnens konnte nur einen erneuten Waffengang zur Folge haben. Anne, die mehr durch ihren Charme und ihre Intelligenz denn durch körperliche Schönheit glänzen konnte, hoffte auf die Habsburger Unter-

stützung bauen zu können. Und in Mißachtung des von ihrem Vater unterzeichneten Heiratsvorbehalt-Vertrages ehelichte sie im Jahr 1490 per Ferntrauung Maximilian I. von Österreich. Diesen offenkundigen Affront konnte Charles VIII. nur mit einem

Einmarsch in die Bretagne beantworten - die Übermacht der französischen Truppen war so erdrückend, daß es Anne zum Schutz ihrer Untergebenen vorzog, sich in ihr Schicksal zu ergeben und - nach Annulierung ihrer Ehe mit Maximilian durch den Vatikan - den französischen König im De-

zember 1491 zu heiraten. Anne war es allerdings gelungen, im Ehe-Vertrag die Unabhängigkeit der Bretagne festschreiben und sich selbst als Herzogin derselben bestätigen zu lassen. Das gleiche Zugeständnis mußte auch der französische König Louis XII. machen, den Anne nach dem Tod von Charles VIII. 1499 zu heiraten sich gezwungen sah. Als Anne, die sich in der Bretagne auch als Förderin der Kunst einen Namen gemacht hatte, im Jahr 1514 starb, war das Ende der Unabhängigkeit der Bretagne nahe. Denn ihre Tochter Claude ließ sich von ihrem Gemahl François d'Angoulême, dem späteren König François I., überreden, das Herzogtum Bretagne dem gemeinsamen Sohn und französischen Thronfolger zu vermachen, was automatisch den Anschluß an Frankreich bedeutet hätte. Doch nach dem Tod Claudes machte François I. selbst der bretonischen Unabhängigkeit den Garaus, indem er die bretonischen Landstände zwang, der Angliederung an Frankreich zuzustimmen. 1532 wurde in Nantes die "ewige Union des Landes und Herzogtums Bretagne mit dem Königreich Frankreich und der französischen Krone" verkündet - allerdings mit gewissen Vorbehalten. So sollte die Bretagne als gleichberechtigter, nicht unterworfener Teil Frankreichs gelten, französische Steuern sollten in der Bretagne nur nach Zustimmung des bretonischen Stände-Parlaments erhoben werden dürfen, Bretonen brauchten außerhalb ihres Landes keinen Militärdienst leisten etc. Die konsequente Mißachtung dieser Vorbehalte durch die Krone führte jedoch zwangsläufig zu einem Aufstandsversuch unter dem Marquis de Pontcallec, der mit der Enthauptung des Adligen 1720 auf dem heutigen Place du Bouffay in Nantes beendet wurde.

Zuvor jedoch sollte in Nantes mit dem berühmten, Glaubensfreiheit zubilligenden Edikt europäische Geschichte geschrieben werden. Mit dem Amtsantritt von Henri IV. war Unerhörtes geschehen, hatte nämlich erstmals ein Protestant die Krone von Frankreich errungen. Es gelang ihm zunächst nicht, den vereinigten katholischen Widerstand zu brechen, Henri IV. besaß den Titel, aber kein Königreich. Besonders in der Bretagne, wo der Katholizismus sehr tief verwurzelt war, kam es zum offenen Aufruhr unter der Leitung des bretonischen Herzogs und Militär-Gouverneurs Mercoeur, der, auf spanische Unterstützung hoffend, die Chance nutzen wollte, um wieder eine unabhängige Bretagne mit der Hauptstadt Nantes zu etablieren. Er verweigerte dem König den Gehorsam und verlieh seinem Sohn Philippe den Titel eines "Prinzen und Herzogs der Bretagne". 1492 siegten Mercoeurs Truppen, unterstützt von spanischen und englischen Einheiten, bei Craon in Anjou. Mercoeur gab seine feindselige Haltung auch dann nicht auf, als sich der clevere Henri IV. 1593 zum Konfessionswechsel entschloß. Mit dem Vorwand, daß er einen erst so kurze Zeit konvertierten König nicht anerkennen könne, behauptete er sich noch einige Zeit an der Spitze der Ultra-Katholiken, wurde dann jedoch von den Truppen des französischen Königs geschlagen, obwohl er die Befestigungsanlagen in Nantes erheblich hatte ausbauen lassen.

Die Loire-Brücke St-Nazaire/St-Brévin

Mit dem Erlaß des Edikts von Nantes konnte Henri IV. 1598 nicht nur die Religionskriege beenden, sondern auch die nationale Einheit und den inneren Frieden wiederherstellen sowie die königliche Autorität wieder voll zur Geltung bringen. Die wichtigsten Bestimmungen des Edikts lauteten: Den Protestanten wurde freie Kultausübung überall dort zugestanden, wo es im Jahr 1597 protestantische Gemeinden gab (einige Großstädte mit Paris an der Spitze ausgenommen). Den Protestanten wurde freier Zugang zu allen Ämtern gewährt, ihren Kindern freier Zutritt zu den Schulen, die Familienväter konnten über die Konfessionszugehörigkeit ihrer Kinder entscheiden etc. Als Gegenleistung mußten

die Protestanten das während der Kriege konfiszierte Kirchengut zurückgeben und der katholischen Kirche wieder den Kirchenzehnt leisten.

War Nantes Anfang des 18. Jahrhunderts schon eine wohlhabende Stadt, so wurde der Reichtum noch erheblich ausgebaut durch den Sklavenhandel (siehe REISEN & ERLEBEN). Es war aber auch die Zeit der kühnen Nantaiser Piraten mit Jacques Cassard (1679-1740) an der Spitze, der im Jahr 1713 beispielsweise die Holländischen Antillen heimsuchte und völlig ausraubte. Auch die Schiffahrt Loire-aufwärts blühte, die Segelboote waren als Transportmittel konkurrenzlos und wurden erst mit der Einführung der Eisenbahn außer Dienst gestellt. Während der Französischen Revolution hatte Nantes ein schweres Blutzoll zu entrichten (siehe REISEN & ERLEBEN), im Ersten Weltkrieg war es ein wichtiger Versorgungsstützpunkt für englische und amerikanische Truppen, während des Zweiten Weltkriegs hatte es schwer unter dem alliierten Bombardement, ganz besonders vom 16. bis 23. September 1943, zu leiden.

Im Laufe der Geschichte hat Nantes eine Reihe berühmter Persönlichkeiten hervorgebracht; zu nennen sind etwa Pierre Abelard, Jules Vernes oder Aristide Briand. Die Folk-Gruppe Tri Yann nicht zu vergessen, die mit ihren teils in französischer, teils in bretonischer Sprache gesungenen Liedern zum musikalischen Botschafter und Aushängeschild der modernen Bretagne geworden ist. Heute ist Nantes eine pulsierende Metropole mit 245 000 Einwohnern, die mit ihrem südländischen Flair und der Vielzahl von Sehenswürdigkeiten einen Besuch unbedingt lohnt. Wenn beim Flanieren der kleine Hunger naht, sollte man in einem Restaurant einkehren, das ein Fischgericht mit der berühmten Beurre blanc anbietet; denn diese Sauce, basierend auf Essig, Butter, Schalotten und weißem Pfeffer, wurde im Vorort St-Julien-de-Concelles von Clémence Lefeuve (1860-1932) in ihrem kleinen Restaurant kreiert.

Nantes, am Zusammenfluß von Loire und Erdre gelegen, scheint fest auf dem Boden zu stehen. Doch die Geschichte lehrt, daß es sich bei dieser Stadt in Wirklichkeit um ein Archipel handelt, zusammengesetzt aus einer ganzen Reihe von Inselchen, die allerdings längst unter Beton

und Teer verschwunden sind. Damit hat die Hauptstadt des Departements Loire-Atlantique vieles gemeinsam mit den ihr westlich vorgelagerten, sumpfigen Landesteilen, dem Pays de Retz südlich der Loire und der Halbinsel Guérande nördlich des Flusses. Sie bilden zusammen einen 130 Kilometer langen Küstenstreifen, im Süden Côte de Jade getauft mit Badeorten wie St-Brévin, Préfailles, La Plaine-sur-Mer, Pornic, La Bernerie oder Bourgneuf-en-Retz, im Norden romantisch Côte d'Amour genannt mit schönen, teils mondänen Stränden in St-Nazaire, St-Marc, Pornichet, La Baule (wo man für ein Strand-Appartement ca. 30 000 Francs den Quadratmeter hinblättern darf), Le Pouliguen, Batz-sur-Mer oder Le Croisic. Das Pays de Retz kann zudem mit einem See aufwarten, dem Lac de Grand Lieu, dessen Fläche sich das Jahr über verändert: Im Sommer breitet er sich auf ca. 4000 Hektar aus, im Winter sind es 6300 Hektar, womit er dann der größte See Frankreichs ist.

Morgendlicher Ausritt am Strand von La Baule

Die Halbinsel Guérande ist nicht nur ihrer Strände und Badeorte wegen berühmt und sehenswert, sondern auch wegen La Grande Brière und den Marais Salants, Landschaften aus Wasser und Erde zugleich. "Nirgends ist der Mensch weiter von der Erde entfernt, nicht mal auf einer Insel oder im winzigsten Dorf, als in einem Dickicht von Zaunkönigen und Kapaunen, in dessen Wasser sich nur Fischer wohlfühlen." Seit Alphonse de Châteaubriant (1877-1951) diese Zeilen in seinem Buch "La Brière" (1923 erschienen) schrieb und damit das melancholisch-stille Moor bekannt machte, ist zwar viel Zeit vergangen, doch das Gesicht des nach der Camarque zweitgrößten französischen Sumpfgebietes hat sich kaum verändert, wenn man mal von der Erschließung durch die D 50 absieht, die die einzelnen Dörfer, Weiler oder besser Inseln miteinander verbindet. Inseln deshalb, weil die Häuser auf Granitfelsen errichtet wurden, die umgeben sind von endlos weiten Brachflächen samt Schilf, Gräsern, Iris und Seerosen, durchzogen von Kanälen, auf denen

noch immer die flachen Kähne fahren, angetrieben von Menschenkraft mittels einer langen Stange (die Motorboote sollte man nicht verschweigen, aber besser übersehen). In der Frühzeit war die Grande Brière, die auch Grande Brière Mottière genannt wird (motte = Torfbrikett), eine von Tälern durchzogene Beckenlandschaft, die bei einer Flutkatastrophe völlig überschwemmt wurde. Das Wasser konnte

nicht mehr richtig abfließen, da Schwemmlandablagerungen der Loire eine Art natürlichen Deich bildeten. Die Wasserpflanzen verwandelten sich in Torf, in dem auch noch Fossilien von Bäumen, die sogenannten Mortas, zu finden sind. Schon in der Jungsteinzeit war das Gebiet besiedelt, später begannen die Bewohner, das Sumpfgebiet durch Drainagegräben trockenzulegen und nutzbar zu machen. Sie lebten vom Torfabbau als Brennstoff und Dünger, dem Sammeln von Ried zum Bau der Strohdächer, dem Fischfang und der Jagd. 1461 hatte Herzog François II. den Bewohnern der Brière den ungeteilten Besitz des Moorgebietes übertragen. Noch heute profitieren die Einheimischen von diesem Privileg, aber das Moor ernährt seine Bewohner nicht mehr; die meisten arbeiten in St-Nazaire, stechen Torf nur noch in ihrer Freizeit und freuen sich, wenn ein Aal, ein Hecht, eine Schleie oder ein Rotauge gefangen werden kann, Wild vor die Flinte läuft oder die Schaf- bzw. Geflügelzucht einen kleinen Ertrag abwirft.

Die Grande Brière erstreckt sich über eine Fläche von 6 700 Hektar und ist Teil des 40 000 Hektar großen Parc Naturel de Brière, einem 1970 ins Leben gerufenen regionalen Naturpark, dem 18 Gemeinden angeschlossen sind. Sein vorrangiges Ziel ist es, den Park als Sumpfgebiet zu erhalten, den Bestand des Tier- und Pflanzenreichtums zu bewahren, darauf zu achten, daß die Häuser, chaumières genannt, im Kerngebiet der Grande Brière nur mit dem typischen Reetdach eingedeckt werden und nicht zuletzt den Tourismus zu fördern. Wer diese Region erkunden möchte, sollte sich daher mit einem Kahn durch das Kanal-Labyrinth geleiten lassen, z. B. ab der Ile de Fédrun, dem meistbesuchten Moordorf, und auf der Tour keinesfalls versäumen, den originalgetreu restaurierten Weiler Kerhinet eingehend zu besichtigen.

Die Marais Salants (Salzsümpfe) sind der Grande Brière zum Meer hin vorgelagert, auch ihre Entstehung wird der schon angesprochenen Flutkatastrophe zugeschrieben. Erstmals schriftliche Erwähnung fanden sie im 9. Jahrhundert. Die Menschen hatten schon früh erkannt, daß hier durch einfache Verdunstung bestes Salz gewonnen werden konnte. Bis zur Französischen Revolution war es für die Einheimischen ein einträgliches Geschäft, denn ein altes Pri-

Die kanaldurchzogene Grande Brière bei der Ile de Fédrun

Salzgärten bei Batz-sur-Mer, die das berühmte Guérande-Salz liefern

vileg erlaubte es ihnen, das Salz völlig zoll- und steuerfrei in der Bretagne zu handeln und zu transportieren. Heute haben die Paludiers (Salzarbeiter) schwer unter der Konkurrenz durch die Camarque und natürlich die großindustriellen Salzerzeuger zu leiden. Dabei zeichnet sich das Salz der Guérande durch einen unvergleichlichen Geschmack aus, ist reich an Magnesium und wird unter dem Qualitäts-Zertifikat "Label Rouge" vertrieben. 250 Familien leben heute noch vom Salzabbau, ihnen stehen 1 800 Hektar Salzgärten mit 8 000 Becken (oeillets) zur Verfügung mit den beiden Zentren Guérande und Mesquer. Angesichts der sieben Millionen Tonnen Salz, die jährlich in Frankreich produziert werden, nehmen sich die 10 000 Tonnen Guérande-Salz (nur die Top-Qualität, das sogenannte gros sel) allerdings mehr als bescheiden aus. Bei Flut wird das Meerwasser durch Kanäle in die von kleinen Erdhügeln eingefaßten, schachbrettartig angelegten Salzgärten geleitet. Über ein Klärbecken gelangt es schließlich über verschiedene Verdunstungsbecken in immer flachere Becken, bis schließlich das Kochsalz in den ca. 70 Quadratmetern großen oeillets kristallisiert. Geerntet wird von Juni bis September. Dabei schürft der Salzarbeiter zunächst mit einer flachen Schaufel ("lousse") die sich an der Oberfläche gebildete Salzschicht ab (das nicht so hochwertige wird "sel menu" oder auch "fleur de sel" genannt, pro Tag und oeillet werden drei bis fünf Kilogramm geerntet). Danach wird das grobe oder auch graue Salz ("gros sel" oder "sel gris") mittels ei-

nes großen, flachen Rechens ("lasse") herausbefördert (40 bis 70 Kilogramm pro Tag und oeillet). Außerhalb der Erntezeit sind die Paludiers mit Instandhaltungsarbeiten in den Salzgärten beschäftigt. Wer noch mehr Einzelheiten über die Salzgewinnung erfahren möchte, hat dazu in Museen in Batz-sur-Mer, Saillé oder Guérande ausreichend Gelegenheit.

Es wurde schon anfangs die wirtschaftliche Vormachtstellung des Departements Loire-Atlantique im Rahmen der Bretagne angesprochen. Sie basiert auf verschiedenen Wirtschaftszweigen mit der Lebensmittel verarbeitenden Industrie (vor allem Backwaren, z. B. die berühmten Biscuits, Fischkonserven oder Fleischverarbeitung), dem Schiff- und Flugzeugbau (bei St-Nazaire angesiedelt, der Schiffbau ist der wichtig-

ste Arbeitgeber der Region) und dem Dienstleistungsgewerbe an der Spitze. Die Landwirtschaft spielt keine so große Rolle wie in den übrigen vier bretonischen Departements. Es wird vor allem Getreide angebaut. Bei der Viehzucht wird das Schwergewicht auf Schweine und Rinder gelegt. Nicht zu vernachlässigen ist die Weinproduktion, kommen doch jährlich ca. eine Million Hektoliter Rebensaft, vornehmlich Muscadet, zusammen. Nimmt Port-Atlantique, der Hafen von St-Nazaire/ Nantes, mit seinem hohen Umschlag an Industrie-Produkten und Rohstoffen immerhin den vierten Rang in der französischen Hafen-Rangliste ein, so kann die Fischerei im Departement Loire-Atlantique von einem Spitzenplatz nur träumen. Zwei bedeutendere Häfen gibt es mit La Turballe und Le Croisic, die vor allem für ihren Sardinen- und Makrelenfang bekannt sind. Aber auch Seezunge und Wolfsbarsch werden in größeren Mengen angelandet, wobei der Nahrungsreichtum der Loire-Mündung den Jungtieren zugute kommt. Bei den Krustentieren sind vor allem Hummer und Langustinen zu nennen, bei den Schalentieren konzentriert sich die Zucht auf Austern, Miesmuscheln, Vongola und Herzmuscheln - von den Top-Küchenchefs des Departements zubereitet sind sie allesamt eine Delikatesse.

Beliebte Freizeitbeschäftigung: Muschel- und Kleintiersuche bei La Baule

SALZ, SÜMPFE, STRÄNDE

Architektonisches Meisterwerk:
Passage Pommeraye in Nantes

Eine Erklärung scheint angesagt, denn streng genommen zählt das Land um Nantes heute nicht mehr zur Bretagne. Im Zuge einer Verwaltungsreform Mitte der 60er Jahre wurde daraus das Departement Loire-Atlantique gebildet. Und vieles spricht tatsächlich dafür, hier einen Schnitt zu machen und die Region um die Loire-Mündung heute separat zu betrachten (siehe LAND & LEUTE). Doch die jahrhundertelangen geschichtlichen Bande, in denen Nantes die Hauptstadt der Bretagne war, können nicht einfach durch einen Pinselstrich der Pariser Zentrale gekappt werden. Ein Bretagne-Buch ohne Nantes, der pulsierenden Metropole mit einer großen Zahl kulturhistorischer Sehenswürdigkeiten, wäre schlichtweg unvollständig. Und es würde eben der fast schon mediterran angehauchte Teil der Bretagne fehlen mit seinem milden Klima, seinen Weinbergen, seinen feinen Sandstränden samt dem mondänen Badeort La Baule oder auch den salzigen Sümpfen der Halbinsel Guérande und dem vom Moor geprägten Regionalen Naturpark von Brière mit seiner Fläche von 40 000 Hektar.

ANCENIS   175 ☐ D3

Einst kämpferische Frontstadt und mit seinem **Château** ein starkes Bollwerk gegen französische Übergriffe, erschließt sich die bretonische Vergangenheit des ruhigen Loire-Städtchens heute nur noch aus der Geschichte. Gerade hier wurden so einschneidende Verträge wie der Anschluß an Frankreich oder das Edikt von Nantes

vorbereitet. Zudem wird der aus Deutschland über die Loire-Region anreisende Bretagne-Urlauber mit einem Vorboten der Megalith-Kultur begrüßt, denn vor der Stadt mit einigen hübschen alten Häusern weckt der **Pierre Couvretière** die Aufmerksamkeit, ein Dolmen, der auch **Pierre du Diable** (Stein des Teufels) genannt wird. Der Legende nach soll Gottvater dem Teufel nämlich das Angebot gemacht haben, alle Bewohner der Stadt in sein Höllenreich führen zu können, unter der einzigen Bedingung, daß der mit drei riesigen Steinen beladene Dämon die Stadt vor dem Weckruf des Hahns erreichen mußte (was dem Gehörnten natürlich nicht gelang; der Dolmen soll an den Vorfall erinnern).

BOURGNEUF-EN-RETZ   175 ☐ A4

Kaum zu glauben, aber im Mittelalter war Bourgneuf eine der wichtigsten Hafenstädte am Atlantischen Ozean, wobei vor allem der Salzhandel den Wohlstand der Einheimischen nährte. Selbst die Hanse ließ ihre Schiffe hier in großer Zahl vor Anker gehen, um das begehrte Meersalz für die Geschäfte mit dem Baltikum einzuladen. Heute haben die Ablagerungen der Loire Bourgneuf ein ganzes Stück von der Küste entfernt, nur noch im **Musée du Pays de Retz** (6, Rue des moines) ist die glorreiche Vergangenheit heute gegenwärtig. Den gleichen wirtschaftlichen Niedergang hat der Nachbarort Prigny erlebt, in dem aber die romanische **Chapelle St-Jean-Baptiste** durchaus einen Besuch lohnt (sehenswert eine Statue, Vierge de Sel).

CHATEAUBRIANT   175 □ C1

Liebe und Tod atmen die Mauern des **Château de Châteaubriant**, das sich aus einem mittelalterlichen Bauteil und einem in der Renaissance-Zeit von Jean de Laval hinzugefügten Trakt zusammensetzt. Und damit ist auch schon eine der Hauptpersonen

Gärten und historische Mauern des legendären Château de Châteaubriant

des menschlichen Dramas genannt, das sich hier abspielte. Jean, der Graf von Châteaubriant, hatte mit Françoise de Foix eine junge Frau geheiratet, deren Schönheit so einzigartig gewesen sein soll, daß sie der eifersüchtige Gatte vor Gott und der Welt verbarg. Als der französische Hof davon Kenntnis erhielt, sprach François I. beim Grafen vor, weil er die Bekanntschaft der vielgerühmten Dame machen wollte. Der clevere Jean schätzte die unlauteren Absichten des Königs zwar richtig ein, doch dem gelang es schließlich trotzdem, das liebe Kind zu seiner Mätresse zu machen, die nach geraumer Zeit allerdings durch eine andere Dame abgelöst wurde. Der Graf holte seine Frau zurück ins heimische Schloß und ließ Françoise in ein Zimmer einsperren, wo sie im Jahr 1537 starb (das Zimmer ist zu besichtigen) - ob allein durch einen ärztlichen Kunstfehler oder unter Mitwirkung des Grafen wurde nie aufgeklärt. Neben dem Schloß ist in der Stadt vor allem die Kirche **St-Jean-de-Béré** erwähnenswert. Im kleinen Nachbarort **St-Aubin-des-Châteaux** lohnt nicht nur die mittelalterliche **Chapelle des Templiers** einen Besuch, sondern es steht dort auch noch ein 3,50 Meter hoher Megalith, der **Menhir des Louères.**

CLISSON   175 □ C4

Eine mediterrane Stadt mit einer bretonischen Burg, dem **Château**, dessen erhaltene Bauteile eine Vorstellung von fünf Jahrhunderten Verteidigungsarchitektur erlauben - dieses seltsame Stadtbild läßt sich nur durch einen Blick in die Geschich-

te erklären. Denn die wohlhabende Stadt wurde in den Revolutionswirren der Jahre 1793/1794 fast vollständig zerstört - und dann nach den Vorgaben der Brüder Cacaut und deren Freund Lemot wieder aufgebaut, die dabei ihre Italien-Vorliebe zur Geltung brachten. Der Besucher muß sich also nicht wundern, wenn er beim Flanieren durch die Stadt - hinter den alten Hallen, die von der Feuerbrunst des Jahres 1793 verschont geblieben waren - auf römische Villen oder toskanische Landhäuser stößt. Oder vor den Toren der Stadt in **Garenne-Lemot** einen Park entdeckt, dessen idyllische und idealistische Landschaft einem Bild von Nicolas Poussin entsprungen sein könnte mit Grotten, Gartenplastiken, Säulen, Obelisken etc. - alles im Jahr 1805 entworfen und als **Parc de la Garenne** heute zu bestaunen. Selbst die Mühlen und Baumwollspinnereien, die am Sèvres-Ufer angesiedelt sind, sind größtenteils inspiriert de l'Italie. Von Schlössern wie dem **Château de la Noe de Bel-Air** (idyllisch über Weinbergen gelegen) beim nahen Vallet oder der **Oiselinière** (erbaut zwischen 1800 und 1830 in **Georges** gar nicht zu reden.

Selten: Windmühle bei Batz-sur-Mer

FEDRUN   175 □ A2

Die Insel Fédrun ist mit der interessanteste Flecken im sumpfigen Naturpark von Brière. Früher lebten die Bewohner hier von der Jagd und vom Fischfang, heute vom Tourismus. Da ist es kein Wunder, daß die traditionellen kleinen, weißfarbenen Häuser mit ihrem Schilf- bzw. Strohdach sorgsam restauriert werden, um das sehenswerte Erbe der Vergangenheit zu bewahren. Und auch alte Sitten und Gebräuche werden dokumentiert, z. B. im **Chaumière Brièronne**, einem Museum, in dem der Inselalltag zu Beginn unseres Jahrhunderts dargestellt wird, oder im **Maison de la Mariée**, in dem das einstmals hier gepflegte seltene Kunsthandwerk der aus Orangenblüten gefertigten Brautkronen vorgestellt wird. Ein ähnliches dörfliches Erscheinungsbild kann das östlich von Fédrun gelegene **Kerhinet** vorweisen, das zudem die Besucher mit dem 7,70 Meter langen, auf einem Hügel gelegenen **Dolmen de Kerbourg** anlockt.

GUERANDE   174 □ D3

Wehrmauern, gleichsam aus Salz gebaut, schließen die Kleinstadt ein und haben ihr ein mittelalterliches Erscheinungsbild bewahrt. Denn obwohl außerhalb der Salzsümpfe (**Marais Salants**) gelegen, hat Guérande mit seiner sehenswerten gotischen Kirche **St-Aubin**, einer Vielzahl alter Häuser und einem kleinen Heimatmuseum

Gleichsam aus Salz erbaut: Die trutzige Stadtmauer von Guérande

Café am mondänen Strand von La Baule

LA BAULE 174 □ D3

Tout le monde trifft sich in La Baule, dem mit Abstand mondänsten Badeort der Bretagne. Da kann selbst die vielgerühmte Côte d'Azur nicht mithalten, denn einen solch prächtigen Sandstrand, acht Kilometer feinste Körnchen, wird man dort vergeblich suchen. Mehr als 200 000 Sonnenhungrige geben sich in La Baule Jahr für Jahr ein Stelldichein; bis Ende September herrscht hier Hochsaison, was mit den günstigen klimatischen Voraussetzungen - durch vor dem Wind schützende Wälder und die Salzsümpfe des Hinterlandes - zusammenhängt. Wer sich nur in La Baule oder den benachbarten Gemeinden der Halbinsel Guérande aufhält und meint, er kenne die Bretagne, hat in Wirklichkeit nicht viel von diesem schönen Land gesehen. Denn der Kontrast zwischen La Baule und den übrigen mehr oder weniger stillen

Buchten der bretonischen Atlantikküste könnte kaum krasser sein. In La Baule ist Highlife rund um die Uhr angesagt, während andernorts eher der erholsame, familiengerechte Badeurlaub die Regel ist. Klar, daß sich die Mehrzahl der Damen am "schönsten Strand Europas" (so die - durchaus nachvollziehbare - Eigenwerbung) topless zeigen, um eine rundum Bräune zu erwerben. Selbstverständlich, daß ein Spaziergang entlang der Promenade, an der die Prachtvillen der Jahrhundertwende längst größtenteils funktionaleren Baukörpern gewichen sind, zum Pflichtprogramm der Beautiful People zählt - ebenso wie ein Shopping in den genauso chicen wie hochpreisigen Boutiquen der **Avenue du Général-de-Gaulle**. Sehen und Gesehenwerden scheint in La Baule oberste Maxime zu sein, was natürlich vom Touristenbüro in einem Hochglanzmagazin festgehalten wird. Klar, daß auch Lu-

(Musée du Vieux Guérande Porte St-Michel, 1, Place du Marhallé) doch seinen einstigen Wohlstand dem Handel mit dem Gewürz zu verdanken, der bis zur Französischen Revolution völlig zoll- und steuerfrei war. Auch heute wird das Sel de Guérande wieder hoch geschätzt wegen seiner wertvollen Inhaltsstoffe. Und es wird nach wie vor so natürlich gewonnen wie vor 1000 Jahren in schachbrettartig angelegten Salzgärten, in denen es sich nach und nach ablagert und in den Monaten Juni bis September abgetragen wird. Alles in Handarbeit, versteht sich. Wer näheres darüber erfahren möchte und das eine oder andere Päckchen Grobsalz als Mitbringsel für zu Hause erwerben möchte, kann im benachbarten **Saillé**, dem eigentlichen Zentrum der Meersalzgewinnung, das **Maison des Paludiers** (Haus der Salzarbeiter, Rue des prés Garnier) aufsuchen und sich anschließend einer Führung durch die Salinen anschließen. Außerdem zu empfehlen ist eine Visite des **Château de Careil**, einer wehrhaften Anlage mit schöner Renaissancefassade. Wem danach immer noch nach Salzigem zumute ist, kann über die D 774 auch noch zum nahen

Batz-sur-Mer fahren, in dessen **Musée des Marais Salants** (29, Rue Pasteur) ein Einblick in die tägliche Arbeit der Paludiers ermöglicht wird; vom Turm der Kirche **St-Guénolé** kann man zudem einen herrlichen Ausblick über die Salzgärten oder auf die Halbinsel Rhuys genießen.

HAUTE-GOULAINE 175 □ C3

Eine schöne Frau, La Belle Yolande genannt, soll das **Château de Goulaine** im 15. Jahrhundert mehrere Wochen gegen einen englischen Angriff verteidigt haben. Als sie erkannt hatte, daß weiterer Widerstand sinnlos war, wollte sie als letzten Ausweg den Freitod wählen - doch im letzten Moment war der Vater mit seinen Truppen zur Rettung zur Stelle. Anders als bei den meisten bretonischen Schlössern ist in diesem Bauwerk aus dem 15. Jahrhundert der Granit durch den Tuffstein ersetzt, und auch das Gesamtbild zeigt viel mehr Ähnlichkeit mit den berühmten Loire-Schlössern. Feinschmecker dürfte noch interessieren, daß in den umliegenden **Marais de Goulaine** eine florierende Zuchtstation für Hechte aufgebaut wurde.

xushotels (die in der Saison fast nur Pensions- bzw. Halbpensionsgäste akzeptieren), Galerien, ein Zentrum für Thalasso-Therapie und eine Vielzahl von Terrassencafés bzw. -bars nicht fehlen dürfen. Segeln, Golf, Tennis, Polo, alles, was "feine Leute" im Urlaub nicht entbehren können, ist hier natürlich möglich, auch das Geld-

Ruhiges Plätzchen in La Baule

ausgeben im Spielcasino. Wem's gefällt oder suum cuique, wie der Lateiner sagen würde. Als Gustave Flaubert hier weilte, gab es nur wildromantische Dünen. Das sah bei Apollinaire schon anders aus, denn 1913 war La Baule, das erst in den Jahren nach 1879 mit dem Anschluß an die Eisenbahn und der Anpflanzung großer Fichten- und Pinienwälder zur Festigung des sandigen Terrains aus einem Salz-Zöllner-Flecken allmählich hervorgewachsen war, schon auf dem besten Wege, sich zu einem internationalen Jet-Set-Treff zu mausern. Und zwischen 1880 und 1940 wurden jene Villen angelegt, die auch heute noch - jenseits der Küstenpromenade - ein Zeugnis von sehenswerter Seebäderarchitektur ablegen (und teilweise auch als kostspieliges Feriendomizil gemietet werden können). Auch die beiden Nachbarorte von La Baule, **Le Pouliguen** (westlich gelegen) und **Pornichet** (östlich), haben sich zu vielfrequentierten Badeparadiesen entwickelt.

LA CHAPELLE-GLAIN   175 ☐ D2

Es hat illustre Gäste beherbergt in seiner langen Geschichte, das **Château de la Motte-Glain**, das Ende des 15./Anfang des 16. Jahrhunderts erbaut wurde. So verbrachten König Charles VIII. und Herzogin Anne hier einige Tage im Jahr 1497, wobei sie sich offenbar nicht an der Baustelle störten. Und auch Charles IX. konnte seine Mutter Katharina von Medici 1565

überreden, im Schloß eine Etappe einzulegen. Der heutige Besucher kann neben den mit Mobiliar aus dem 17./18. Jahrhundert eingerichteten Räumlichkeiten auch ein Jagdmuseum besichtigen.

LE CROISIC   174 ☐ D3

Auf den Spuren von Honoré de Balzac wandeln kann der Tourist in diesem rührigen Ferienort. Denn der große Poet weilte hier im Jahr 1830, als er bei ausgedehnten Spaziergängen mit seiner Muse Laure de Berny die Region erforschte und sich für das Wechselspiel von Dünen, Sümpfen und felsigen Klippen begeisterte. Schließlich beginnt westlich von Le Croisic, an der **Pointe du Croisic**, die **Côte Sauvage** der Halbinsel Guérande. Auch der Schriftsteller Alfred de Musset, der hier den berühmten Maler Ingres traf, zählte zu den frühen prominenten Badegästen des Ortes. Die von Balzac noch so sehr gerühmte Wildnis, die ihn (bei diesem sinnenfrohen Menschen nur rein theoretisch) träumen ließ, das Leben eines Einsiedlers zu führen, wird man in der Saison natürlich vergeblich suchen. Aber dafür hat Le Croisic, ein bedeutendes Zentrum für Austern- und Muschelzucht, inzwischen andere interessan-

Reiche Ernte aus dem Meer

te Dinge zu bieten. Da ist zunächst das **Océarium** (Avenue de St-Goustan) zu nennen, das wenige Fragen zum Meer und seinen Bewohnern offenläßt. Auch das im **Hôtel d'Aiguillon**, einem Haus aus dem 17. Jahrhundert, untergebrachte Schifffahrtsmuseum (**Musée naval**, Mairie de Croisic) lohnt einen Besuch. Die prächtigen Häuser aus dem 18. Jahrhundert entlang der Quais legen Zeugnis ab vom Wohlstand, den sich Le Croisic einst durch den Salzhandel erworben hatte, auch einige alte Fachwerkhäuser sind in der Nähe noch zu bewundern.

LE GAVRE   175 ☐ B2

Hier hatten sich einst wohl Hund und Katze gute Nacht gesagt - oder besser Hirsch und Reh, denn mit letzteren beiden Worten läßt sich in etwa das keltische "gavr" übersetzen. Da es sich der bretonische Herzog Pierre de Dreux aber im 13. Jahrhundert in den Kopf gesetzt hatte, ausgerechnet in dieser Region ein Schlößchen zu bauen und er natürlich nicht ganz allein im Wald stehen wollte - sprich im ausgedehnten **Forêt du Gavre** -, lockte er seine Untertanen mit Steuerfreiheit und Waldnutzung hierhin. Flora und Fauna des Waldes sind denn auch eines der Themen, die den Besucher im **Maison Benoist** erwarten, einem kleinen Museum, etabliert in einem hübschen Haus aus dem 17. Jahrhundert, das der Gemeinde von einer Klavierlehrerin (!) vermacht wurde (2, Rue de Conquereuil). Auch im benachbarten **Blain**, einem Dörfchen, dessen Geschichte bis ins Jahr 843 zurückreicht, öffnet ein Museum seine Pforten, das **Musée des Arts et Traditions populaires du Pays Blinois** - Heimatkunde pur (Place de l'église); einen Besuch lohnt hier auch noch das **Château de la Groulais,** einstmals eine der wichtigsten bretonischen Festungsanlagen.

MACHECOUL   175 ☐ B4

Die Geschichte lehrt, daß dies ein gar schauerlicher Ort ist, dem das Grauen immanent ist. Denn hier lebte einst ein Mann, gegen den selbst ein Marquis de Sade ein Menschenfreund gewesen sein dürfte. Sein Name: Gilles de Rais. Dabei hatte es die Historie zunächst sehr gut gemeint mit dem Baron, der sich als junger Mann in den Dienst von Jeanne d'Arc stellte und für seine militärischen Verdienste zum Marschall von Frankreich ernannt wurde. Doch nach dem Tod der Jungfrau von Orleans zog er sich auf seine Güter zurück und verpraßte in kürzester Zeit sein enormes Vermögen. Die Hinwendung zur Schwarzen Magie schien dem sodomistischen Praktiken zugeneigten Adligen die einzige Rettung, denn seine Berater hatten ihm eingeredet, daß er Gold herstellen könnte, wenn er dem Teufel das Blut junger Kinder weihen würde. Im Verlaufe seines Prozesses, der mit dem Tod auf dem Scheiterhaufen im Jahr 1440 endete, wurde enthüllt, daß Rais mehr als 200 Kinder aus den Nachbardörfern umgebracht hatte. Da kann der Besucher, der sich die Ruinen des **Château**

de Gilles Rais anschaut, schon eine Gänsehaut bekommen, zumal hier 1793 wieder einige hundert Revolutionsanhänger von Royalisten einfach füsiliert wurden. Mon dieu, gegen soviel Schrecknisse hilft eigentlich nur ein Stoßgebet in der **Eglise de la Trinité** oder der **Chapelle des Calvairiennes** - auch ein Spaziergang entlang der imposanten Platanenallee (**Allée des Platanes**) kann vielleicht ein probates Mittel sein.

NANTES   175 □C3

Nantes ist eben anders! Eine typisch bretonische Stadt? Keineswegs - und eben doch ein wenig! Viele Jahrhunderte Hauptstadt der Bretagne und seit 1964 Capitale eines im Rahmen einer Verwaltungsreform geschaffenen, vom bretonischen Mutterland abgetrennten Departements Loire-Atlantique. Einst Sklaven-Hauptumschlagplatz,

Das wehrhafte Schloß der bretonischen Herrscher in Nantes' Altstadt

heute pulsierendes Handels- und Industriezentrum mit (die Vororte eingeschlossen) ca. 500 000 Einwohnern. Nantes ist halt eine Stadt, die es dem Touristen nicht gerade einfach macht, in ihr Innerstes vorzudringen. Das wird jeder Besucher sogleich bemerken, der sich - nach dem Durchqueren mehr oder weniger trister, gesichtsloser Vororte - den Hinweisschildern folgend der City nähert und diese dann, obgleich sich schon mittendrin befindend, nicht erkennen kann. Denn es gibt hier, historisch bedingt, nicht nur ein Zentrum, sondern gleich mehrere, getrennt bzw. verbunden

durch Plätze, Gärten, Straßen, Boulevards, Verkehrsschneisen; es gibt das mittelalterliche/frühneuzeitliche Nantes, das des 18. Jahrhunderts, des 19. und natürlich dasjenige des 20. Jahrhunderts, mit teilweise fließenden Übergängen. Und Nantes, das als erster Künstler der berühmte englische Malerfürst William Turner 1826 in Aquarellen festhielt, hat natürlich auch Geschichte geschrieben. Nicht nur im kleinem wie der frühen Entwicklung der seinerzeit revolutionären Konservenindustrie ab den 20er Jahren des 19. Jahrhunderts oder der Einführung einer der ersten, nicht mehr mit Pferdekraft betriebenen Straßenbahnen im Jahr 1876, die auch heute noch, ungewöhnlich für bretonische Cités, das Straßenbild bestimmen. Auch die große Historie hatte sich Nantes nur zu oft als Schauplatz gewählt. Die strategische Lage am Zusammenfluß von Loire und Erdre hatten schon gallische Völker zu schätzen gewußt. Und auch die Römer pflegten hier die Stadtkultur, die allerdings in der Völkerwanderungszeit und noch mehr unter den Angriffen der Normannen leiden sollte. Im Jahr 939 wurden letztere allerdings von Alain Barbe-Torte, dem Sohn eines bretonischen Stammesführers, vertrieben, der sich daraufhin zum Herzog wählen ließ. Das mittelalterliche Nantes gelangte zu großem Wohlstand durch den Handel mit Getreide, Loire-Weinen sowie dem im Guérande-Gebiet gewonnenen Salz. Im Jahr 1532 wurde an der Loire - und noch nicht in Rennes, dem immer stärker wer-

Mosaik im Cours des Cinquante Otages

denden Konkurrenten um die Capitale der Bretagne - der Anschluß an das französische Königreich verkündet. Und 1598 unterzeichnete Henri IV. in Nantes das berühmte, die Glaubensfreiheit zubilligende Edikt. Zu dieser Zeit hatte sich die Stadt einem mehr als einträglichen Geschäft zugewandt, dem Sklavenhandel, der so gigantisch florierte, daß Nantes Ende des 18. Jahrhunderts der bedeutendste französische Hafen war. Bei dem bestens organisierten Deal tauschten die französischen Reeder in Guinea verschiedene Waren gegen "Ebenholz", wie die Ware Mensch genannt wurde, ein, verschifften die Sklaven auf die Antillen und beluden dort ihre Schiffe mit Zuckerrohr, Kaffee und Baumwolle. Bei einer Gewinnmarge von 200% stellte selbst ein Mann des Geistes wie Voltaire seine aufklärerischen Bedenken zurück und investierte 5000 Livres in ein Sklavenschiff. Die Sklaverei schloß ein frühes Eintreten der Stadt für die freiheitlichen Ideen der Französischen Revolution nicht aus. Allerdings hatten sich viele Royalisten nach Nantes geflüchtet, was 1793 eine Strafexpedition seitens des Nationalkonvents zur Folge hatte. Da die Gefängnisse bereits überfüllt waren und die Guillotine überlastet, machte der Pariser Gesandte Jean-Baptiste Carrier kurzen Prozeß und ließ 5000 Menschen einfach in der Loire ertränken. Nachdem der einträgliche Rohrzucker dem Rübenzucker weichen mußte, mußte sich die Stadt wirtschaftlich neu orientieren, was ihr bis heute durch den Aufbau einer modernen Schwer-, Lebensmittel- und Elektroindustrie trefflich gelungen ist. Traditionell wird man eine Stadtbesichtigung in der Vieille Ville beginnen. Das kann man natürlich auch in Nantes tun, zumal Kathedrale und Schloß hier beheimatet sind. Mit dem Bau des heutigen **Château des Ducs de Bretagne** wurde im Jahr 1466 begonnen. Es zeigt sich von

Wenn es Abend wird in Nantes: Ein Altstadtbummel lohnt sich allemal

außen überaus wehrhaft, das Interieur wirkt hingegen durchaus wohnlich; kein Wunder also, daß eine ganze Reihe von französischen Königen hier Quartier nahmen. In einem seiner Türme - sehenswert vor allem der **Tour de la Couronne d'Or** (Turm der Goldenen Krone) - wurde die Herzogin von Berry gefangengehalten, die 1832 gegen den Bürgerkönig Louis-Philippe intrigiert hatte; ihre Festnahme kann heute nur erheitern, denn sie hatte sich in einem benachbarten Haus in einem Kamin versteckt und wurde erst entdeckt, als die Soldaten darin ein Feuerchen anzündeten. Neben den herzöglichen Gemächern (interessant vor allem das **Grand Logis**) beherbergt das Schloß auch zwei Museen, **Musée d'Art poplaire régional** (Heimatmuseum) und **Musée des Salorges** (Marinemuseum). Vor dem Besuch der benachbarten Kathedrale empfiehlt sich vielleicht ein entspannender Spaziergang durch mittelalterliche Straßen bis hin zur Kirche **St-Croix** (die allerdings selbst erst aus dem 17. Jahrhundert stammt). Sehr pittoresk ist beispielsweise die **Rue de la Juiverie**, wo im 13. Jahrhundert ein schlimmes Juden-Progrom stattfand und heute - wie auch in der benachbarten **Rue des Chapeliers** - eine Unzahl von exotischen Restaurants (vor allem Chinesen, Türken und Griechen) anzutreffen sind. Die **Rue de la Marne**, ebenfalls Fußgängerzone, führt direkt zur **Cathédrale St-Pierre-et-St-Paul**, die trotz langer Bauzeit - 1434-1891 - einen stilistisch geschlossenen Eindruck (prächtigste Gotik) macht. Der für die Bretagne völlig untypische Verzicht auf Granit als Baumaterial ermöglichte ein mit 37,50 Metern ungemein hochstrebendes Schiff. Unter den zahlreichen Sehenswürdigkeiten sei nur das **Tombeau de François II. et de Marguerite de Foix** hervorgehoben, wohl mit die bedeutendste Grabmalkunst der französischen Renaissance. Gleich hinter der **Porte St-Pierre**, einem Stadttor aus dem 15. Jahrhundert, oder auch der **Psalette** (ehemaliges Kapitelhaus aus dem 15. Jahrhundert) gelangt man gen Osten zum **Musée des Beaux-Arts** (10, Rue Georges Clemenceau), das eine erstklassige Sammlung bedeutender Malerei vom 13. bis 20. Jahrhundert zeigt. Nur einen Steinwurf weiter sieht man den **Jardin des Plantes**, der 1805 angelegt wurde und mit seinem erlesenen Pflanzenbestand eine der grünen Lungen der Stadt darstellt. Will man die Stadtvisite chronologisch fortsetzen, so müßten nun die Quartiers des 18. Jahrhun-

derts an die Reihe kommen. Doch keine Angst, große Sprünge brauchen deswegen nicht gleich gemacht zu werden. Denn architektonische Zeugen des 18. Jahrhunderts, der wirtschaftlichen Hochzeit Nantes, finden sich fast über die gesamte Stadt verteilt, besonders aber auf der einstigen, ab dem Jahr 1930 trockengelegten **Ile Feydeau** (dort vor allem die **Rue Kervégan**) und am **Quai de la Fosse** (einstige Paläste

die **Passage Pommeraye** zu nennen ist, die eine Verbindung herstellt zwischen Rue Crébillon und Rue de la Fosse, an der die ebenfalls von Crucy erbaute **Bourse** (Börse) liegt. Unbedingt ansehen, wirklich ein Traum von einer Passage (1843 erbaut) mit Putten, kannelierten Säulen oder Schmiedeeisernem, die locker die modernen Mailänder Prunkbauten in den Schatten stellt. Von der Cours Cambronne sind

19. Jahrhundert war Pornic sehr en vogue. Bekannte Persönlichkeiten gaben sich hier ein Stelldichein, von Gustave Flaubert über Louis Pasteur bis hin zu Auguste Renoir, der hier u.a. sein Bild "Pornic la plage" malte. Selbst Lenin ließ es sich trotz aller kommunistischer Ideen nicht nehmen, gemeinsam mit seiner Frau einen Sommerurlaub im Jahr 1910 hier zu verbringen, im **Maison de Lenin** (3, Rue Mon-Désir). Auch wenn vom einstigen **Château** nur noch Ruinen zu sehen sind, lohnt sich ein Rundgang durch die Stadt, die in einigen Quartiers ihren mittelalterlichen Charakter bewahrt hat. Die im 18. Jahrhundert erbaute Treppe **Escalier Galipaud** verbindet die Stadt mit dem Hafen und dem alles überragenden Leuchtturm, dem **Phare de la Noeveillard.** Auch die Prähistorie hat in Pornic mit einem Fürstenhügel, dem imposanten **Tumulus des Mousseaux,** ihre Spuren hinterlassen.

ST-NAZAIRE 175 □ A3

Eine Stadtbesichtigung kann man sich getrost sparen. Denn ähnlich wie Brest oder Lorient hat St-Nazaire schwer im Zweiten Weltkrieg gelitten. Als deutscher U-Boot-Stützpunkt war die Stadt stark umkämpft und wurde erst im Mai 1945 den Alliierten übergeben. Und die neue, am Reißbrett entworfene Stadt mit breiten Straßenschluchten oder uniformen Häusermeilen wird niemandem gefallen. Aber die Fahrt in die mit 65 000 Einwohnern zweitgrößte Cité des Departements ist dennoch überaus lohnenswert - wegen ihres Hafens. Dessen Aufstieg begann erst Mitte des 19. Jahrhunderts, als die Schiffe mit ihren immer größeren Tonnagen und entsprechend mehr Tiefgang nicht mehr die Loire bis Nantes hinauffahren konnten. Heute werden hier die größten Passagierschiffe der Welt gebaut, angefangen von der "Normandie" (1932) oder "France" (1960) bis hin zu "Sovereign of the Seas" (1987) oder "Majesty of the Seas" (1992, 73 000 Bruttoregister-Tonnen, 2 767 Personen). Einen guten Überblick über die weitläufigen Anlagen hat man von der Aussichtsterrasse aus, in deren Nähe in einem Bunker das U-Boot **Espadon** (erbaut 1957, das erste französische U-Boot, das unter Polareis navigierte) besichtigt werden kann. Ebenfalls im Hafen beheimatet ist das **Ecomusée,** ein Heimatmuseum, in dem sich alles um den Schiffbau dreht (samt Modellen der größten Schiffe).

Halb Burg, halb orientalischer Palast: Der Tempel von Yerusaleme Pontchâteau

der Kaufleute und Reeder); das **Quartier Graslin** und die **Cours** nicht zu vergessen. Letztere beginnen zwischen Kathedrale und Musée des Beaux-Arts und man kann ihnen, auf den Spuren des goldenen Zeitalters wandelnd, folgen bis eben zum Quai de la Fosse und dem dortigen **Musée de l'Imprimerie** (No. 24, Druckereimuseum). Das Ende des 18. Jahrhunderts von Mathurin Crucy geschaffene **Quartier Graslin** mit den sehenswerten **Place Royale** und **Place Graslin** (samt klassizistischem Theaterbau), der **Rue Crébillion** (heute die chicste Einkaufsmeile), **Musée d'Histoire naturelle** (Museum für Naturgeschichte, 12, Rue Voltaire) oder dem **Cours Cambronne** (ein dem Pariser Palais-Royal ähnlicher, häuserumstandener Hofgarten) leitet über zur Stadt des 19. Jahrhunderts, für die als größte architektonische Attraktion

es nur wenige Schritte zu zwei weiteren Museen, dem **Musée Dobrée** (Haus des Reeders und Kunstsammlers Thomas Dobrée aus dem 19. Jahrhundert) sowie dem **Musée Archéologique** (Place Jean-V). Und wer auch noch einem berühmten, 1828 in Nantes geborenen Schriftsteller seine Reverenz erweisen möchte, kann dies im **Musée Jules Verne** (3, Rue de l'Hermitage) gern tun, zumal auch noch das **Musée de la Poupée** (Puppenmuseum, 39, Boulevard St-Aignan) auf der Strecke liegt.

PORNIC 175 □ A4

Seine Gründung wird dem Neffen des sagenhaften Königs von Ys, Budick, zugeschrieben. Und seine schönen Strände haben Pornic den Beinamen "Bretonisches Trouville" eingebracht. Besonders im

151

DIE HEIMAT DES MUSCADET

Speisen in hochherrschaftlicher Umgebung: Castel Marie-Louise

Dank des Departements Loire-Atlantique kann sich die Bretagne auch unter die Weinbau-Regionen Frankreichs einreihen. Schon die römischen Legionen hatten die Reben im Pays Nantais eingeführt. Im berüchtigten Winter des Jahres 1709 waren allerdings alle Pflanzen erfroren, beim Neuanfang setzten die Winzer fast nur noch auf Weißwein, indem sie vor allem die Rebsorte Melon de Bourgogne anpflanzten, die in dem 12 000 Hektar gro-

ßen Weinbaugebiet - größtenteils östlich bzw. auch südöstlich von Nantes gelegen - Muscadet genannt wird. Der Muscadet ist eine frühreifende Traube, die an sonnenreichen Hängen auf eher leichten, steinigen Böden angebaut wird und im September, manchmal auch schon im August gelesen werden kann. Seine leichte Art mit maximal 12,3% Alkohol und der von Natur aus geringe Säuregehalt machen den Muscadet oxidationsanfällig. Um dies zu

verhindern, wird er in der Regel bis zum Abfüllen in die Flasche auf der Hefe ("sur lie", wird auf dem Etikett hervorgehoben) im Faß belassen. Ein solcher Muscadet kann daher etwas natürliche Kohlensäure enthalten, was dem Wein eine prickelnde Spritzigkeit verleiht. Der Muscadet, der längst auch in deutschen Landen viele Freunde gewonnen hat, ist ein leichter und trockener Tropfen, der frisch, d. h. jung, getrunken werden will und als solcher ide-

al zu den fruits de mer paßt. Auch zu einem Loire-Hecht kann man ihn wählen, sofern die Sauce nicht zu kräftig ist. Es gibt im Pay Nantais gleich drei Muscadet-Appellationen (streng begrenzte Anbaugebiete mit gesetzlicher Kontrolle): Muscadet (ohne weiteren Zusatz), Muscadet des Coteaux de la Loire sowie Muscadet de Sèvre-et-Marne (aus diesem letzten Gebiet stammen die besten Gewächse). Neben dem Muscadet werden im Pays Nantais noch weitere Weine angebaut; mengenmäßig am bedeutendsten ist dabei der Gros Plant, aus der Folle-Blanche-Traube gewonnen, ein leichter, schlichter Wein mit herzhafter Säure, den man in jeder Kneipe ausgeschenkt bekommt. Interessanter sind schon die Weine der Coteaux d'Ancenis, wobei vor allem die Roten aus der Gamay-Noir-Rebe durchaus auch zur berühmten Nantaiser Ente mit Trauben passen könnten.

ANCENIS   175 □ D3

AUBERGE DE BEL AIR   ✕✕
Route d'Angers
Tel. 40 83 02 87
Geneviève und Jean-Paul Gasnier haben jüngst ihr Domizil in ein altes Bürgerhaus verlegt, dessen Speisesaal einen schönen Blick auf die Loire ermöglicht und zudem über eine gepflegte Terrasse verfügt. In behaglichem Rahmen kann man sich hier Speisen wie Hummer-Ragout in Champagner-Creme oder Kalbsbries in Honig munden lassen. ①②

BASSE-GOULAINE   175 □ C3

VILLA MON REVE   ✕✕
Route des bords de Loire
Tel. 40 03 55 50
Sie ist wirklich ein Traum, diese Villa am Ufer der Loire, gar nicht weit von Nantes entfernt gelegen. Hier haben Cécile und Gérard Ryngel eine Oase für Feinschmecker geschaffen, die sich in dem mit erlesenem Mobiliar, üppigem Blumenschmuck und feiner Tafelkultur ausgestatteten Restaurant garantiert pudelwohl fühlen werden. Der Patron setzt auf die klassisch-regionalen Gerichte wie Salat von Jakobs-

muscheln in Himbeeressig, Loire-Hecht in Beurre blanc oder Ente Challandais in Muscadet-Sauce. Sehr gute Weinkarte mit 180 Positionen, darunter erstklassige lokale Tropfen. ①②

CHATEAUBRIANT   175 □ C1

LE POELON D'OR   ✕✕
30 bis, Rue du 11 Novembre
Tel. 40 81 43 33
Mitten im Ortszentrum, zwischen Mairie und Post, findet der Gast dieses von Serge Arboli geführte Haus. Das Interieur ist behaglich-rustikal gehalten, die Küche des Patrons zeichnet sich durch klassischen Pfiff aus, wie wir nach Speisen wie Chateaubriand mit Gänsestopflebersauce oder der Dessert-Symphonie erfreut feststellen konnten. Umfangreiche Weinkarte mit fast 200 Kreszenzen. ①②

CLISSON   175 □ C4

LA BONNE AUBERGE   ✕✕✕
1, Rue Olivier de Clisson
Tel. 40 54 01 90
Das Restaurant von Serge Poiron ist einem Wintergarten nicht unähnlich. Es handelt sich um eine lichte Räumlichkeit mit Steinfußboden, dekorativem Pflanzen- bzw. Blumenschmuck, pastellfarbenen, hochlehnigen Stühlen und einer erlesenen Tafelkultur. Der Hausherr ist für eine superbe Küche bekannt, bei der Haute und Nouvelle Cuisine eine wunderbare Symbiose eingehen. Zu seinen Spezialitäten zählen Offerten wie Pochierter Zander in Austern-Jus oder Entenbrust mit frischen Feigen. ①②③

GUERANDE   174 □ D3

LA CAUSERIE   ✕
Saillé, 16, Rue des Près-Garnier
Tel. 40 42 33 10
Bei "La Causerie" handelt es sich um ein auf zwei Ebenen angelegtes, kleines Restaurant mit behaglich-rustikalem Interieur, in dem Patron Daniel Delahaye leckere Speisen wie Filet vom Wolfsbarsch in Himbeer-Butter oder Entenbrust mit kräftiger Sauce aufträgt. Kleine Weinkarte mit 20 Gewächsen. ①②

LA COLLEGIALE   ✕✕
63, Faubourg Bizienne
Tel. 40 24 97 29
Der lichte Speisesaal öffnet sich zu einem gepflegten Garten. Die Einrichtung ist überaus geschmackvoll und der Service freund-

lich-sachkundig. Schön, daß auch die Küche gehobene Ansprüche befriedigen kann, z. B. bei Hummer mit Kalbsbries auf exotische Art. ①②③

HERBIGNAC   174 □ D2

AUBERGE L'EAU DE MER   ✕
Ker-Moureau, Route de Guérande
Tel. 40 91 32 36
In den Sommermonaten bittet Marc Lambert die Gäste zum Dinieren in seinen blütenduftenden Garten und mag ihnen dort Gerichte wie Lachs gebraten im Salz von Guérande oder Tarte Tatin flambiert mit Calvados servieren. Weinkarte mit 60 Positionen. ①②

LA BAULE   174 □ D3

CASTEL MARIE-LOUISE   ✕✕✕
1, Avenue Andrieu
Tel. 40 11 48 38
Eigentlich viel zu schade, in diesem prächtigen bretonischen Schlößchen nur zum Speisen einzukehren, schließlich handelt es sich beim "Castel Marie-Louise" auch um eines der exquisitesten Hotels der Region (siehe RASTEN & RUHEN). Nun denn, trösten wir uns mit einem traumhaften Blick über die Parkanlage hinweg zum mondänen Strand, lassen wir uns begeistern von der sachkundigen Arbeit des exzellenten Service, oder schnalzen wir mit unserer Zunge still Beifall für die Gaumen-

freuden, die uns die Küche des Hauses bescherte, z. B.: Warme Austern mit Fenchel, Bretonischer Hummer gebraten in Gemüse-Butter oder Gebratener Steinbutt mit kleinen, in Butter karamelisierten Zwiebeln. ①②③

HERMITAGE ✗✗
5, Esplanade Lucien Barrière
Tel. 40 11 46 46

Luxus pur, das bietet das direkt am Strand gelegene Hotel "Hermitage" anspruchsvollen Gästen, nicht nur in seinen drei Restaurants, sondern vor allem auch in seinen exquisiten Zimmern und Suiten (siehe RASTEN & RUHEN). Im Gourmet-Restaurant samt angeschlossener Terrasse wird eine gute, klassische Küche geboten, für die Speisen wie Cannelloni gefüllt mit Krabbenfleisch an Krustentiersauce oder Lamm-Nüßchen in Oliven-Jus stehen sollen. ①②③

LA MARCANDERIE ✗✗✗
5, Avenue d'Agen
Tel. 40 24 03 12

Einen Steinwurf vom Kongreß-Palast entfernt empfängt Jean-Luc Giraud die Gäste in einem schmucken Pavillon. Südländisches Flair weht durch den Speiseraum mit seiner modernen Einrichtung und seinen zarten Gelb-Pastell-Farben. Ohne Fehl und Tadel die Betreuung durch die Dame des Hauses, bei der man Speisen wie diese in Auftrag geben kann: Wolfsbarsch in Kräutern gebraten oder Kartoffel-Galette mit Langustinen. ①②③

LE ROSSINI ✗✗
13, Avenue des Evens
Tel. 40 60 25 81

Keine 50 Meter vom Strand entfernt ist die strahlend-weiße Fassade des Hotels "Lutetia" (siehe RASTEN & RUHEN) zu sehen, das auch ein Restaurant, das "Le Rossini", mit guter Küche beherbergt. Nomen est omen, daher darf das Tournedos Rossini nicht à la carte fehlen, lecker aber auch Offerten wie Salat von Langustinen oder Jakobsmuscheln in Muscadet. Die Weinkarte listet ca. 130 Kreszenzen. ①②

LA PLAINE-SUR-MER   175 ☐ A3

ANNE DE BRETAGNE ✗✗
Port de la Gravette
163, Boulevard de la Tara
Tel. 40 21 54 72

Die Farben des Meeres finden sich in diesem eleganten Restaurant versammelt,

blau, grün und weiß. Das Ambiente wirkt leicht, beschwingt, mithin genau passend zur Küche von Philippe Vételé, der mit Speisen wie Salat mit Entenstopfleber und geräucherter Entenbrust oder Lachs auf Sauerampfer aufwarten kann (siehe RASTEN & RUHEN). ①②

LE CROISIC   174 ☐ D3

LE BRETAGNE ✗✗
11, Quai Petite-Chambre
Tel. 40 23 00 51

Es trägt seinen Namen völlig zu Recht, dieses Haus, das mit seiner Einrichtung die gesamte Bretagne atmet. Fayencen aus Quimper, landestypisches Mobiliar und ein schöner Blick auf den Hafen. Da macht das Speisen wirklich Spaß, zumal die Küche von Michèle Coic mit einer überraschend hohen Speisen-Qualität aufwartet, z. B. bei Gebratenem Glattbut mit Spargel oder Täubchen in Honig. ①②③

L'OCEAN ✗✗
Port Lin
Tel. 40 62 90 03

Die breiten Fensterfronten des großen Speisesaals öffnen sich zum Meer und seiner felsig-wilden Küste hin. Hier wird eine Klas-

Hummer satt im "L'Océan"

sische Küche geboten, die wir bei Speisen wie diesen auf die Probe stellten: Steinbutt mit Sauce Hollandaise, Rochen in Beurre noir oder Rinderbraten mit Sauce Béarnaise (siehe RASTEN & RUHEN). ①②③

Landestypisches Ambiente im "Le Bretagne"

LES MOUTIERS-EN-RETZ   175 ☐ A4

LA BONNE AUBERGE ✗✗
5, Avenue de la mer
Tel. 40 82 72 03

Schon der Empfang ist hier überaus familiär, Madame Raimbault mag dabei vorschlagen, den Aperitif im kleinen Salon einzunehmen. Das Restaurant schmeichelt dem Auge mit zarten Pastellfarben, edler Tischeindeckung und schönem Bilder- und Pflanzenschmuck. Auch ein offener Kamin fehlt nicht. Die Küche des Hausherrn, klassisch-regional ausgerichtet, überzeugte mit Gerichten wie Navarin vom Hummer mit Gemüsen der Region oder der Suppe von frischen Früchten. Weinkarte mit 120 Positionen. ①②

NANTES   175 ☐ C3

LA CIGALE ✗
4, Place Graslin
Tel. 40 69 76 41

Ein schönes Relikt vergangener Zeiten stellt dieses 1895 etablierte Restaurant dar, das mit seiner Einrichtung die Tradition der

großen Brasserien des 19. Jahrhunderts aufrechterhält und längst unter Denkmalschutz steht. Einfaches, leckeres Essen ohne jegliche Spielereien ist hier angesagt, egal ob man sich für Salat mit warmem Ziegenkäse, Gegrilltes Rinderfilet mit Sauce Bearnaise oder Crème brûlée entscheidet. ①②

LE PRESSOIR ✕✕
11, Allée Turenne
Tel. 40 35 31 10

Erstaunlich, geradezu sensationell das Preis-Leistungs-Verhältnis, denn Michel Bachelet bietet in seinem hübschen Restaurant die Vorspeisen allesamt für umgerechnet 10 bis 15 Mark an. Auch die Hauptgerichte bleiben weit unter der 30 Mark-Grenze. Kein Wunder, daß der Patron über Gästemangel nicht zu klagen braucht, zudem er noch feine Degustationsflaschen Wein bereithält. Einige Kostproben: Hausgemachte Terrine von Geflügelleber, Entenbrust mit frischen Feigen und Nudeln oder Kalbskopf mit Kräuter-Mayonnaise. ①

L'ESQUINADE ✕
7, Rue St-Denis
Tel. 40 48 17 22

Ein kleines Restaurant, in dem Serge Allain eine mehr als empfehlenswerte Küche bietet, z. B. Warme Austern mit Porree und Cidre oder Gebratener Kabeljau mit Kräutern. Gute Weinkarte mit 60 erlesenen Gewächsen. ①②

L'OCEANIDE ✕
2, Rue Paul-Bellamy
Tel. 40 20 32 28

Mitten im Zentrum, direkt gegenüber der Präfektur, hat Jean-Pierre Raballand sein klassisch-zeitlos eingerichtetes Restaurant zu einem beliebten Feinschmecker-Treff gemacht. Hier kann man die besten Weine aus dem Pays Nantais trinken und sich dazu einen leckeren Zander in Beurre blanc munden lassen. ①②

TORIGAI ✕✕✕
Ile de Versailles
Tel. 40 37 06 37

Die wohl ungewöhnlichste Küche der gesamten Bretagne wird in diesem ultramodern eingerichteten Restaurant geboten.

Schließlich stammt Patron Shigeo Torigai aus Japan, was nicht ohne Einflüsse auf seine Kreationen geblieben ist. Wobei es dem Maître stets trefflich gelingt, eine Brücke zwischen den kulinarischen Traditionen der beiden so unterschiedlichen Kulturkreise zu schlagen. Man probiere einfach mal Offerten wie Jakobsmuscheln mit Safran, Steinbutt mit Waldchampignons, Gedünstetes Rinderfilet parfümiert à la japonaise oder Schokoladen-Soufflé mit Kakao-Sorbet. Top-Weinkarte mit 450 Positionen. ①②③

ORVAULT   175 ☐ B3

LE DOMAINE D'ORVAULT ✕✕✕
Chemins des Marais-du-Cens
Tel. 40 76 84 02

Vor den Toren Nantes', in ländlicher Umgebung, hat Jean-Yves Bernard sein bekanntes Haus (siehe RASTEN & RUHEN) zu einer der ersten kulinarischen Adressen des Departements gemacht. Schon die Einrichtung des Restaurants, die von erlesenem Geschmack zeugt mit feinster Tafelkultur und schönem Bilderwandschmuck, weckt Gaumen-Vorfreuden, die der Patron

stets mit Meisterhand erfüllt. Einige Gourmandisen zur Auswahl: Frische hausgemachte Nudeln mit Trüffeln und gebratener Gänsestopfleber, Filet vom St. Pierre in

Sesam mit Fenchel-Püree und Basilikum-Butter, Challans-Ente in zwei Gängen serviert oder Crêpes soufflés mit Schokolade und Orangen-Butter. Tolle Weinkarte. ①②③

L'OREE DU BOIS ✕
Route de la Garenne
Tel. 40 63 63 54

Ein hübsches Restaurant samt Terrasse, umgeben von einem Park, das ist das "L'Orée du Bois". Wer hier bei Jacques Denaud einkehrt, sollte den Hummer à l'Amori-

caine oder den Zander in Beurre blanc probieren. ①②

PORNIC   175 ☐ A4

BEAU-RIVAGE ✕
Plage de la Birochère
Tel. 40 82 03 08

Ein Haus, direkt am Meer gelegen, dessen elegantes Restaurant einen Blick auf die weite See erlaubt, das ist das Reich von Gérard Corchia, bei dem man das Cassolette von warmen Austern in Champagner oder den Gegrillten Hummer in Estragon-Butter bestellen sollte. 50 Weine à la carte. ①②

ST-JOACHIM   175 □ A2

AUBERGE DU PARC ✗
162, Ile de Fédrun
Tel. 40 88 53 01   Fax 40 91 67 44

Ein typisches Bauernhaus inmitten des Regionalen Naturparks von Brière, das ist diese "Auberge du Parc" von Hervé Ascoet. Hier kehrt man am besten ein im Anschluß an eine Kahnfahrt durch das Sumpfgebiet, denn dann munden Offerten wie Austernsuppe oder Gebratener Aal mit Steinpilzen noch mal so gut. Weinkarte mit 110 Kreszenzen. Das ruhig gelegene Haus verfügt zudem über drei einfache Gästezimmer. ①②

ST-LYPHARD   174 □ D3

AUBERGE DU NEZIL
D 47, zwischen St-Lymphard und St-André-des-Eaux
Tel. 40 91 41 41

Auch dieses alte Haus liegt romantisch inmitten des Sumpfgebietes des Parc de la Grande Brière. Die Gäste werden hier geradezu herzlich empfangen von Francoise und Alain Le Huche und trefflich bewirtet mit Speisen wie Loire-Lachs mit Steinpilzen oder Entenbrust mit Himbeeren. Ansprechende Weinkarte. ①②

ST-NAZAIRE   175 □ A3

L'AN II ✗✗
2, Rue Villebois-Mareuil
Tel. 40 00 95 33

Ein lichtes, elegantes Restaurant in zarten Pastellfarben, mit schönem Holzfußboden, feiner Tischeindeckung und bequemen Sesseln, das ist das "L'An II" von Jean-Luc Guené, in dem wir uns vom freundlichen Service Speisen wie Seezunge "Müllerin" oder Steinbutt mit Beurre blanc kredenzen ließen. Superbe Weinkarte mit ca. 400 Positionen, da wird jeder Kenner garantiert fündig. ①②

LE ST-TROPEZ ✗
95, Rue Jean-Jaurès
Tel. 40 22 04 26

Dieses kleine Restaurant mit mal gerade sechs Tischen führt Jean-Michel Beaumont unweit der Markthallen. Hier lautet die Devise: "Ente gut, alles gut", kauft der Patron doch die Tiere im ganzen und offeriert den Feinschmeckern feinstes Confit oder leckerzarte Bruststückchen mit kräftig-aromatischer Sauce. ①②

ST-SEBASTIEN-SUR-LOIRE   175 □ C3

MANOIR DE LA COMETE ✗✗✗
21, Rue de la Libération
Tel. 40 34 15 93

Edith und Christian Thomas haben sich über die Jahre eine große Stammklientel aufgebaut, die das behaglich-elegante

Die blitzblanke Küche in Christian Thomas' Comète

Ambiente und das exzellente Essen in diesem prächtigen Bürgerhaus samt Wintergarten und Terrasse wohl zu schätzen weiß. Der Patron versteht es meisterhaft, die Produkte der Region in Gourmandisen zu verwandeln. Man probiere nur einmal die Wildente mit Steinpilzen oder die Lasagne von Porree und Jakobsmuscheln. Erstklassige Weinkarte. ①②③

STE-LUCE-SUR-LOIRE   175 □ C3

BEAUSEJOUR ✗✗
12, Promenade de Bellevue
Tel. 40 25 60 39

Es liegt an den Ufern der Loire, dieses in Weiß erstrahlende Haus, in dem Albert Guillem eine abwechslungsreiche, zwischen nouvelle, klassisch und regional hin und her schwebende Küche zelebriert, für die Speisen wie Zander in Beurre blanc oder Apfelstrudel mit Mandelmilch stehen sollen. Gute Weinkarte mit 140 Positionen. ①②

SUCE-SUR-ERDRE   175 □ C3

DELPHIN - LA CHATAIGNERAIE ✗✗✗
156, Route de Carquefou
Tel. 40 77 90 95

Der Erstbesucher wird sein Glück kaum fassen können. Denn wer erwartet schon vor den Toren von Nantes ein Restaurant in einem solch prächtigen Haus. Das klassizistische Schlößchen des 19. Jahrhunderts liegt in einem drei Hektar großen Park samt altem Baumbestand am Ufer der Erdre, einem der schönsten Flüßchen ganz Frankreichs. Das Interieur hält, was das Äußere verspricht: Geschmackvoll in Beige und Grau gehaltene Räumlichkeiten, dazu ein erstklassiger Service, mithin der rechte Rahmen für eine Gourmet-Opera, die vom Patron in unnachahmlicher Manier dirigiert wird. Ein Menü kann hier folgenden Verlauf nehmen: Gelierte Austern mit Sevruga-Caviar, Gegrillter Hummer mit Corail-Butter, Gebratene Lamm-Nüßchen mit grobem Salz der Guérande und Gratin sowie Crème brûlée. Unbedingt auch den Zander in Buerre blanc oder den Hummer royale. Hausgebackenes Brot ist hier ebenso selbstverständlich wie eine superbe Weinkarte mit 240 Positionen. Im Sommer kann sich der Feinschmecker die Kreationen des Patrons auch auf der wunderschönen Terrasse munden lassen. ①②③

Ein prächtiger Hotelpalast aus der Belle Epoque: das "Royal" in La Baule

LA BAULE - DIE HOTELLERIE-HAUPTSTADT

In La Baule findet sich Jahr für Jahr tout le monde ein. Da ist es nicht weiter verwunderlich, daß in diesem mondänen Badeort eine zahlenmäßig recht große, für die Bretagne ziemlich untypische Ansammlung von Hotels der Spitzenklasse anzutreffen ist. In der Departements-Hauptstadt Nantes sieht es diesbezüglich gar nicht so rosig

aus, wenn man von einigen bekannt-guten Häusern internationaler Hotel-Ketten absieht; seltsam, gibt es da doch eine Parallele zur Gastronomie, denn in Nantes selbst trifft man außer dem "Torigai" kein weiteres Restaurant der Top-Klasse; die haben sich vielmehr allesamt in postalisch selbständigen Vororten angesiedelt.

ANCENIS   175 ☐ D3

VAL DE LOIRE ✶✶
Route d'Angers, ✉ 44150
Tel. 40 96 00 03 Fax 40 83 17 30
Ein modernes Haus, umgeben von Reben und Feldern, einen halben Kilometer von der Loire entfernt, das ist das Hotel "Val

de Loire", das über 40 komfortabel eingerichtete Zimmer sowie ein integriertes Restaurant mit ansprechender Küche verfügt. ①②

BOUGUENAIS   175 □ B3

MASCOTTE ★★
Aéroport, ✉ **44340**
Tel. 40 32 14 14   Fax 40 32 14 13
Es liegt nahe am Flughafen von Nantes, dieses moderne, architektonisch beeindruckende, in hellem Weiß erstrahlende Hotel, dessen 73 Zimmer und Studios behaglich in leuchtenden Pastellfarben eingerichtet sind. ①②

OCEANIA ★★★
Aéroport, ✉ **44340**
Tel. 40 05 05 66   Fax 40 05 12 03
87 modern und geschmackvoll eingerichtete Zimmer hält dieses Hotel am Flughafen von Nantes für die Gäste bereit. Zeitgemäßer Komfort ist ebenso selbstverständlich wie Schwimmbad, Tennisplatz, Sauna, Solarium oder Restaurant. ①②③

CARQUEFOU   175 □ C3

MERCURE-ALTEA ★★
La Madeleine, Route de Paris, ✉ **44470**
Tel. 40 30 29 24   Fax 40 25 16 21
Vor den Toren Nantes' bietet dieses moderne Hotel 77 geschmackvoll eingerichtete Zimmer. Zum Flanieren lädt ein Garten ein, für die Fitness kann im Schwimmbad etwas getan werden. ①②③

NOVOTEL ★★
Zone Antares, 4, Allée des Sapins,
✉ **44470**
Tel. 40 52 64 64   Fax 40 93 70 78
Zwölf Kilometer von Nantes entfernt wurde dieses moderne Hotel mitten im Grünen errichtet, genauer gesagt wird es umgeben von einer 13 000 Quadratmeter großen Gartenanlage. 96 Zimmer mit allem zeitgemäßen Komfort. ①②③

CHATEAUBRIANT   175 □ C1

HOSTELLERIE DE LA FERRIERE ★★
Route de Nantes, ✉ **44110**
Tel. 40 28 00 28   Fax 40 28 29 21
Am Ausgang einer großflächigen Parkanlage, in der eine moderne Baum-Skulptur die Blicke auf sich zieht, steht das ehemalige Herrenhaus aus dem 19. Jahrhundert, das mit seinen Türmchen und seinem Pflan-

zenbewuchs einem Märchenschlößchen nicht unähnlich sieht. Die Zimmer sind klassisch-zeitlos eingerichtet und garantieren absolute Nachtruhe. Im Restaurant wird eine ansprechende Küche geboten. ①②

LA BAULE   174 □ D3

ALYCON ★★
19, Avenue Pétrels, ✉ **44500**
Tel. 40 60 19 37   Fax 40 42 71 33
300 Meter vom Strand entfernt, mitten in der Stadt, hält das Hotel "Alycon" 32 modern-komfortable Gästezimmer bereit. ①②③

BELLEVUE PLAGE ★★★
27, Boulevard de l'Océan, ✉ **44500**
Tel. 40 60 28 55   Fax 40 60 10 18
Neben dem Zentrum für Thalasso-Therapie steht dieses Traditionshaus mit seiner schneeweißen Fassade. 34 Zimmer gefallen mit zeitgemäß-moderner Einrichtung, einige sind mit Balkon versehen und erlauben einen tollen Blick aufs Meer. Sauna, Solarium und Restaurant vervollständigen das Angebot. ①②③

CASTEL MARIE-LOUISE ★★★★
1, Avenue Andrieu, ✉ **44500**
Tel. 40 11 48 38   Fax 40 11 48 35
Alles aus einer Hand, könnte man zu sagen geneigt sein. Denn die drei Top-Luxushotels der Stadt gehören allesamt zur Gruppe Lucien Barrière. Das "Castel Marie Louise" ist zudem, seiner exquisiten Küche wegen (siehe ESSEN & TRINKEN), Mitglied der Relais & Châteaux-Vereinigung. Es präsentiert sich als reizender Landsitz der Belle Epoque, umgeben von einem prächtigen Park. Das Meer vor der Haustüre, verspricht dieses noble Haus einen Traumurlaub, zumal seine 31 Zimmer mit allem erdenklichen Komfort und in britischer Eleganz eingerichtet sind. Die Gäste haben Zugang zum feinen Tennis Country Club mit 30 Plätzen oder zum 18 Loch-Golfplatz von St-Denac; auch Freunde des Surfens oder Reitens kommen hier auf ihre Kosten. ①②③④

CHRISTINA ★★
26, Boulevard Hennecart, ✉ **44500**
Tel. 40 60 22 44   Fax 40 11 04 31
Ein schönes Feriendomizil, mitten in der Stadt und direkt am Strand gelegen, das ist das Hotel "Christina" mit 36 modern eingerichteten Zimmern und einem angeschlossenen Restaurant. ①②③

DELICE ★★
19, Avenue Marie-Louise, ✉ **44500**
Tel. 40 60 23 17   Fax 40 24 48 88
Ruhig gelegen, umgeben von Pinien, lockt dieses kleine Hotel mit 14 komfortabel eingerichteten Zimmern die Gäste an. ①②③

Nettes Familienhotel: Das Délice

HERMITAGE ★★★★★
5, Esplanade Lucien Barrière, ✉ **44500**
Tel. 40 11 46 46   Fax 40 11 46 45
Es ist letztendlich eine persönliche Geschmacksfrage, ob man in La Baule dem "Castel Marie-Louise" oder dem "Hermitage" den Vorzug gibt, wenn man auf höchsten Luxus Wert legt. Letzteres präsentiert sich als ein wahrer Palast, wunderschön am Strand gelegen. Die 222 Zimmer und Suiten lassen denn auch keinen Wunsch offen, sind exquisit eingerichtet, die meisten mit Blick auf das Meer gelegen. Sauna, Massagen, Schwimmbad, Boutiquen, drei Restaurants (siehe ESSEN & TRINKEN), Tennis, Reiten, Golf, eben all das, was anspruchsvolle Gäste von einem Haus der absoluten Spitzenklasse erwarten, ist vorhanden bzw. möglich. ①②③④

LA PALMERAIE ★★
7, Allée des Cormorans, ✉ **44500**
Tel. 40 60 24 41   Fax 40 42 73 71
Ruhige Lage in der Nähe des Hauptstrandes, umgeben von Pinien und einem gepflegten Garten sowie 23 klassisch-zeitlos eingerichtete Zimmer, das sind die Vorzüge dieses kleinen Hotels. ①②③

LES DUNES ★★
277, Avenue de Lattre-de-Tassigny,
✉ **44500**
Tel. 40 24 53 70   Fax 40 60 36 42
37 Zimmer, behaglich-modern eingerichtet, hält dieses mitten im Stadtzentrum ge-

legene Hotel mit schöner Fachwerk-Fassade bereit. Dazu ein Restaurant, "Le Maréchal", in dem eine empfehlenswerte Küche geboten wird. ①②

LUTETIA ✶✶
13, Avenue Evens, ✉ 44500
Tel. 40 60 25 81 Fax 40 42 73 52
Das "Lutetia", ein in Weiß erstrahlendes Haus, nur 50 Meter vom Strand entfernt, beherbergt nicht nur ein Restaurant mit guter Küche (siehe ESSEN & TRINKEN), sondern verfügt auch über zwölf komfortabel eingerichtete Zimmer. ①②③

MAJESTIC ✶✶✶
Esplanade Lucien Barrière, ✉ 44500
Tel. 40 60 24 86 Fax 40 42 03 13
Die bevorzugte Lage direkt am Strand ist nur einer der Vorzüge dieses traditions-

Top-Lage am Strand

reichen, jüngst renovierten Hauses, in dem der Gast die Wahl hat zwischen sechs erlesen eingerichteten Appartements sowie 66 mit allem zeitgemäßen Komfort sowie Balkon ausgestatteten Zimmern. ①②③

ROYAL ✶✶✶✶
2, Avenue Pierre Loti, ✉ 44500
Tel. 40 11 48 48 Fax 40 11 48 45
Das dritte Haus der Lucien Barrière-Gruppe steht den beiden anderen Luxus-Herbergen in nichts nach. Es hat zusätzlich den Vorteil, direkt mit dem Zentrum für Thalasso-Therapie verbunden zu sein und bietet zudem Musikfreunden im Yachting Club gepflegte Jazz-Abende an. 101 Zimmer und Appartements, geschmackvoll eingerichtet, stehen in dem prächtigen Bauwerk aus der Belle Epoque zur Verfügung.

Eines der drei Top-Häuser der Barrière-Gruppe: Das "Royal"

Traumhaft auch der Park und die Terrasse, es versteht sich von selbst, daß all die sportlichen Offerten der Nobel-Herbergen "Castel Marie-Louise" und "Hermitage" auch von den "Royal"-Gästen wahrgenommen werden können. ①②③④

ST-CHRISTOPHE ✶✶
Place Notre-Dame, ✉ 44500
Tel. 40 60 35 35 Fax 40 60 11 74
Ein wunderbares Beispiel für die Seebäder-Architektur des beginnenden 20. Jahrhunderts stellt das Hotel "St-Christophe" dar. 100 Meter vom Strand entfernt, eingerahmt von einem kleinen Park, werden hier 33 klassisch eingerichtete Zimmer bereitgehalten. Sehr geschmackvoll auch das

Restaurant; in der behaglich eingerichteten Bar ist man auf erstklassigen Whisky spezialisiert. ①②③

LA PLAINE-SUR-MER   175 ☐ A3

ANNE DE BRETAGNE ✶✶
Port de la Gravette, ✉ 44770
Tel. 40 21 54 72 Fax 40 21 02 33
Vor dem Haus das Meer, der Hafen und ein angenehmer Duft nach Jod und Gischt, das ist der äußere Rahmen für angenehmes Wohnen in einem kleinen Hotel mit 25 modernen, farbenfroh eingerichteten Zimmern. Freunde des weißen Sports können ihr Racket auf dem angeschlossenen Tennisplatz schwingen. Und auch für das leibliche Wohl ist bestens gesorgt (siehe ESSEN & TRINKEN). ①②③

LE CROISIC   174 ☐ D3

L'OCEAN ✶✶
Port Lin, ✉ 44490
Tel. 40 62 90 03 Fax 40 23 28 03
15 klassisch eingerichtete Zimmer bietet dieses auf den Felsenklippen errichtete Haus seinen Gästen, die vor Ort auch gut speisen können (siehe ESSEN & TRINKEN). ①②③

LES VIKINGS ★★★
Port Lin, ✉ 44770
Tel. 40 62 90 03   Fax 40 23 28 03

Das Hotel "Les Vikings" hat die gleichen Inhaber wie das "L'Océan". Zudem gehört vor Ort zu der kleinen Gruppe noch das "Le Venète" mit schönen Suiten. Auf felsigem Untergrund erbaut, erlauben die 24 mit Stilmöbeln eingerichteten Zimmer im "Les Vikings" einen traumhaften Blick über das Meer. Die Bäder sind allesamt aus kostbarem Marmor gestaltet. ①②③

LES SORINIERES   175 ☐ C3

ABBAYE DE VILLENEUVE ★★★
Route des Sables-d'Olonne, ✉ 44840
Tel. 40 04 40 25   Fax 40 31 28 45

Ein wunderschönes Ensemble von Gebäuden aus dem 18. Jahrhundert bildet die "Abbaye de Villeneuve", einstmals Sitz der Zisterzienser. Die 17 Zimmer und drei Appartements sind überaus luxuriös und mit allem zeitgemäßen Komfort eingerichtet. Ein gepflegter Park vervollständigt diese ruhige Oase zehn Kilometer vor den Toren der Stadt Nantes. In der ehemaligen Bibliothek des Klosters wurde ein stilvolles Restaurant etabliert, in dem eine gute Küche geboten wird. ①②③

MISSILAC   175 ☐ A2

GOLF DE LA BRETESCHE ★★★
Domaine de la Bretesche, ✉ 44780
Tel. 40 88 30 05   Fax 40 66 99 47

Nicht nur Freunde des Golf-Sports schätzen das schmucke Hotel, das in alten, aus dem 14. Jahrhundert stammenden und im 19. Jahrhundert restaurierten Gebäuden eingerichtet wurde. Im Park ist neben dem 18 Loch-Golfplatz noch ein 13 Hektar großer See zu bewundern, das historische Schloß nicht zu vergessen. Die 27 Zimmer sind klassisch-zeitlos eingerichtet, im Restaurant mit ambitionierter Küche. ①②③

NANTES   175 ☐ C3

ADAGIO CENTRAL ★★★
4, Rue du Couëdic, ✉ 44000
Tel. 40 73 57 91   Fax 40 69 75 75

Hinter der prächtigen Fassade des jüngst grundlegend restaurierten Hotels samt alten Balkongittern und leuchtendem Blau beim Schriftzug sowie den Markisen verbergen sich 135 Zimmer, 24 Studios und vier Appartements, die allesamt mit höchstem Komfort eingerichtet sind. ①②③

ASTORIA ★★
11, Rue de Richebourg, ✉ 44000
Tel. 40 74 39 90   Fax 40 14 05 49

Mitten im historischen Kern der Stadt steht dieses familiär geführte Traditionshotel. Dennoch kann der Gast hier sehr ruhig und komfortabel wohnen und hat die Wahl zwischen 45 Zimmern. Ein ideales Domizil mithin für die Erkundung der interessanten Stadt. ①②

DE FRANCE ★★
24, Rue Crébillon, ✉ 44000
Tel. 40 73 57 91   Fax 40 69 75 75

Ein schönes Hotel gegenüber der Oper, das Tradition und Moderne miteinander verbindet. Die Zimmer sind im Stil Régence oder Louis XVI. eingerichtet. Auch ein Restaurant zählt zum Service-Angebot, die chice Pianobar nicht zu vergessen. ①②③

HOLIDAY INN ★★★
1, Boulevard des Martyrs Nantais, ✉ 44000
Tel. 40 47 77 77   Fax 40 47 36 52

Das Haus der internationalen Hotel-Kette liegt verkehrsgünstig im Stadtzentrum direkt am Loire-Ufer. Es hält 108 exquisit ein-

gerichtete Zimmer bereit und verfügt zudem über ein feines Restaurant mit ansprechender Küche. ①②③

LE JULES VERNE ★★★
3, Rue de Couëdic, ✉ 44000
Tel. 40 35 74 50   Fax 40 20 09 35

Das der Best Western-Gruppe angeschlossene Hotel, zentral und doch ruhig mitten in der Altstadt gelegen, beeindruckt mit einer Fassade, bei der sich Art Deco-Elemen-

te mit modernen Metall-Glas-Konstruktionen verbinden. Die 65 Zimmer sind modern und überaus chic eingerichtet. ①②③

MERCURE BEAULIEU ★★★
Boulevard Alexandre Millerand, ✉ 44000
Tel. 40 47 61 03   Fax 40 48 23 83

Die Loire fließt vor der Haustüre vorbei, die 99 Zimmer sind mit allem zeitgemäßen Komfort ausgestattet, großzügig geschnitten, klimatisiert und schalldicht. Terrasse, Tennisplatz und Restaurant sind hier selbstverständlicher Standard. ①②③

PULLMAN BEAULIEU ★★★
Ile Beaulieu, 3, Rue du Docteur Zamenhof, ✉ 44000
Tel. 40 41 30 00   Fax 40 89 69 14

Ein modernes Hotel an den Ufern der Loire, nur wenige Minuten vom Zentrum

entfernt gelegen, das ist das "Pullman Beaulieu". Wie bei den Top-Häusern der Gruppe nicht anders zu erwarten, sind die 149 Zimmer modern und mit allem zeitgemäßen Komfort ausgestattet. Bar, Restaurant, Seminar-Räumlichkeiten, alles comme il faut. ①②③

ORVAULT   175 ☐ B3

DOMAINE D'ORVAULT ★★★
Chemin des Marais-du-Cens, ✉ 44700
Tel. 40 76 84 02   Fax 40 76 04 21

Wie es sich für ein Mitglied der renommierten Relais & Châteaux-Gruppe gehört, bietet Jean-Yves Bernard in seinem schmucken, ländlichen Haus nicht nur eine exquisite Küche (siehe ESSEN & TRINKEN), sondern stellt seinen Gästen auch 26 individuell eingerichtete Zimmer zur Verfügung. Im angrenzenden Park kann man auf Tennisplätzen was für die Fitness tun. ①②③④

PORNICHET 174 ☐ D3

SUD BRETAGNE ★★★
42, Boulevard de la République, ✉ 44380
Tel. 40 11 65 00 Fax 40 61 73 70
Der Charme des südlichen, maritim geprägten Teils der Bretagne findet sich in
diesem traditionsreichen Haus mit seiner
weiß-blauen Fassade wieder. Die 30 Zimmer sind überaus geschmackvoll einge-

PREFAILLES 175 ☐ A3

LA FLOTILLE ★★
Pointe St-Gildas, ✉ 44770
Tel. 40 21 61 18 Fax 40 64 51 72
Ein kleines Hotel mit 26 modern eingerichteten Zimmern am Ufer des Meeres, das ist
das von Danielle Cassin geführte "La Flo-
tille". Schwimmbad, Bar und Restaurant
compris. ①②③

BERRY ★★
1, Place de la gare, ✉ 44380
Tel. 40 22 42 61 Fax 40 22 45 34
Seine Lage direkt am Bahnhof macht das
Hotel "Berry" nicht nur für Zugreisende zu
einem geeigneten Etappen-Ziel. 29 klassisch-zeitlos eingerichtete Zimmer stehen
zur Verfügung, ein Restaurant ist angeschlossen, kleine Snacks kann der Gast in
der Brasserie einnehmen. ①②

Ein schönes Domizil für anspruchsvolles Wohnen und Speisen: Das Hotel "Sud Bretagne"

richtet. Jedes hat seinen besonderen Stil.
Das drückt sich schon in der Namensgebung aus, wie "Florence", "La Plage" oder
"Belle-Ile". Salon, Restaurant, Tennisplatz
oder Schwimmbad - alles ist vorhanden
bei diesem familiär geführten Haus so
recht zum Sichwohlfühlen. Auch für Freunde des Wassersports ist trefflich gesorgt.
Hält das Hotel "Sud Bretagne" doch eine
kleine Schiffsflotte bereit vom kleinen Se-
gelboot bis hin zum größeren, 17 Meter
langen Schiff namens "Oran". ①②

ST-NAZAIRE 175 ☐ A3

AQUILON ★★
2, Rue Michel-Ange, ✉ 44600
Tel. 40 53 50 20 Fax 40 53 15 60
Inmitten eines gepflegten Parks steht das
moderne Hotel "Aquilon" mit 72 komfortablen Zimmern sowie einem Restaurant
mit ansprechender Küche. Die überdachte
Terrasse gibt den Blick frei in den gepflegten Garten samt Freibad , in dem der Gast
etwas für seine Fitness tun kann. ①②

VIGNEUX-DE-BRETAGNE 175 ☐ B3

MERCURE ★★
RN 165, Route de Vannes, ✉ 44360
Tel. 40 57 10 80 Fax 40 57 13 30
17 Kilometer außerhalb von Nantes in
Richtung Vannes steht dieses moderne
Haus der internationalen Hotel-Gruppe,
das 88 komfortabel eingerichtete Zimmer
bereithält. Für Fitness und Gesundheit sor-
gen Tennisplatz, Sauna oder Solarium. Ein
Restaurant ist angeschlossen. ①②③

SAVOIR - VIVRE IM PAYS NANTAIS

Das Departement Loire-Atlantique ist fraglos die bretonische Region Nr. 1 was Nachtleben und Shopping anbetrifft. Kein Wunder, gibt es hier doch mit La Baule die mondänste Badestadt und mit Nantes die größte Metropole der Bretagne. Auch der Wein spielt östlich und südöstlich von Nantes eine zentrale Rolle im Laufe des Jahres, was sich z. B. an zahlreichen Weinfesten bzw. -märkten ablesen läßt. Die bretonische Tradition der Wallfahrten (Pardons) ist hingegen nicht sehr verbreitet, aber dafür gibt es genügend andere Festivitäten, z. B. den Karneval in Nantes oder Pornic, die bei den Einheimischen genauso beliebt sind wie bei den Touristen.

Ein Hauch von Tiefenrausch im Ocearium von Croisic, in dem viele exotische Lebewesen der Weltmeere zu bestaunen sind

FESTE & VERANSTALTUNGEN

CLISSON

Marché au vin (Weinmarkt): Christi Himmelfahrt.

LA BAULE

Journées culturelles Bretonnes & Pardon: 2 Wochen ab Mitte August.
Rencontres internationales de la danse: Anfang Juli - Internationales Tanz-Festival.

LE GAVRE

Fête de la Forêt (Fest des Waldes): Im August.
Fête des vieux métiers (Fest der alten Handwerksberufe): Im August.

NANTES

Festival des Allumées: Im Oktober - Internationales Kultur-Festival, jeweils einer europäischen Stadt gewidmet (1994 z. B. Neapel).
Festival des trois continents: Ende November - Film-Festival mit Beiträgen aus Afrika, Asien und Südamerika.
Festival International des Choeurs d'Enfants: Im Februar - Festival der schönsten Kirchenlieder.
Festival International d'Eté: Anfang Juli - Internationales Kunst-Festival.
Fête des châtaignes et du vin (Fest der Kastanien und des Nantaiser Weins): 1. Oktober-Woche.
Jazz-sur-Loire: Im November - Jazz-Festival.
Mi-Carême de Nantes (Karneval in Nantes): Weiberfastnacht bis folgenden Sonntag mit Umzügen.
Printemps des Arts: Ende Mai/Anfang Juni - Bretonisches Musik- und Tanz-Festival.

Rendez-vous de l'Erdre: Anfang September - Konzert und Kunst-Festival auf der Ile de Versailles, Eintritt frei.

STE-LUCE-SUR-LOIRE

Fête de la Loire (Fest der Loire): 1. Wochenende im September.

SAVENAY

Fête des fleurs (Fest der Blumen): 3. Sonntag im Juni.

VALLET

Marché au vin (Weinmarkt): 3. Wochenende im März - größter Weinmarkt der Region.

NIGHTLIFE & TREFFPUNKTE

LA BAULE

CRISTALL CAFE
Avenue Marie-Louise
Chice Kneipe mit interessantem Publikum.

GRAND CASINO DE LA BAULE
Esplanade Lucien Barrière
Roulette, Black Jack etc..

LE SCOTCH-CLUB
10, Avenue de Pavie
Die In-Disco der Stadt.

L'INDIANA
Esplanade Lucien Barrière
Disco, im Casino-Komplex integriert.

NANTES

LE BALAPAPA
6, Quai Fernand-Crouan
Mit Jeans kein Einlaß in diese chice Disco,

auf deren Tanzfläche sich jung und alt fröhlich vermischen.

LE CASTEL
13, Rue Matelin-Rodier
Disco mit zwei großen Räumlichkeiten; moderne und traditionelle Einrichtungselemente, Musik-Spots neben Bruchsteinwand.

Theaterspiegelung am Place Graslin in Nantes

LE CYCLE
4, Place St-Pierre
Das präferierte Pub des eleganten Nantaiser Publikums.

LE FOX-TROT
32, Rue de Crucy
Noble Disco en vogue, auch hier werden Jeans-Träger nicht eingelassen.

LE LOOKSOR
Route de Tillières à Clisson
Eine Disco, die dem neuen Louvre Ehre macht, ist sie doch auch in Form einer Pyramide gestaltet. Hier sollte man nicht zu spät ankommen, denn dann ist es schon rappelvoll, weil das Einzugsgebiet dieses Tanzpalastes riesengroß ist.

LE PYM'S
4, Place Emile-Zola
Drei große Räumlichkeiten, die genutzt werden, um in dieser Disco den verschiedenen Musik-Geschmäckern gerecht zu werden.

L'IMAGINAIRE
2, Rue de Strasbourg
Ein Café, in dem abends ein interessantes Publikum verkehrt.

PUB UNIVERS
16, Rue Jean-Jacques Rousseau
Mehr als 120 Whisky-Sorten und mehr als 60 Cocktails, die kann man in diesem Pub probieren.

TIE-BREAK
1, Rue des Petites-Ecuries
Eine Top-Adresse für Freunde des Jazz, häufig Live-Konzerte.

LE BIDULE
122, Avenue de Mazy
Eine gemütliche Wein-Kneipe aus den 30er Jahren, Weinfässer dienen als Tische.

LE LAMBIC BAR
134, Avenue de Mazy
Behagliche Kneipe mit einer Vielzahl verschiedener Biere und Whiskys.

Die Antike hautnah miterleben kann man im Salorges Museum in Nantes

SHOPPING & MÄRKTE

PATRICE SEBILO
16, Avenue de la Monneraye
Pfeifen-Raucher werden sich wie im Paradies fühlen, können sie hier doch handgefertigte Pipe-Prachtstücke erwerben.

LA BAULE

A LA TOUR DE PISE
33, Avenue des Ibis
Wen es mal nach all der bretonischen Kost nach italienischen Leckereien gelüstet, der ist hier am rechten Platz, von Pasta über Käse bis zu erlesenen Weinen.

ANTIQUITES LECOMTE
4, Boulevard Hennecart
Exquisite Antiquitäten, auch im Zweitgeschäft zu bewundern in La Baule-Les-Pins, Avenue du Bois d'Amour.

CAVAVIN
3, Avenue du Marché
Erstklassige Weinhandlung, in der von einfachen Tropfen bis hin zu Pétrus oder Yquem so ziemlich alles zu finden ist. Auch eine erstklassige Whisky-Auswahl mit ca. 30 Sorten.

CHEZ JEAN PIERRE
46, Avenue des Ibis
Spezialist für die Gourmandisen der Gascogne, von der Gänsestopfleber bis zum uralten Armagnac.

MANUEL
2/4, Avenue de Général-de-Gaulle
Für Süßmäuler ist dieser Chocolatier ein absolutes Muß; hausgemachte Schokolade, Pralinen, Eis etc.

NICOLAS
21, Avenue des Pétreis
Die bekannte Weinhandels-Kette führt auch und gerade in La Baule eine Filiale. Geld ist hier schließlich ausreichend vorhanden, da dürfen es auch schon mal einige höher-preisige Top-Gewächse sein.

LE CROISIC

GUY FLICHY
20, Quai du port Ciguet
Antiquitäten-Geschäft mit exquisiten Möbeln aus dem 18. Jahrhundert und Gemälden.

NANTES

ALAIN JARIAN
21, Rue Crébillion
Die Herren der Schöpfung sollten etwas Kleingeld einstecken, um ihren Begleiterinnen bei diesem Schöpfer von Luxus-Schühchen das eine oder andere Paar zu kaufen. Recht vernünftiges Preis-/Leistungs-Verhältnis.

AMANDINE
12, Rue du Chateau
Bemalte Holz-Kunst-Objekte, ein ideales Mitbringsel.

AMARINE
2, Rue Fanklin
Das Meer und nichts als das Meer; Geschenk-Artikel rund um den Ozean.

AUX DUCS DE GASCOGNE
Rue des Carmes 16
Traiteur mit feinen Gourmandisen aus der Gascogne, Foie Gras, Charcuterie etc., dazu ausgewählte Weine.

CHAPLAIS
20, Rue des Carmes
Eine der besten Metzgereien der Stadt, egal ob Fleisch vom Charolais-Rind oder Geflügel.

CHARCUTERIE DE L'ECLUSE
10, Rue des Trois-Crossants
Spezialist für die wohl besten Wurstwaren der Stadt.

CYRANO FOIES GRAS
8, Rue des Trois-Croissants
Feinkost-Geschäft, das sich auf Gänsestopfleber-Spezialitäten aus dem Perigord konzentriert.

DEVINEAU BOUTIQUE
4, Rue Belle Image
Traditionshaus, 1803 gegründet, in dem sich alles um Kerzen und Wachs dreht.

FROMAGERIE CENTRALE
8, Rue Contrescarpe
Bis zu 200 Käse-Sorten, allesamt bestens gereift, werden hier feilgeboten.

JAMIN
15, Rue Crébillon
Eine Patisserie der Sonderklasse, egal ob Pralinen, Kuchen oder Törtchen.

Die L' Hermitage in La Baule legt Zeugnis ab vom Glanz vergangener Tage

Stadt und wohl auch des gesamten Departements; von kleinen Gewächsen bis zu den exquisitesten Kreszenzen, hier findet der Weinfreund wirklich alles; dazu beste Sorten von Whisky, Armagnac etc.

PASCALE PIBLINGER
13, Passage Pommeraye
Rund um die Tafelkultur und die Küche mit allen exquisiten Gerätschaften, die teilweise nicht einmal die Profis besitzen.

LA BOUTIQUE DES PROVINCES
9, Rue St-Léonard
Einer der besten Traiteurs der Stadt mit sehr gutem Preis-/Leistungsverhältnis.

LA CAVE DU FROMAGER
6, Rue du Chapeau-Rouge
Top-Käseladen, nicht nur auf französische Fromages beschränkt.

LA GEOTHEQUE
2, Place St-Pierre
Ein Paradies für Kartenfreunde, vom Stadtplan bis zu Landkarten entferntester Regionen.

LA HUCHE A PAINE
3, Rue Franklin
Klar, daß die dunklen Schokoladen-Trüffel die Spezialität dieser Patisserie sind.

LE FIEF DE VIGNE
16, Rue Marceau
Unumstritten der Weinhändler Nr. 1 der

RONDEAU
4, Place du Bouffay
Ein Muß für jeden Weinfreund, sind in diesem Laden doch alle Artikel versammelt, die mit dem erlesenen Getränk in Zusammenhang stehen, also Korkenzieher, Karaffen, Gläser, Regale, und, und, und ...

PORNICHET

VINO VINI
Place du Marché
Bestens sortierte Weinhandlung, von Gewächsen aus der Loire-Region über Kreszenzen aus allen übrigen französischen Anbaugebieten bis hin zu ausgewählten italienischen Tropfen.

INFORMATIONEN & HINWEISE

**MAISON DU TOURISME
EN LOIRE-ATLANTIQUE
Place du commerce
44000 Nantes.**

CHRONOLOGIE
DER BRETONISCHEN GESCHICHTE

Vor 5000 v. Chr.: Siedlungsspuren deuten auf Steinzeitmenschen, die sich von der Jagd ernährten.

5000-2000 v. Chr.: Völker unbekannter Herkunft, die schon seßhaft waren und Viehzucht betrieben, schufen die noch heute rätselhaften Steindenkmäler (Megalith-Kultur).

2000-600 v. Chr.: In der Bronzezeit lebte in Armorica ein Volk, dessen Kultur schon recht hoch entwickelt war (Äxte, Schwerter, Schmuck, Keramik) und das schon einen lebhaften Handel betrieb.

Ab 500 v. Chr.: Einwanderung von keltischen Stämmen, denen es dank ihrer Überlegenheit, gestützt auf die Kenntnis des Eisens, mühelos gelang, die Urbevölkerung zu unterjochen und dieser ihr hierarchisches Gesellschaftssystem aufzuzwingen. Auch wurden die ersten "städtischen Anlagen" errrichtet.

56 v. Chr.: Nachdem der mächtigste Keltenstamm der Veneter, der sich im Gebiet des heutigen Morbihan niedergelassen hatte, einige Zeit erfolgreich - gestützt vor allem auf eine starke Flotte - den Römern Widerstand geleistet hatte, wurde er von der Seestreitmacht unter Julius Caesar im Golf von Morbihan vernichtend geschlagen. Das Gebiet wurde fortan römische Provinz und profitierte in den folgenden Jahrhunderten durch die Romanisierung von der hochentwickelten Kultur des Eroberers.

5.-7. Jahrhundert n. Chr.: Eine zweite keltische Einwanderung setzte ein, diesmal von Stämmen aus Britannien, die vor den im Zuge der Völkerwanderung eingefallenen Angeln und Sachsen nach Armorica flüchteten; sie bringen das Christentum mit und gründen die ersten Klöster. Die Geburt dessen, was heute als Bretagne bezeichnet wird, begann.

8.-9. Jahrhundert n. Chr.: Periode ernster, teritorialer Auseinandersetzungen mit den Franken, insbesondere mit den Karolingern.

831 n. Chr.: Ludwig der Fromme ernannte den bretonischen Adligen Nominoe zum Herzog der Bretagne.

845 n. Chr.: Nominoe schlug die Franken unter Karl dem Kahlen bei Redon und gründete eine Dynastie, die die bretonische Herrschaft über ein Jahrhundert in Händen behalten sollte.

851 v. Chr.: Nach dem Tod von Nominoe wollten die Franken unter Karl dem Kahlen die Oberhoheit über das Gebiet wiederherstellen, wurden aber von Erispoe, Nominoes Sohn, bei Le Grand-Fougeray, vernichtend geschlagen und mußten Erispoe gar die Königswürde zuerkennen.

857-874 n. Chr.: Nach der Ermordung Erispoes übernahm dessen Vetter Salomon die Herrschaft. Ihm gelang es, seinem Hoheitsbereich auch die Gebiete Anjou und Corentin einzuverleiben, was die größte flächenmäßige Ausdehnung des bretonischen Gebietes in der gesamten Geschichte zur Folge hatte.

952 n. Chr.: Der letzte bretonische König Alain Barbe-Torte, der in den Jahren zuvor sein Land vor den Normannen gerettet hatte, starb. Seine Nachfolger konnten die Königswürde nicht mehr gegen die starken adligen Konkurrenten behaupten; in den folgenden Jahrhunderten wechselten Perioden der ruhigen Prosperität mit Kämpfen um das Herzogsamt ab.

1341-1365 n. Chr.: Aus dem bretonischen Erbfolgekrieg ging Jean de Montfort als Sieger über den rivalisierenden Charles de Blois hervor, bestieg den Herzogsthron als Jean IV. und begründete die Dynastie des Hauses Montfort (bis 1468), unter der die Bretagne einen enormen wirtschaftlichen und kulturellen Aufschwung erlebte.

1488 n. Chr.: Anne de Bretagne bestieg den bretonischen Herzogsthron.

1491 n. Chr.: Auf Druck der französischen Krone heiratete Anne de Bretagne den französischen König Charles VIII., blieb jedoch souveräne Regentin der Bretagne.

1499 n. Chr.: Nach dem Tod ihres Mannes ein Jahr zuvor wurde Anne de Bretagne erneut Königin von Frankreich durch Heirat mit Louis XII..

1532 n. Chr.: Die Bretagne wurde nach der Heirat von Annes Tochter Claude mit dem französischen König Francois I. französische Provinz.

1598 n. Chr.: Mit dem Edikt von Nantes beendete Henri IV. das Zeitalter der Glaubenskriege.

1675 n. Chr.: Die Bretagne entfachte wegen neuer Abgabenlasten einen Aufstand gegen die französische Krone, die sich jedoch mit Gewalt durchsetzte.

1804 n. Chr.: Mit der Hinrichtung von Georges Cadoudal wurde der von den Chouans seit 1794 geschürte Widerstand gegen die Französische Revolution und später gegen Napoleon endgültig gebrochen.

1914-1918 n. Chr.: Der Erste Weltkrieg forderte gerade unter der bretonischen Bevölkerung ein ungemein hohes Blutzoll, was den ersten starken regionalistisch-separatistischen Organisationen Nahrung gab.

1944-1945 n. Chr.: Unter dem Bombenhagel der Alliierten Flugzeuge wurden die von den deutschen Truppen besetzten Städte Brest, Lorient, St-Malo und St-Nazaire fast völlig zerstört.

1951 n. Chr.: Mit der Bildung des Komitees zur Förderung der Interessen der Bretagne wurde der wirtschaftliche Aufschwung der Bretagne eingeleitet, der inzwischen mit der Niederlassung von High-Tech-Industrien seinen Höhepunkt erreicht und die frühere Rückständigkeit der bretonischen Wirtschaft überwunden hat.

1962-1964 n. Chr.: Mit der Bildung der Wirtschaftsregion Bretagne wurde das Gebiet um Nantes von der Bretagne abgetrennt und bildet seitdem das Departement Loire-Atlantique.

REISEINFORMATIONEN

ANREISE

Seit der Beseitigung der Zollschranken innerhalb der EG ist die Einreise nach Frankreich noch bequemer geworden. Der Urlauber benötigt lediglich einen gültigen Personalausweis oder Reisepaß.

Auto: Alle schnellen Autobahn-Wege in die Bretagne führen über Paris. In Stoßzeiten empfiehlt es sich daher, die Seine-Metropole über den äußeren Autobahn-Ring zu umfahren (A 104, "La Francilienne"), der zudem den ungewöhnlichen Vorteil hat, keinerlei Maut-Gebühren zu kosten. Diese dürfte der aus Deutschland anreisende Tourist, der nur die auch im Heimatland nötigen Auto-Papiere benötigt, bis dahin genügend berappt haben - aber dafür kann er sich auf eine Bretagne freuen, die von Paris aus bei optimalen Bedingungen über die A 11 in drei Stunden erreicht werden kann und in der er für die Straßenbenutzung sein Portemonnaie nicht mehr zu zücken braucht. Die bretonischen Hauptverkehrsadern sind die N 165, die Nantes und Brest miteinander verbindet, sowie die N 12 zwischen Brest und Rennes (Entfernung: 240 Kilometer), bestens ausgebaute, mehrspurige Schnellstraßen, die ein bequemes Reisen ermöglichen - und schon mal dazu verleiten, das Gaspedal etwas tiefer durchzutreten (Vorsicht vor zwar seltenen, aber dann teuren Radar-Kontrollen, mehr als 110 km/h ist hier nicht erlaubt).

Bahn: Auch der Bahn-Reisende kann dem Moloch Paris nicht ausweichen. Aber dafür wartet auf dem Gare Montparnasse fast stündlich der superschnelle, hochmoderne TGV abfahrtbereit, der den Touristen beispielsweise in etwas mehr als zwei Stunden nach Rennes und in vier Stunden nach Brest befördert.

Flugzeug: Und in diesem Fall sind aller schlechten Dinge drei, denn auch der Flugzeug-Reisende kann nicht direkt gen Bretagne gleiten, sondern muß einen Stop auf dem Pariser Flughafen einlegen. Air Inter startet ab Paris-Orly Ouest Richtung Brest, Lorient, Quimper, Rennes und Nantes, ab Roissy nach Rennes und Nantes. Die Fluglinie TAT verbindet Paris mit Lannion auf dem Luftweg.

KLIMA/REISEZEIT

Wer in die Bretagne fährt, sollte zu allen Jahreszeiten Schirm oder regenfeste Kleidung im Gepäck haben. Denn regnen kann es praktisch jeden Tag, egal ob in den vergleichsweise milden Wintermonaten oder im mäßig warmen Sommer. Ein stetiger Westwind bringt bei diesem ozeanisch geprägten Klima stetig feuchte Luftmassen vom Atlantik mit sich, Sonnenschein und Niederschlag können sich selbst im Sommer mehrmals am Tag ablösen. Die klimatisch sicherste Reisezeit für Sonnenanbeter sind die Monate Juli und August, mithin genau die Zeit, wenn in Frankreich die großen Ferien angebrochen sind und selbst die Bretagne, vor allem natürlich an der Küste, einen beachtlichen Touristen-Andrang zu bewältigen hat. Sicher, mit den chaotischen Verhältnissen an der Côte d'Azur ist dies nicht zu vergleichen, da ist die Bretagne selbst in der Hochsaison immer noch ein vergleichsweise ruhiges Reiseland. Aber wer die Schönheiten der Region wirklich kennenlernen möchte, sollte doch diese beiden Sommermonate meiden - oder sich zumindest auch mal von der Küste entfernen, denn im Landesinneren ist selbst im Juli oder August nichts von Urlauber-Hektik zu verspüren.

UNTERKUNFT

Camping: Die Bretagne hält für Camper ein großes Angebot an Plätzen der unterschiedlichsten Qualität bereit. Die Camping-Plätze sind offiziell klassifiziert, von einem Stern (*, einfacher Standard, z. B. nur mit Kaltwasser-Duschen) bis hin zu vier Sternen (****, großer Komfort, z. B. mit Gemeinschaftseinrichtungen und gepflegten Grünanlagen). Daneben gibt es auch noch das oftmals am Straßenrand ausgeschilderte Angebot des "Camping à la ferme", Camping auf dem Bauernhof (maximal sechs Stellplätze erlaubt) sowie das Campen in der freien Natur, das jedoch nur an eigens ausgewiesenen Örtlichkeiten erlaubt ist. Das Comité Régional de Bretagne (Adresse siehe am Ende dieses Info-Teils) hält einen ausführlichen Katalog, "Camping/Caravaning", bereit. Interessant auch das Angebot von Camping + mit 24 Plätzen hohen Qualitäts-Standards (Info: Camping +, BP 301, 56008 Vannes Cedex).

Ferienhaus/Gästezimmer: Die Bretagne ist traditionell ein beliebtes Ferienland für Familien mit Kindern. Von daher ist die Nachfrage nach Ferienhäusern ziemlich groß und kann zudem, selbst in der Hochsaison, zumindest außerhalb der wenigen Urlaubs-Hochburgen an der Küste, vom Angebot weitgehend befriedigt werden. Allerdings empfiehlt sich eine rechtzeitige Reservierung für die Monate Juli und August. Interessant ist das Angebot der Gîtes Ruraux mit Häusern, die im Landesinnern, teilweise nicht allzuweit von der Küste entfernt, liegen; auch Gästezimmer werden in dem Katalog gelistet, der bei den zentralen Info-Büros (Adresse siehe am Ende dieses Service-Teils) angefordert werden kann. Wer in einem Schloß nächtigen möchte, sollte sich die Broschüre "Bienvenue au château" beim Comité Régional de Tourisme de Bretagne bestellen. Weitere Unterkunfts-Möglichkeiten, z. B. auch in Jugendherbergen, können bei der Association pour la Promotion du Tourisme Associatif Breton nachgefragt werden (Adresse: APTAB, 28, Rue de Kersabiec, 56100 Lorient).

Hotel: Die Hotels der Bretagne sind gemäß Komfort-Abstufungen amtlich klassifiziert, mit einem bis hin zu vier Sternen (unsere eigene, schon mal abweichende Bewertung entnehmen Sie bitte dem Kapitel RASTEN & RUHEN). * = Bürgerliches Hotel mit mittlerem Komfort; ** = Hotel mit gutem Komfort; *** = Sehr komfortables Hotel; **** = Luxushotel. Fast alle Hotels gewähren Preisnachlässe in der Vor- und Nachsaison. Das Comité Régional de Tourisme de Bretagne hält einen ausführlichen Katalog bereit (Adresse siehe am Ende dieses Service-Teils). Interessant auch die Broschüre der Fédération Bretonne des Logis de France mit 300 Hotel-Restaurants (anfordern bei: Fédération Bretonne des Logis de France, 4, Ouai A. Thomas, 35260 Cancale).

SHOPPING/EINKAUFEN

Einkaufen wird in Frankreich und damit auch in der Bretagne leicht gemacht. Gibt es doch keine festen Ladenschlußzeiten. Die Mehrzahl der Geschäfte hat Dienstag bis Samstag von 9 bis 12 Uhr und von 14 bis 18.30/19.30 Uhr geöffnet. Die großen Supermärkte vor den Toren der Städte halten ihre Pforten abends sogar bis 21 Uhr offen. Viele Lebensmittelläden, die oft ihre Klientel schon früher einlassen und später die Gitter herunterlassen, bieten auch am Sonntagmorgen ihre Produkte feil, bleiben allerdings dann in der Regel am Montag geschlossen; wie überhaupt der Montag in Frankreich/in der Bretagne ein beliebter Ruhetag ist (so bleiben z. B. auch die Banken geschlossen), da muß der Urlauber schon mal nach einem dienstbereiten Geschäft suchen. Wird in deutschen Landen noch immer vielfach bar bezahlt, so ist dies in Frankreich ab einem gewissen Francs-Betrag ziemlich ungewöhnlich, die Scheckkarte ist da wesentlich schneller zur Hand.

RESTAURANTS

Die Öffnungszeiten der bretonischen Restaurants sind denen in deutschen Landen sehr ähnlich. Gewöhnlich wird der Mittagstisch zwischen 12 und 14 (14.30) Uhr eingenommen, abends haben die meisten Häuser ab 18.30 Uhr ihre Pforten geöffnet (bis gegen 21 Uhr). Bei der Auswahl des Restaurants sollte man einen Blick auf unser Kapitel ESSEN & TRINKEN werfen, sofern man auf einen gewissen Qualitätsstandard Wert legt und Reinfälle möglichst vermeiden möchte. Normalerweise wird der Gast vorab nach einem Aperitifwunsch gefragt, wobei die Preise für ein Gläschen Champagner sich in etwa in dem Rahmen bewegen, der auch in deutschen Restaurants üblich ist (umgerechnet zwischen 15,– und 20,– DM). Bei der Lektüre der Speisenkarte wird der Gast in der Regel den Hinweis "service compris" /(Trinkgeld einbegriffen) lesen. Doch beim Begleichen der Rechnung sollte ein zufriedener Genießer dem Personal schon einen kleinen Obulus zukommen lassen (die sprichwörtlichen zehn Prozent des Betrages müssen allerdings nicht eingehalten werden). Was

die Preise betrifft, so sind diese in den Spitzen-Restaurants auf einem ähnlichen Niveau wie in Deutschland angesiedelt; wenn dennoch die Rechnung meist etwas niedriger ausfällt, so liegt das daran, daß in Frankreich (mit Ausnahme von Paris) und damit natürlich auch in der Bretagne die Weinkalkulation oft wesentlich moderater ist als in vergleichbaren deutschen Häusern.

FESTIVITÄTEN/FEIERTAGE

Neben der Vielzahl der lokalen und regionalen Festivitäten, die jeweils im Kapitel TIPS & TRENDS nachzulesen sind, von Pardons bis zu kulturellen Veranstaltungen, gilt es für Bretagne-Urlauber die gesetzlichen Feiertage in die Planungen mit einzubeziehen: Neujahr; Ostermontag; Christi Himmelfahrt; Pfingstmontag; 1 Mai; 8. Mai; 14. Juli; 15. August; 1. November; 11. November; 1. Weihnachtstag.

SIGHTSEEING

Ein Urlauber, der ohne große Vorbereitung eine Stadt oder einen größeren Ort erkunden möchte, sollte seinen Wagen oder seine Schritte am besten zunächst gen Touristen-Büro im Zentrum dirigieren. Dort kann er sich kostenlos einen Stadtplan aushändigen lassen, auf dem die Hauptsehenswürdigkeiten eingezeichnet sind. Dabei ist generell zu beachten, daß die Museen mehrheitlich am Dienstag - und meist auch an Feiertagen - geschlossen sind. Schlösser oder Kirchen in kleineren Orten können ebenso an dem einen oder anderen Tag ihre Pforten geschlossen halten, da sollte man sich am besten gleich beim Touristenbüro informieren, um sich unnötige Wege zu ersparen.

POST/TELEFON

Die Postämter (poste oder PTT sind wochentags von 9 bis 12 und von 14 bis 17 Uhr geöffnet. In größeren Städten findet man auch Schalter, die am Samstagmorgen besetzt sind. Wer nur Briefmarken benötigt, kann sich den Gang zu einem Amt sparen, sind die timbres doch auch in den Tabakläden (tabacs) - meist mit angeschlossener Kneipe - und in der Regel auch in Geschäften erhältlich, die Ansichtskarten verkaufen. Längere Telefonate kann man natürlich wie in deutschen Landen auf der Post selber in einer Telefonzelle führen.

Oder man kauft sich eine télécarte (Telefonkarte), die es ebenfalls nicht nur auf der Post, sondern meist auch in den tabacs gibt. Es wird keine Vorwahl benötigt, sondern lediglich die achtstellige Rufnummer. Um nach Deutschland anzurufen, gilt es, die 19 vorzuwählen, danach ein schrilles Tonzeichen abzuwarten, dann die deutsche Vorwahl, 49, einzugeben und schließlich die normale Nummer samt örtlicher Vorwahl (ohne die erste Null) zu wählen.

NOTFÄLLE

Für den Fall der Fälle sollte der Urlauber die wichtigsten Notruf-Nummern kennen. Die Polizei ist unter der Nummer 17 zu erreichen, die Feuerwehr unter der Nummer 18, für den ärztlichen Notdienst Service d'Aide Médical d'Urgence (SAMU) wählt man die Nummer 15. Wenn eine Erkrankung nicht ganz so schlimm ist, kann eine örtliche Apotheke (pharmacie), erkennbar am grünen Kreuz, aufgesucht werden, oder man begibt sich bei akuten Fällen in die Obhut eines Arztes, wobei der Abschluß einer Reise-Krankenversicherung vor Ferienbeginn äußerst sinnvoll ist; denn damit erspart man sich die mit einem Auslandskrankenschein verbundenen Prozeduren und das Vorlegen des Arzthonorars. Sind bei einem Diebstahl Geld und Personalausweis abhanden gekommen, ist dies bei der Polizei zu melden und ein Gang zum Konsulat wohl unvermeidlich. Adressen: Honorarkonsulat der Bundesrepublik Deutschland, 9, Square du Commandant L'Herminier, 29200 Brest, Tel. 98 44 35 59 + 22, Rue Crébillon, 44000 Nantes, Tel. 40 73 06 56.

ZENTRALE INFO-BÜROS

Neben den lokalen Fremden-Verkehrsämtern, die sich entweder Syndicat d'initiative oder Office de Tourisme nennen und jeweils im Kapitel TIPS & TRENDS genannt sind, gibt es für die Bretagne drei zentrale Info-Stellen:
Französisches Verkehrsamt, Westendstraße 47/Postfach 100 128, 60325 Frankfurt am Main.
Maison de la Bretagne, Centre Commercial Maine-Montparnasse, 17, Rue de l'arrivée, BP. 1006, 75737 Paris Cedex 15.
Comité Régional de Tourisme de Bretagne, 74 b, Rue de Paris, 35069 Rennes Cedex.

Zeichenerklärung

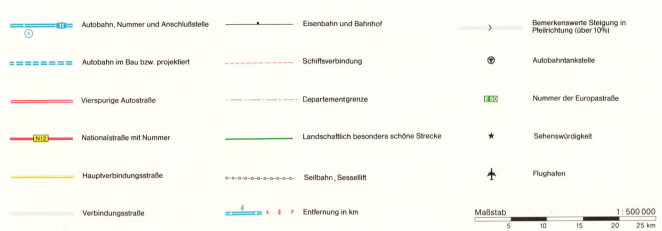

Autobahn, Nummer und Anschlußstelle	Eisenbahn und Bahnhof	Bemerkenswerte Steigung in Pfeilrichtung (über 10%)
Autobahn im Bau bzw. projektiert	Schiffsverbindung	Autobahntankstelle
Vierspurige Autostraße	Departementgrenze	E 50 Nummer der Europastraße
N 12 Nationalstraße mit Nummer	Landschaftlich besonders schöne Strecke	★ Sehenswürdigkeit
Hauptverbindungsstraße	Seilbahn, Sessellift	Flughafen
Verbindungsstraße	4 Entfernung in km	Maßstab 1 : 500 000 / 5 10 15 20 25 km

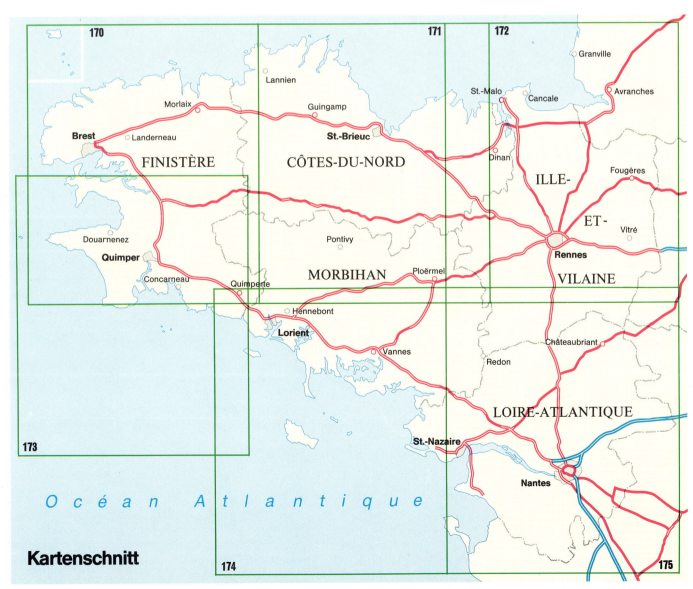

Kartenschnitt

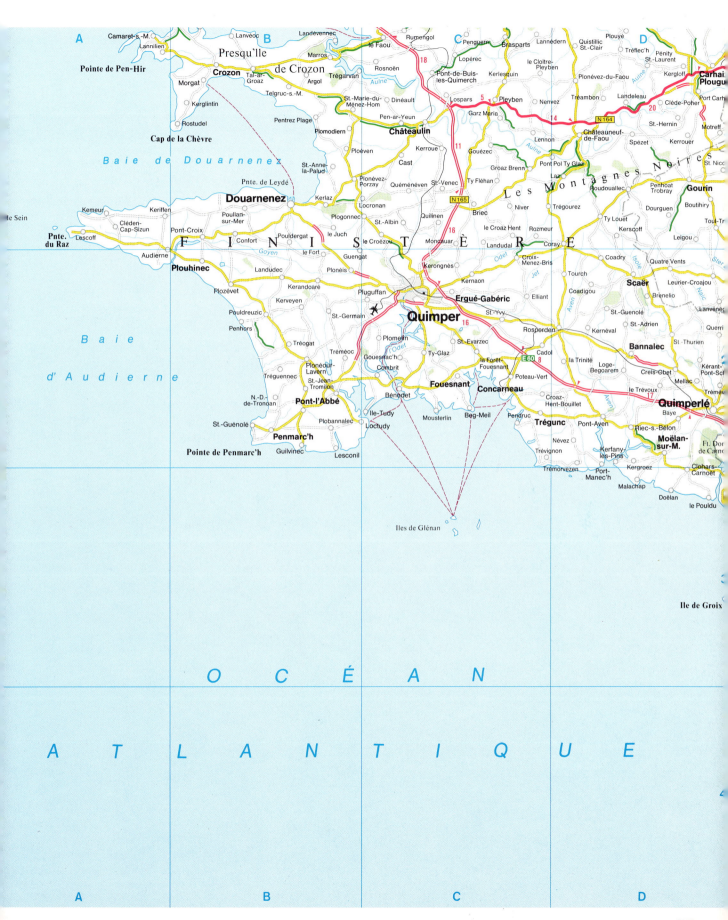

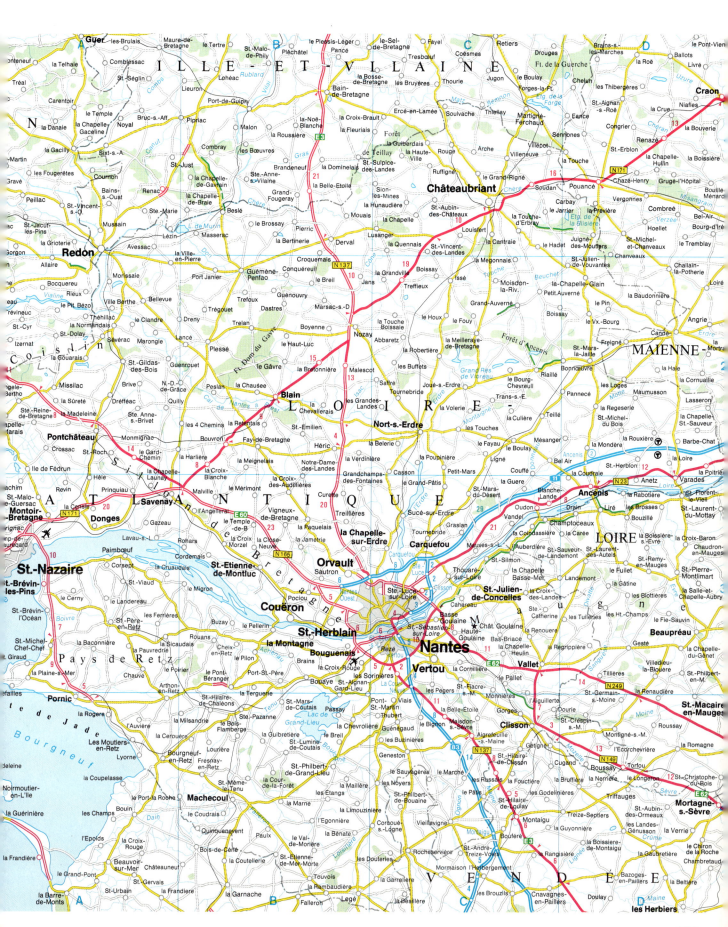